# THE

# CHANGING

# CANADA

# 变化中的加拿大

唐小松 / 主编

广东外语外贸大学加拿大研究国际会议论文集（2016）

*—Collected Papers of 2016 International Conference on*
*Canadian Studies of GDUFS*

社会科学文献出版社
SOCIAL SCIENCES ACADEMIC PRESS (CHINA)

# 编辑委员会

# 主编简介

唐小松　博士，教授，广东外语外贸大学加拿大研究中心主任；兼任中国加拿大研究会副会长、全国高校国际政治研究会常务理事、察哈尔学会高级研究员。入选广东省"千百十人才培养工程"省级学术带头人。在国内外重要刊物发表学术论文90多篇，获广东省哲学社会科学优秀成果奖"一等奖"，主持国家社科基金重点课题1项、省部级课题4项，参与外交部委托课题4项，出版专著、编著8部（任副主编、主编），译著5部。接受凤凰卫视等专访及在《人民日报》等国内外重要媒体发表评论文110多次/篇。

# 前　言

2011 年 12 月，趁着国家政策的春风，教育部国别和区域研究培育基地广东外语外贸大学加拿大研究中心正式成立。数年以来，伴随着国家对国别和区域研究的重视、加拿大研究在中国的发展以及中加关系的升温，中心在上级领导与社会各界的关心与支持下，一步步壮大，成为中国加拿大研究的一张闪亮名片。

广东外语外贸大学加拿大研究中心一直以服务国家重大战略需求为中心，以统筹基础理论研究和应用对策研究为重点，以提升科学研究水平和国际影响力为抓手，以国际化人才培养和学科建设为依托，以科研体制机制改革创新为支撑，力争成为国内一流、国际知名的加拿大问题研究的人才库、信息库、思想库和高端智库。目前，中心拥有由 30 多名专兼职人员组成的科研队伍，从多视角、多维度积极帮助中国社会认识、熟悉和理解加拿大，力图在国家破解有关加拿大乃至北美地区的重大难题方面有所贡献，并为中国提升在以上地区的软实力发挥积极作用。

适时跟踪加拿大研究形势、编写《加拿大发展报告》和加强与国内外同行的合作交流是中心非常重要的工作，中心每年举办的加拿大发展报告发布会暨加拿大国际学术研讨会也已经成为国内外加拿大研究同行的一件盛事。2016 年 10 月 15 日，《加拿大发展报告（2016）》发布会暨加拿大研究国际学术研讨会"特鲁多的外交政策"在广东外语外贸大学召开。会上，加拿大驻广州总领事馆总领事白静芳（Rachael

Bedlington)、国际加拿大研究会会长苏珊（Susan Hodgett）、中国加拿大研究会会长杜发春、社会科学文献出版社总编辑杨群、广东外语外贸大学副校长阳爱民等五十余位领导、专家和学者济济一堂，共同聚焦但不限于加拿大新总理小特鲁多上台后内政外交政策的变化，预测加拿大社会未来发展形势，为中加合作建言献策。

本论文集的十五篇文章遴选自该会议。从内容来看，它涵盖了加拿大政治、经济、外交、文化和教育等领域，既有学界关心的热点问题，也有值得长期关注的基础性问题，作者既有德高望重的学界前辈，也有意气风发的青年学子。我们衷心希望，该书的出版能够为学术界提供一个沟通和交流的平台，也能够帮助社会各界更多地认识、关注和重视加拿大，从而让中国的加拿大研究事业更上一层楼。

广东外语外贸大学加拿大研究中心

2017 年 6 月

# 目　录

# 2015 年加拿大联邦大选与
# 小特鲁多政府的政策趋向

樊　冰[*]

**摘要：**本文以全面回顾 2015 年加拿大联邦大选为基点，从政治文化视角阐述并分析了小特鲁多领导的自由党获胜的内在逻辑，进一步探讨了新政府的内外政策趋向，以及对中加关系的影响。本文认为，加拿大国内自由主义意识形态的回归、"非完全两党制"政党规律的作用，以及小特鲁多个人领袖魅力的展现是此次自由党大获全胜的主要原因。新政府上台后，加拿大将迅速恢复独立外交战略并积极重返国际多边舞台，以此来重塑其中等国家的国际形象。最后，本文对中加未来合作方向进行了展望。

**关键词：**加拿大大选　选举政治　小特鲁多政府　内政外交　中加关系

2015 年 8 月 2 日，时任加拿大总理史蒂芬·哈珀（Stephen Harper）向总督戴维·约翰斯顿（David Johnston）提议解散国会进行联邦大选，由此拉开了一场为期 78 天的竞选之旅的序幕。这场当代加拿大历史上耗时最长且开销最大的竞选，于加国东部时间 10 月 19 日落下帷幕，根据加拿大选举局公布的结果：在下议院 338 个议席中，自由党获得 184

* 樊冰，国际关系专业博士，华东师范大学国际关系与地区发展研究院博士后。

席，保守党 99 席，新民主党 44 席，魁人党 10 席，绿党 1 席。① 自由党以超过总议席半数的优势赢得了第 42 届加拿大联邦大选，并组成了多数党政府。同时，自由党党魁贾斯廷·特鲁多（Justin Trudeau）以 39.5% 的选票当选第 23 任加拿大联邦政府总理，并创造了加拿大历史上第一对父子党总理，其父是加拿大第 15 任总理皮埃尔·特鲁多（Pierre Trudeau）。② 本文在全面考察 2015 年加拿大大选基础之上，从政治文化视角透析小特鲁多自由党获胜的内在逻辑，并进一步探讨新政府的内外政策趋向，对中加关系进行展望。

# 一 2015 年加拿大联邦大选概况

在这场长达 11 周的加拿大大选中，有五个党派参加了竞选，它们分别是：保守党（Conservative Party）、自由党（Liberal Party）、新民主党（New Democratic Party）、绿党（Green Party）和魁人党（Bloc Québécois），而主要的竞争存在于前三大党派之间。竞选伊始，各党派相继发布了竞选纲领：小特鲁多领导的自由党率先推出以"真正的变革：强大中产阶级计划"（*Real Change：A New Plan for a Strong Middle Class*）为标题的竞选纲领③；随后以唐民凯（Thomas Mulcair）为党首的新民主党发布了题为"建设我们梦想的国家"（*Building the country of our dreams*）竞选纲领④；最晚公布竞选纲领的是哈珀领导的保守党，以"保护我们的经济"（*Protect Our Economy*）为标题⑤。各党派竞选政策主要聚焦在经济政策、民生问题、对外关系等领域，涉及财政税收、社

---

① 2015 年加拿大大选结果由加拿大选举局公布，详见 http：//enr. elections. ca/National. aspx? lang = e。

② 文中均用小特鲁多来作为贾斯廷·特鲁多的简称。

③ 自由党 2015 年竞选纲领，全文请参见 https：//assets. documentcloud. org/documents/2484248/liberal - party - of - canada - 2015 - platform. pdf。

④ 新民主党 2015 年竞选纲领，全文请参见 http：//s3. documentcloud. org/documents/2454378/2015 - ndp - platform - en. pdf。

⑤ 保守党 2015 年竞选纲领，全文请参见 http：//s3. documentcloud. org/documents/2454398/conservative - platform - 2015. pdf。

会福利、移民难民、反恐防务等多项议题。

首先，经济政策成为胜选的关键。小特鲁多领导的自由党提出未来三年的温和赤字预算，第四年恢复收支平衡，财政将主要用于投资公共交通、社会及环保方面的基础设施建设，以此来振兴经济，增加就业；尤其要大力发展极具潜力的绿色经济，投资绿色科技，增加绿色工作岗位；自由党此次大打中产阶级牌，提出将为中产阶级减税，给富人阶层增税。新民主党党首唐民凯提出未来四年在财政上维持平衡预算并有少量盈余；不提高个人入息税，增加企业税率，调低小商户税率；拨款改善基础设施建设，创造就业。以哈珀为首的保守党在财政上制定平衡预算，维持低税政策，并承诺在 2020 年之前为全国增加 130 万份工作岗位，在西岸投放更多资源，改善运输基建，拓展亚太贸易，全面落实《跨太平洋伙伴关系协定》（*Trans-Pacific Partnership*，TPP）。

其次，在民生与社会问题上，各党派各显身手，吸引选民。在医疗保障问题上，自由党提出将促进联邦政府与各省及各地区政府进行对话合作的卫生协调机制，共同承担医保基金；新民主党最为积极，承诺重振加拿大公共医疗卫生体系，不仅为普通公民创造更好的医疗服务，而且为医疗服务人员提供津贴；保守党在支持原有医疗保障体系的基础上，将加大对各省及地区的医保基金资助。在儿童家庭教育福利方面，自由党将推出按照家庭收入标准制订的全新"儿童福利计划"，为单亲及贫困家庭提供更多财力支援；新民主党指出在提供儿童抚养所需基金的同时，应制定相关政策保障育儿父母的权利；保守党则强调对家庭投入儿童教育储蓄基金方面的资助；另外，三大党派均表示要为年轻人提供更多可负担的高等教育机会。在住房政策上，自由党将通过为期十年的基础设施建设投入，提供更多保障性住房；新民主党则提出翻新5万套房屋及公寓的计划，以此来提升住房条件与能源效率；保守党继续推动"购房者方案"实施，计划到 2020 年至少增添 70 万加拿大人拥有自己的房产。在退休政策上，自由党与新民主党均支持恢复退休年龄至 65 岁，而保守党坚持维持 67 岁。自由党和新民主党均支持大麻合法化，保守党则坚决反对。此外，针对政府民主建设、少数族裔权利保障、环境与能源开发等问题，各党派也分别在其竞选纲领中开出处方。

最后，关于对外政策领域，各党派各持己见，争论激烈。在反恐与防务政策上，自由党小特鲁多承诺终止在叙利亚和伊拉克空袭伊斯兰国的军事行动，但仍会派遣军事顾问培训伊拉克军人，提出将对 C-51 号法案①进行修订，停止购买 F-35 战机装备加拿大空军；新民主党唐民凯承诺当选后立刻终止在叙利亚和伊拉克空袭伊斯兰国的军事行动，取消 C-51 号法案，并将全面审慎地考虑军备采购计划；而哈珀的保守党则提出要增加国防预算，强化网络安全，并将继续参与空袭伊斯兰国的军事行动，与盟友一道坚决打击恐怖主义。在移民与难民问题上，自由党指出将加快对家庭关系移民的办理进程，承诺 2015 年底接受 2.5 万名叙利亚难民，并处理好安置工作；新民主党唐民凯也指出要加快家庭团聚的移民申请，承诺 2015 年底前接受 1 万名叙利亚难民，随后每年接纳 9000 人，并委任叙利亚难民专员；哈珀领导的保守党则表示会加快处理积压的移民个案，增加父母及祖父母移民的申请名额，并于 2016 年 9 月前接纳 1 万名叙利亚难民。此外，自由党和新民主党均表示要提高加拿大对外援助的力度，重塑加拿大国际地位。

综上所述，从竞选纲领来看，各党派的政策核心主要是放在经济方面。小特鲁多提出三年财政赤字预算，用于大力进行基础设施建设，创造就业机会，此项创新大胆的经济政策深深击中了选民的心。唐民凯领导的新民主党倾向于平衡预算，使得求变的左派选民对其失望，转而支持自由党。而哈珀一直强调他过去十年的执政业绩——带领加拿大安然度过 2008 年金融危机，但其平衡预算的诉求同样无法满足选民求变的心态。虽然哈珀抛出通过加入 TPP 带来 130 万个就业机会的亮点吸睛，但是由于 TPP 谈判的不透明性导致其在加拿大国内一直存在很大争议，

① C-51 法案（Bill C-51）亦称为"2015 年反恐法"（Anti-terrorism Act, 2015），是加拿大近年来最为严厉的反恐法案，但因其涉及威胁加拿大公民的基本权利与自由而在国内受到巨大争议。该法案内容请参见 http://www.parl.gc.ca/HousePublications/Publication.aspx? Language = E&Mode = 1&DocId = 8056977&File = 4。

因此这一就业目标在可行性上也就大打折扣了。①

与此同时，除了竞选纲领的发布以外，各党派领袖随之进行了五场英语和法语电视辩论。竞选辩论焦点主要集中在经济政策、外交政策、难民问题、少数族裔问题等议题上（见表 1）。

**表 1　加拿大竞选期间五场电视辩论概况**

| 当地时间 | 地点 | 主办机构 | 参加辩论党派 | 语言 | 辩论热点议题 |
| --- | --- | --- | --- | --- | --- |
| 8 月 6 日 | 多伦多 | MaClean's Magazine | 自由党、保守党、新民主党、绿党 | 英语 | 经济政策、能源政策、环境问题、民主建设、外交政策 |
| 9 月 17 日 | 卡尔加里 | The Global and Mail | 自由党、保守党、新民主党 | 英语 | 经济政策、移民问题、环境问题、住房政策 |
| 9 月 24 日 | 蒙特利尔 | Radio Canada & La Presse | 自由党、保守党、新民主党、魁人党、绿党 | 法语 | 少数族裔权利、气候变化问题、魁北克独立问题 |
| 9 月 28 日 | 多伦多 | Munk Debates | 自由党、保守党、新民主党 | 英法双语 | 加美关系、叙利亚难民问题、加俄关系、反恐政策 |
| 10 月 2 日 | 蒙特利尔 | TVA Network | 自由党、保守党、新民主党、魁人党、绿党 | 法语 | 少数族裔问题（尤其是关于穆斯林妇女头巾问题） |

竞选期间的五场电视辩论结束后，自由党支持率稳步上升、保守党时起时伏、新民主党持续下降（见图 1）。竞选初期，左翼的新民主党民调很高，充分体现了选民求变的迫切心态。从第一场电视辩论开始，新民主党唐民凯一上来采取主攻态势，与自由党小特鲁多一同形成合围执政的保守党哈珀之势，首要的是在经济政策上发难。接下来，关于外交政策的电视辩论中，保守党同样被大大诟病，无力还击。随后，在穆斯林妇女面纱问题上，保守党持否定态度，使少数族裔和渴望自由选择的年轻人对其失望，而同样持否定态度的新民主党民调支

---

① Barrie McKenna, "Tories did lousy job explaining TPP to Canadians", *The Global and Mail*, October 5, 2015, http://www.theglobeandmail.com/report – on – business/tories – did – lousy – job – explaining – tpp – to – canadians/article26648438/.

持率也发生下滑。最后关头，在难民问题上的态度，成为压倒哈珀的"最后一根稻草"。除此之外，竞选期间保守党内阁丑闻造成了民众不信任度的攀升，而作为左翼政党的新民主党在相关政策上的改革力度不够，导致了最初支持它的选民相继离去，这些因素都为自由党赢得大选铺平了道路。

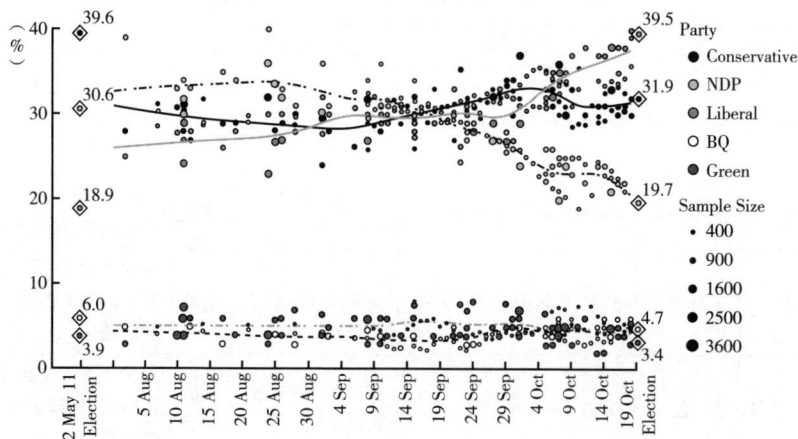

**图1　益普索公司（IPSOS）民意调查：大选期间各党派支持率走势**

资料来源：IPSOS 民调走势统计，http：//ipsos - na. com/news - polls/pressrelease. aspx？id = 7031。

## 二　从加拿大政治文化视角看小特鲁多政府上台的内在逻辑

本次大选自由党得胜虽在预料之中，但获得如此大的优势也在意料之外。诚然，小特鲁多领导的自由党在此次大选中大获全胜有其技术层面的因素，比如竞选团队的卓越表现、竞选策略的合理运用、新媒体社交工具的充分驾驭等。这些对选举结果产生即时效应的可操作性因素固然重要，然而，笔者想从更深层次的政治文化视角来探寻自由党获选的成因，即从意识形态层面、政党层面以及个人层面来解析小特鲁多政府上台的内在逻辑。

## （一） 加拿大自由主义意识形态的回归

加拿大保守党已经连续执政近十年，而在这十年间国内保守主义意识形态越发明显，经济社会缺乏活力，特别是哈珀担任总理以来在若干问题上独断专行的做法，例如 C - 51 法案的通过、对移民政策的屡次更改、强推 TPP 协议的签订等，常常被认为过于偏激且强硬。在此压抑的氛围下，加拿大民众迫切希望新任政府能够为自由市场注入经济活力，更多关注社会公平分配，以及调和不同利益团体之间的关系。此外，国内对多元文化价值观的复兴，也体现了加拿大自由主义意识形态的回归。自由主义旗帜下的多元文化主义是加拿大的核心价值观。而哈珀政府对移民难民、少数族裔以及原住民的冷漠与忽视，使加拿大多元文化价值观受到了极大损害，这是加拿大人所不能容忍的。

对改革的渴望，使大选期间的加拿大社会弥漫着一股自由主义的气息。人心思变，同时也大大促进了民众的政治参与度，由此带来了加拿大大选近 20 年以来的最高投票率68.3%，相关数据显示这是自 1993 年（70.9%） 以来投票率最高的年份。[①] 南诺斯公司（Nanos Research）公布的民意调查也显示，高达 69% 的加拿大选民希望联邦大选能够带来新变革。[②] 客观上来讲，经济学出身的哈珀在其任期内，对加拿大经济的贡献是不可磨灭的，在全球经济衰退的大环境下，正是哈珀带领加拿大走出了困境，并使加拿大经济在西方国家率先复苏。然而，哈珀政府既没有敏锐地捕捉，也没有足够地重视国内求变的趋势，仍以固守保成的态度与方式来 "保护我们的经济"，这对于广大选民来讲是远远不够的，当前的加拿大社会和经济期待的是更多自由与创新的空间。

---

① Elections Canada: Official Voting Result （42<sup>nd</sup> General Election 2015）, http: // www. elections. ca/res/rep/off/ovr2015app/41/table4E. html.

② "Nanos poll: Majority say 'time for change'", *CTV News*, September 17, 2015, http: // www. ctvnews. ca/politics/election/nanos - poll - majority - say - time - for - change - conservatives - more - trusted - to - manage - economy - 1. 2567402.

在外交政策方面，哈珀政府奉行"新保守主义"对外原则，倡导价值观外交，这与加拿大一贯温和谦逊的国际形象大相径庭。随着拒绝参加北京奥运会开幕式、无条件无保留地支持以色列政府、断然与伊朗断绝外交关系、积极参与轰炸伊斯兰国等"边缘依赖"（Peripheral Dependence）① 外交行为，加拿大彻底沦为美国的"跟屁虫"，这在国内引发了巨大争议。此外，哈珀在对外援助方面持收紧态势，在难民问题上缺乏同情心，导致加拿大苦心经营多年的中等国家形象大步倒退，激起国内各界对其诟病。这些都为深谙国际主义外交政策的自由党重返执政舞台创造了机遇与空间。

## （二）"非完全两党制"钟摆式运动规律的结果

美国著名政治学家利昂·D. 爱泼斯坦（Leon D. Epstein）曾称加拿大政党体制为"非完全两党制"②。"非完全两党制"是指两个全国性大党在议会体制下不能够容纳联邦制社会中的各种不同利益，于是出现了第三党的情况。第三党往往具有地区或阶级倾向，加拿大第三党泛指新民主党、魁人党和绿党等。最近半个世纪以来，加拿大的两党竞争模式一直遇到挑战，第三党取得了巨大成功，多次阻止了多数党政府的建立，而且把控着部分省一级政府的领导权。特别是在 1993年、2011 年的大选中，第三党一跃成为最大反对党，从而引发了加拿大政治学界对其政党政治发展规律的争论。然而，从加拿大联邦选举历史来看，执政党仍然盘踞于自由党和保守党这两大全国性党派之间；当执政党组成少数党政府时，另一大党一定是最大反对党；当执政党组成多数党政府时，最大反对党则可能出现第三党担当的情况（见表 2）。因此，从某种程度上讲，传统两大党派始终掌控着主要领导权。

---

① John Kirton, *Canadian Foreign Policy in a Changing World*, Thomson Nelson, 2007, pp. 59 – 70.

② 〔美〕利昂·D. 爱泼斯坦：《西方民主国家的政党》，何文辉译，商务印书馆，2014，第 83 ~ 87 页。

表 2　1945 年以来的加拿大联邦大选结果汇总

| 选举时间（年） | 执政党 | | 最大反对党 | | 备注 |
|---|---|---|---|---|---|
| | 所获选票(%) | 所获议席数(席) | 所获选票(%) | 所获议席数(席) | |
| 1945 | 自由党(41) | 125 | 保守党(27) | 67 | 多数党政府 |
| 1949 | 自由党(49) | 193 | 保守党(30) | 41 | 多数党政府 |
| 1953 | 自由党(49) | 171 | 保守党(31) | 51 | 多数党政府 |
| 1957 | 保守党(39) | 112 | 自由党(41) | 105 | 少数党政府 |
| 1958 | 保守党(54) | 208 | 自由党(34) | 49 | 多数党政府 |
| 1962 | 保守党(37) | 116 | 自由党(37) | 100 | 少数党政府 |
| 1963 | 自由党(42) | 129 | 保守党(33) | 95 | 少数党政府 |
| 1965 | 自由党(40) | 131 | 保守党(32) | 97 | 少数党政府 |
| 1968 | 自由党(45) | 155 | 保守党(31) | 72 | 多数党政府 |
| 1972 | 自由党(38) | 109 | 保守党(35) | 107 | 少数党政府 |
| 1974 | 自由党(43) | 141 | 保守党(35) | 95 | 多数党政府 |
| 1979 | 保守党(36) | 136 | 自由党(40) | 114 | 少数党政府 |
| 1980 | 自由党(44) | 146 | 保守党(33) | 103 | 多数党政府 |
| 1984 | 保守党(50) | 211 | 自由党(28) | 40 | 多数党政府 |
| 1988 | 保守党(43) | 169 | 自由党(32) | 83 | 多数党政府 |
| 1993 | 自由党(41) | 177 | 改革党(19) | 52 | 多数党政府 |
| 1997 | 自由党(38.5) | 155 | 改革党(19.4) | 60 | 多数党政府 |
| 2000 | 自由党(40.8) | 172 | 加拿大联盟(25.2) | 66 | 多数党政府 |
| 2004 | 自由党(36.7) | 135 | 保守党(29.6) | 99 | 少数党政府 |
| 2006 | 保守党(36.3) | 124 | 自由党(30.2) | 103 | 少数党政府 |
| 2008 | 保守党(37.7) | 143 | 自由党(26.3) | 77 | 少数党政府 |
| 2011 | 保守党(39.6) | 166 | 新民主党(30.6) | 103 | 多数党政府 |
| 2015 | 自由党(39.5) | 184 | 保守党(31.9) | 99 | 多数党政府 |

注：2003 年以前的保守党亦被称为进步保守党，2003 年之后的保守党实际上是由加拿大联盟和进步保守党于 2003 年 12 月 7 日合并而成的，而加拿大联盟的前身则是改革党。

资料来源：根据加拿大选举局与加拿大国会官方网站公布的数据整理而成，http：//www. elections. ca／content. aspx？ section ＝ ele&dir ＝ pas&document ＝ index&lang ＝ e。

　　从"非完全两党制"规律来看，特别是后冷战时期，保守党和自由党基本上保持着十年左右为一个周期的更迭规律。因此，保守党十年执政的终结，也存在着某种政党政治规律的必然性。这一规律有其内在逻辑，因为一党连续执政都会面临选民求变的局面，或是选民认为该党执政观念陈旧，或是执政团队被之前不当决策所造成的后果困扰。在这次大选中，求新求变的潮流是对已执政十年的保守党极为不利的选举因素。此外，作为第三党的新民主党虽然近年来势头渐旺，成绩斐然，但还未形成传统两大党所具备的全国性影响气候或优势。况且新民主党地方性与阶级性特征强烈，所以无论是其影响的区域还是代表的阶层都不具有普遍性，在制定政策时会受到这些既定因素的限制或是进行特定政策倾斜，无法获得大众选民的认同。而这些对于自由党来讲，都成为大选期间的有利因素。

另外，加拿大一贯奉行"中间道路"，本次大选的结果在某种程度上是"中右"转"中左"的体现。通过上述各党派竞选纲领的比较，不难发现，在偏右的保守党与极左的新民主党之间，偏左的自由党反而成为"中间道路"。其实早在 2012 年，加拿大媒体采访前任自由党总理保罗·马丁（Paul Martin）时，马丁就曾表示，"事实上，我们现在有一个极右的保守党政府执政和一个极左的新民主党为最大反对党，这不是加拿大人的风格。因此，这将为自由党在下次大选的回归创造很大的空间和机会。"[1] 如今看来，此预言竟是如此精准。

### （三）自由党候选人小特鲁多领袖魅力的展现

从竞选最初的民调结果来看，自由党支持率仅排在第三位，小特鲁多由于年纪轻、执政经验不足并不被选民看好，而大选的最终结果却发生了逆转。作为党魁的小特鲁多在竞选期间个人超凡政治魅力的表现功不可没，为其赢得了大量选票。最初哈珀本想通过拉长竞选时间，拖垮自由党，结果却事与愿违，反倒给了小特鲁多更多时间接触选民，锻炼自己，展示实力。在一系列的电视辩论中，小特鲁多稳扎稳打、有礼有节、张弛有度，特别是面对哈珀的各种负面攻击策略，作为一名年轻领袖的小特鲁多均以包容的正面形象给予回应，在选民心中留下了良好的印象。这位年轻有魅力的领导人不但吸引了以往投票率极低的年轻人群

---

[1] "Paul Martin predicts federal Liberals back in contention by 2015 election", *CTV News*, November 19, 2012, http：//www.ctvnews.ca/politics/paul – martin – predicts – federal – liberals – back – in – contention – by – 2015 – election – 1. 1045395.

体，同时小特鲁多好父亲和好丈夫的形象也赢得了成熟选民的信任。[①]
自竞选开始，小特鲁多就四处参加活动，与支持者见面、握手、合影，
表现出极强的亲和力。据统计，小特鲁多到访选区 125 次，比 114 次的
哈珀和 100 次的唐民凯都要多。[②] 因此，无论是从竞选政纲迎合选民
期待的角度，还是在竞选活动中的出色表现，小特鲁多都更胜一筹。
同时，其父皮埃尔·特鲁多总理留下的政治遗产也为小特鲁多的胜出
助力，包括其父任加拿大总理期间在国内国际享有的良好声誉，以及
自由党内部对小特鲁多的坚定支持，很多自由党元老出来为其站台拉
票。

此外，小特鲁多的当选也反映了现代西方民主国家选民对领袖的偏
好趋向。老牌政客组成的世界主要国家领袖俱乐部开始陆续不断出现年
轻面孔，比如美国总统奥巴马、英国首相卡梅伦等，政治不再是老成、
稳重、谨慎的专属形象，年轻有魅力的领导者能够大大提高民众参政议
政的积极性。

## 三 新政府政策走向及对中加关系的启示

加拿大总理小特鲁多于 2015 年 11 月 4 日宣布了新政府内阁成员，
此次联邦政府内阁成员的组成不仅体现了加拿大多元文化与多民族的特
性，而且首次实现了内阁成员男女比率的平衡。随后 12 月 4 日，加拿
大总督召集议会并宣读了新政府的首份施政纲领《实现真正的变革》
(*Making Real Change Happen*)。[③]

---

① 钱皓：《"特鲁多热"缘何再现加政坛》，中国社会科学网，http://ex. cssn. cn/gj/gj_
gwshkx/gj_ zhyj/201510/t20151021_ 2504292. shtml，2015 年 10 月 21 日。

② Monika Warzecha，"King of the campaign trail: Justin Trudeau clocked more riding visits than
Harper or Mulcair"，*National Post*，October 19，2015，http://news. nationalpost. com/news/
canada/canadian – politics/king – of – the – campaign – trail – justin – trudeau – clocked – more –
riding – visits – than – harper – or – mulcair.

③ 小特鲁多政府首份施政纲领，全文请参见 http://www. speech. gc. ca/en/content/making –
real – change – happen。

### （一）小特鲁多政府首份施政纲领解读

小特鲁多上任后的首份施政纲领虽然短小精悍，但却基本兑现了其竞选期间所做的一系列承诺。简言之，此份施政纲领共包含五大板块的内容：（1）强大中产阶级；（2）开放且透明的政府；（3）清洁的环境与强大的经济；（4）多元化是加拿大的优势；（5）安全与机遇。

在上述五点纲领的指导下，新政府将采取以下具体政策措施：第一，在强大中产阶级方面，政府将为中产阶级减税，对公共交通、绿色产业和社会基础设施建设进行大量投资，以此来振兴经济、创造就业；执行新的儿童福利政策，推动加拿大退休金计划、就业保险体系、医疗保健协议的运行；为了创造更多机会给加拿大年轻人，联邦政府将与各省和各地区一同承担更大比重的高等教育费用。第二，为了构建开放且透明的政府，新政府将制订负责任且透明的财政计划以适应不断挑战的经济形势；改革选举制度，以后不再执行"简单多数原则"投票体系；改革上议院，同时为了让加拿大民众在下议院有更强的发声权，政府将举办更多公开辩论以及自由投票；加强对政府的监管力度。第三，在处理环境保护与经济发展之间的关系上，新政府认为两者兼容共济、缺一不可。政府将致力于推动联合国气候变化大会，并加强国内合作。联邦政府将继续作为制定煤炭价格以及降低煤炭污染的统筹领导，通过在清洁技术上进行战略性投资来促进经济增长，对输出以及运用这些技术的企业提供更多的支持，并引进新的环境评估体系。第四，在维护多元文化价值方面，政府重视对原住民的相关政策保障，特别指出将启动加拿大原住民女性失踪及被杀案的全国调查。在难民问题上，政府将于2016 年 2 月底，接收来自叙利亚的 25000 名难民，并妥善安置。第五，在对外关系方面，新政府将加强与盟友之间的关系，对贫穷且脆弱的国家施以发展援助，通过联合国维和行动与盟友一同抗击恐怖主义，并将重新评估现有国防实力，致力于建立一支更加精简机动、装备精良的防务力量。此外，新政府将进行相关贸易互惠协定谈判，追求与新兴市场的合作机会。

从这份施政纲领中，不难发现小特鲁多的执政优先级：内政是第一要务，重心是通过一揽子措施振兴中产阶级，环境与经济问题将作为国家发展与创新的突破口，多元文化价值观被重新强调并重视。在外交上，反恐策略、对外援助、国防政策、国际贸易等将成为小特鲁多推行改革的重点。

## （二）小特鲁多政府对外战略趋向

目前，小特鲁多政府尚未有全面的外交政策文件出台，只是在首份施政纲领中有所提及。然而外交实践先行，小特鲁多自上任之后几乎是马不停蹄地参加多场重量级国际会议，包括 2015 年 11 月在土耳其举行的二十国集团首脑会议、在菲律宾举行的亚太经合组织首脑会议、在马耳他举行的英联邦国家首脑会议，12 月份在法国巴黎举行的联合国气候变化会议，以及 2016 年 1 月在瑞士达沃斯举行的世界经济论坛等。借助各类多边外交平台，小特鲁多总理不仅代表新政府在相关国际议题上发出加拿大之声，而且广泛地与美国、中国、英国、法国、英联邦国家、东南亚国家以及国际组织领导人进行了首次会面与初步交流。纵观历史，加拿大自由党政府一贯重视并深谙对外关系，那么小特鲁多政府将如何定位加拿大外交战略呢？初步来看，体现在以下两个方面。

首先，加拿大将迅速恢复其外交独立性，并在此基础上巩固盟友关系。小特鲁多上任后的首个外交举动便是与美国总统奥巴马通电话，表示加拿大将不再参加美国牵头的在伊拉克和叙利亚对伊斯兰国的空中轰炸军事行动。[1] 另外，在美国主导的 TPP 协定上，不同于哈珀的积极支持，小特鲁多则表示要等议会"谨慎并且负责任地讨论之后"才能通过该协议。[2] 这些行为都暗示了加拿大不会再像哈珀政府时期那般一味

---

[1] "Justin Trudeau to Obama: Canada will end airstrikes against Islamic State", *The Washington Times*, October 21, 2015, http://www.washingtontimes.com/news/2015/oct/21/justin-trudeau-to-obama-canada-will-end-airstrikes/.

[2] "Liberals say no free vote on Trans-Pacific Partnership", *The Huffington Post Canada*, October 7, 2015, http://www.huffingtonpost.ca/2015/10/07/trudeau-tpp-_n_8257950.html.

地追随美国的外交政策，或是迎合美国的对外战略。加拿大著名国际关系学者丹尼斯·斯泰尔斯（Denis Stairs）在最近的一份政策建议报告中，曾批评哈珀领导的保守党政府所谓"有原则的外交政策"（Principled Foreign Policy），实际上是"一边倒"外交，导致了糟糕的划线外交行为，损害了加拿大的国家利益与国际形象。① 因此，小特鲁多势必会对之前的依附外交进行修正，并制定符合加拿大国家与国际利益的独立外交战略。换言之，就是在强调加拿大外交独立性的前提下，加强与其盟友的关系，尤其是与美国盟友的关系。所以需要清醒的是，加美关系依然位于加拿大对外关系的重中之重。小特鲁多绝不会仅仅为了追求外交独立性而疏离与美国的关系，那样不仅会伤害加拿大自身的国家利益，而且也不利于其国际利益的实现，毕竟在推动诸如气候变化等全球问题的解决方案实施上，加拿大需要借助美国的支持与力量。正如 2016 年 3 月 10 日小特鲁多在首次访美演讲中，全面肯定了加美在安全和贸易两大传统领域的长期合作以及对多元文化价值观的认同与共识，并进一步指出共同应对气候变化问题将成为加美合作的新动力。②

其次，加拿大亟待全面重返国际多边舞台，重塑其中等国家的国际形象。联合国曾经是加拿大最为重要的多边外交平台，尤其是在自由党皮尔逊外交时期更被誉为"黄金十年"。然而自哈珀执政以来，加政府对联合国的重视大打折扣，甚至与联合国的关系一度冷淡，使国内对哈珀政府颇有微词。这些都将在自由党小特鲁多任期内得到矫正与改善。2016 年 2 月，小特鲁多在接见来访的联合国秘书长潘基文时，表达了加拿大重返联合国以及争取联合国安全理事会席位的强烈意愿。③ 随后3 月，小特鲁多在出访位于纽约的联合国总部时，正式宣布加拿大将全

① Denis Stairs, "What's Been Wrong with Canadian Security Policy and Diplomacy and What it May Take to Fix it", *Canadian Global Affairs Institute*, October 2015.

② Justin Trudeau, "Prime Minister's remarks at state dinner; official visit to the United States", *Government of Canada*, March 10, 2016, http: //pm. gc. ca/eng/news/2016/03/10/prime - ministers - remarks - state - dinner - official - visit - united - states.

③ "Canada will seek UN security council seat: Trudeau", *Global News*, February 11, 2016, http: //globalnews. ca/news/2511956/justin - trudeau - to - speak - with - un - secretary - general - ban - ki - moon/.

力竞选 2021～2022 年任期内的联合国安理会非常任理事国席位。作为中等国家，加拿大长久以来并将继续致力于通过联合国来讨论处理全球事务。在反恐、维和、冲突管控、战后重建与人道主义救援等问题上，重新树立加拿大"调停者""维和者"的中等国家国际形象；在气候变化、难民问题、核不扩散问题、对外援助等议题中，积极作为，重塑加拿大在全球治理中的"领导者"地位。与此同时，多元文化主义作为加拿大的国家理念与战略文化将得到大力倡导。在 2016 年达沃斯世界经济论坛上，小特鲁多高调推广加拿大多元文化理念，并强调作为加拿大核心价值观与国家软实力的多元文化是加拿大包容、尊重与创新精神的根本来源，也是应对移民难民、气候变化与绿色经济等问题的指导思想。[1] 自上任以来，小特鲁多更是不遗余力地在各种国际会议、国事访问、双边会谈中倡导加拿大多元文化价值观，有意将其打造为加拿大中等国家国际形象的新标签。

### （三）中加关系展望

哈珀任期内的中加关系，一直被外界视为中加关系的冷淡期，而自由党小特鲁多的就任则为中加关系的未来发展带来了更多期待。小特鲁多在上任后的首次出访行程中，也就是参加土耳其举行的 G20 峰会时，与习近平主席进行了亲切友好的双边会谈。双方会见中，习近平主席特别提道："45 年前，你的父亲皮埃尔·特鲁多总理做出同新中国建交的历史性决定，展现出非凡的政治远见。45 年后的今天，中加应该合作、能够合作的领域更加广阔。"[2] 同时，小特鲁多总理表示，值此加中建交 45 周年之际，加拿大希望全方位深化同中国的友好合作关系。由此可见，全面推进中加关系将进入双方重要的外交议程。具体来讲，笔者

---

① Justin Trudeau, "The Canadian Opportunity", *Government of Canada*, January 20, 2016, http://pm. gc. ca/eng/news/2016/01/20/canadian – opportunity – address – right – honourable – justin – trudeau – prime – minister – canada.

② 新华网：《习近平会见加拿大总理特鲁多》，http：//news. xinhuanet. com/world/2015 – 11/16/c_ 1117159068. htm，2015 年 11 月 16 日。

认为未来中加关系的发展有以下几个增长点值得关注。

**1. 以 2016 年杭州举办 G20 峰会为契机，密切中加在绿色经济领域的合作**

2015 年 11 月 16 日，习近平主席宣布下届 G20 峰会将在杭州举行，峰会主题确定为构建"创新、活力、联动、包容"的世界经济，其中以"包容"为主题的部分，突出了在应对全球经济发展中的气候变化、环境保护等挑战议题。如前所述，处理好环境与经济发展之间的问题同样是小特鲁多政府施政的重心之一。上任伊始，小特鲁多便针对气候变化及绿色经济议题在国内多次召集会议，与加各界人士进行磋商。2016 年 3 月 3 日，新政府首次联邦总理与各省总理联席会议的重点就是讨论"清洁发展与气候变化的泛加拿大框架"（Pan-Canadian Framework on Clean Growth and Climate Change），[①] 而在此前一天小特鲁多还专门会见了包括"第一民族"、因纽特人和梅蒂人在内的原住民领袖，咨询商议相关意见建议。[②] 其实，早在 2015 年 10 月，加拿大就已派出代表团访问北京和上海，探讨金融议题及 2016 年在中国举行的 G20 峰会议题，代表团成员前自由党总理保罗·马丁表示，"他相信小特鲁多能够带领加拿大强势回归 G20 舞台"。[③] 因此，绿色经济不仅被视为加拿大国家发展与创新的突破口，而且将成为小特鲁多政府重返 G20 舞台，重塑加拿大"领导者"国际形象的一大支点，同时也有望成为近期中加合作最为有力的增长点。

**2. 在金融贸易领域，扩展中加合作空间**

亚洲基础设施投资银行（简称亚投行）是中国于 2015 年倡议设立的多边金融机构，加入亚投行势必成为加拿大扩大其在亚洲地区影响力

---

① "Trudeau's green agenda among top issues at premiers meeting", *Global News*, March 3, 2016, http：//globalnews. ca/news/2552670/what – to – expect – from – the – first – ministers – meeting/.

② "Trudeau to discuss climate change action with indigenous leaders", *Hill Times*, March 2, 2016, http：//www. hilltimes. com/2016/03/02/politics – this – morning – trudeau – to – discuss – climate – change – action – with – indigenous – leaders/52609/45488.

③ "Paul Martin：Trudeau will make Canada strong again at G20", *Embassy*, November 10, 2015, http：//www. embassynews. ca/news/2015/11/06/paul – martin – trudeau – will – make – canada – strong – again – at – g20/47844.

的最佳选择。① 在评价中国主导的亚投行时，加拿大学者认为这一全球治理机制正在发挥"建设性作用"。② 亚投行致力于改善亚洲基础设施，提升地区互联互通水平，畅通全球供应链，这不仅将提高加拿大商品向亚洲出口的效率，而且为加拿大相关企业向该地区输出技术与专业知识提供了重要平台。③ 2015 年 7 月，小特鲁多领导的自由党重量级议员麦家廉（John McCallum）访华时，就曾阐述该党对未来中加关系的立场，并表示自由党将推动加拿大加入亚投行。④ 此外，中国作为加拿大的第二大出口国，中加开启双边自由贸易谈判同样值得期待。2016 年 1 月，加拿大外交部部长斯特凡·迪翁（Stéphane Dion）与中国驻加拿大大使罗兆辉就加快为中加自由贸易谈判预热而进行的"二轨对话"进程达成共识，并对未来中加自由贸易谈判的正式开启提出愿景。⑤ 另外，同作为中等国家的澳大利亚与中国经历了十年的自由贸易谈判最终得以签署协定，对加拿大而言同样是一种鼓舞。

**3. 中加在南海问题、北极问题、核裁军与核不扩散、气候变化以及对外援助等地区热点与全球治理问题上，也有望进行交流、借鉴和共享经验**

加拿大在与亚洲关系上曾经一直走在西方国家的前列，在亚洲国家中享有良好声誉，曾作为中等国家积极参与亚太地区安全机制建设，比

① Hugh Stephens, "Toward a New China Policy: Step One – Join the AIIB", *Asia Pacific Foundation of Canada*, November 12, 2015, http://www.asiapacific.ca/op – eds/toward – new – china – policy – step – one – join – aiib.

② Wendy Dobson, "Why Canada should join the Asian Infrastructure Bank", *The Global and Mail*, April 1, 2015, http://www.theglobeandmail.com/opinion/why – canada – should – join – the-asian – infrastructure – bank/article23732853/.

③ Stewart Beck, "New Asian development bank needs a Canadian presence", *The Global and Mail*, January 6, 2015, http://www.theglobeandmail.com/report – on – business/rob – commentary/new – asian – development – bank – needs – a – canadian – presence/article22296905/.

④ 《特鲁多重拾外交多边主义》，《大公报》，http://news.takungpao.com/paper/q/2015/1021/3221412.html，2015 年 10 月 21 日。

⑤ "More than a year later, Canada – China 'track two' talks yet to begin", *Embassy*, January 13, 2016, http://www.embassynews.ca/news/2016/01/13/more – than – a – year – later – canada – china – % E2%80%98track – two% E2%80%99 – talks – yet – to – begin/48089.

如 1990 年创立的"处理南中国海潜在冲突"研讨会就是由加拿大国际发展署资助举办的，该多边对话机制在当时是南海各方唯一的交流平台。因此，中加在南海问题制度化建设上进行交流与共享经验，也不是天方夜谭。况且在同属于海洋极地领域的北极问题上，作为北极国家的加拿大与北极事务"利益攸关方"的中国也存在巨大的合作潜力。除了地区层面以外，中加在全球层面拥有更广泛的合作空间。中国和加拿大同为国际社会负责任的利益攸关方，未来在气候变化、核安全问题、维和行动以及人道主义援助等全球事务上，有望密切联系，共同努力推进世界和平与发展。

# The 2015 General Election in Canada and the Policy Orientation of the Trudeau Administration

*Fan Bing*

**Abstract**：On the basis of reviewing the 2015 general election in Canada, the article analyses the victory of Justin Trudeau and the Liberal Party from the perspective of political culture, and further explores the trend of domestic and foreign policies of the Trudeau administration and the impact on the relationship between China and Canada. The article holds that the revival of the liberalism ideology, the regularity of "non-completely bipartisan" and Trudeau's personal charisma are the main reasons for the victory of Liberal Party in this election. In order to rebuild Canada's middle-power international profile, the new administration will quickly resume the independent foreign policy and actively return to the multilateral international arena. Finally, the article prospects some hot topics in the field of Sino-Canada cooperation in the future.

**Keywords**：Canada General Election；Electoral Politics；Trudeau Administration；Domestic and Foreign Policy；Sino-Canada Relationship

# Canada and the China Question

## Dr. Gary Levy [*]

**Abstract**: In 1891 a professor at the University of Toronto, Goldwin Smith, wrote a famous and highly controversial book called *Canada and the Canadian Question*. He argued that Canada was an unnatural and artificial entity. He maintained that the Canadian system of government was inferior to the American model and that Canada was an absurdity for geographic, ethnic, economic and political reasons. Its ultimate destiny, he thought, would be absorption by the United States. Generations of Canadian political leaders have proven Goldwin Smith wrong. In the 21st century the country faces another important and equally controversial question. Is Canada prepared to move out of the American orbit and align itself with the new world order envisaged by China? The future of Canada-China relations to say nothing of Canada's economic prosperity depend on the answer to that question. This paper places the discussion in the context of Canadian history and surveys the Canada-China relationship since establishment of diplomatic relations in 1970. It outlines arguments in favour of a free trade agreement and lessons of the recently concluded China-Australia Free Trade Agreement. The article points out

---

[*]  *Gary Levy is a Research Fellow of the Confucius Institute at Carleton University in Ottawa. He is a former Visiting Scholar with the Bell Chair in Canadian Parliamentary Democracy in the Department of Political Science at Carleton. He previous worked as a researcher with the Library of Parliament and with the Senate of Canada and as Editor of the Canadian Parliamentary Review.*

obstacles and impediments to closer Canada-China relations and concludes with an answer to the China question.

**Keywords**: Canada; China; ChAFTA; Canada-China Free Trade Agreement

In 1891 a professor at the University of Toronto, Goldwin Smith, wrote a famous and highly controversial book called *Canada and the Canadian Question*. He argued that Canada was an unnatural and artificial entity. He maintained that the Canadian system of government was inferior to the American model and that Canada was an absurdity for geographic, ethnic, economic and political reasons. Its ultimate destiny, he thought, would be absorption by the United States.

Generations of Canadian political leaders have proven Goldwin Smith wrong. In the 21st century the country faces another important and equally controversial question. Is Canada prepared to move out of the American orbit and align itself with the new world order envisaged by China? The future of Canada-China relations to say nothing of Canada's economic prosperity depend on the answer to that question.

This paper places the discussion in the context of Canadian history and surveys the Canada-China relationship since establishment of diplomatic relations in 1970. It outlines arguments in favour of a free trade agreement and lessons of the recently concluded China-Australia Free Trade Agreement. The article points out obstacles and impediments to closer Canada-China relations and concludes with an answer to the China question.

## An Overview of Canadian History and Economic Policy

After the settlement of Quebec in 1608 the area now called Canada was, for 150 years, a small French colony never exceeding 60, 000 people. Its main economic activity was the provision of beaver and other furs to the European market.

Ceded to Britain in 1763 the colony was transformed when the American Revolution resulted in an influx of settlers who preferred to remain under the British Crown. Some military battles with the Americans ensued including the war of 1812 but aside from some skirmishes and border issues Canadian-American relations have been peaceful for 200 years. Due to migration English soon replaced French as the dominant population and fishing and farming replaced furs as the main economic activity.

A Westminster form of representative and later responsible government was established between 1791 and 1848 culminating in 1867 with the Confederation of four separate colonies into the present day Canada.

For fifty years Canada was a self-governing British colony with an economic plan known as the National Policy. [1]The pillars of the National Policy were immigration to expand the population and fill the empty lands of western Canada; railways to unite the disparate colonies that stretched from the Atlantic to the Pacific ocean and tariffs designed to protect the Canadian market. The major source of capital came from Britain.

In 1911 an election was fought on the issue of free trade with the United States but the Liberals who favoured free trade were defeated by the Conservatives who favoured continuation of the National Policy.

Canada's participation in the Great War (1914 – 1918) led to significant changes both economic and political. Canada was an independent signatory to the Treaty of Versailles which ended the war and this was the first step toward full independence granted by the *Statute of Westminster* (1931) .

The Second World War had an even greater impact. Canada emerged with

---

[1]  See P. Russell, The National Policy 1879 – 1979, *Journal of Canadian Studies* vol 14, 1979. Also John H. Dales, *The Protective Tariff in Canada's Development*, University of Toronto Press, Toronto, 1966.

the third largest standing army and one of the healthiest economies. Oil was discovered in 1947 and American capital replaced British capital in the development of Canadian natural resources.

American companies began to create subsidiaries in Canada to avoid tariffs and to serve the growing Canadian market. The National Policy was never officially rescinded but it gradually gave way to increased continentalism. This produced a reaction known as economic nationalism. [1]The basic idea was that Canadians were willing to put up with a slightly lower standard of living compared to the USA, a slightly more limited variety of consumer goods, a lower dollar, and various other inconveniences in order to maintain their identity as a separate country. [2]

In 1967 Canada celebrated the centenary of its creation and amid much enthusiasm and patriotism a new Prime Minister, Pierre Elliot Trudeau, was elected in 1968. One of his early acts was to establish diplomatic relations with China. He also undertook a review of Canadian foreign policy which resulted in a proposal for a so-called Third option. The Third Option called for more diversification and relations with other countries mainly Europe. The idea was to reduce dependency on the United States and vulnerability to adverse decisions by American policy makers.

For example in August 1971 President Richard Nixon introduced a ten percent import surcharge designed to counter the increasing presence of Japanese goods in America. [3]The policy blindsided Canada which was actually America's largest trading partner and Mr. Nixon exacerbated the situation by

---

[1]  Abe Rotstein and Gary Lax ed. , *Getting It Back: A Program for Canadian Independence*, Clarke Irwin, Toronto 1974.

[2]  D. L. B. Hamelin, ed. , *The Price of Being Canadian*, Canadian Institute on Public Affairs, Toronto, 1961.

[3]  See Richard N. Cooper, Trade Policy is Foreign Policy, *Foreign Policy* vol 9, Winter 1972 – 73, Also Douglas A. Irwin, The Nixon shock after forty years: the import surcharge revisited, *World Trade Review*, vol 12, No. 1, January 2013.

continually referring to Japan as the largest partner. Canadian attempts to obtain an exemption from the import surcharge were largely ignored. ①

Trudeau'sThird Option was never implement and in the 1980s economic nationalism suffered a major setback when Ronald Regan and Prime Minister Brian Mulroney signed the Canada-United States Free Trade Agreement. It led to even closer integration of the two economies. ②The Canada-United States trade agreement was subsequently expanded into the North American Free Trade Agreement ( NAFTA ) to include Mexico.

The effects of NAFTA and free trade agreements generally were and continue to be hotly debated by economists and members of the general public. Proponents see them as a win-win situation with lower prices and increased choices for consumers. Critics see them as a wholesale transfer of jobs from high wage countries to lower wage countries which have decimated employment among the middle class in both the United States and Canada. They are blamed for an increasingly inequitable distribution of income. This debate is rehashed in every election and is particularly significant during the 2016 American election campaign. Both Democratic and Republican candidates characterized the agreements as part of a corporate agenda and promised major changes if not outright renunciation. The impact of such policies for Canada would be considerable.

The brief survey of Canadian history raises a number of points to be kept in mind when considering relations with China.

• Canadians have an ambivalent relationship with the United States. They appreciate the economic benefits of living beside a rich neighbor but

---

① Bruce Muirhead, From Special Relationship to Third Option: Canada, the U. S. , and the Nixon Shock, *American Review of Canadian Studies*, Autumn 2004.

② Peter Morici, *A New Special Relationship: The Free Trade Agreement and U. S. - Canada Economic Relations* The Institute for Research on Public Policy and the Centre for Trade Policy and Law at Carleton University, 1991.

are cautious about possible loss of sovereignty or simply being culturally swamped.

● Canadians, more so than Americans, are willing to accept government involvement in the economy to provide services the private sector is unwilling or unable to provide.

● Exports have always been key to the Canadian economy but Canadians are not unanimous in their support for free trade agreements.

● There are important political and cultural traditions that distinguish Canada from the United States.

## Canada China Relations

Economic relations between Canada and China have expanded considerably since the People's Republic was proclaimed. In the early years the issue of trade policy was closely tied to the debate over whether to grant official recognition. [1]

By the late 1950s successive years of poor harvests in China had created a profound food shortage. Despite a United States led economic embargo of China, Canada decided to sell large quantities of wheat and barley to China. Exports grew from about $ 9 million in 1960 to over $ 185 million by the end of the decade.

Following the establishment of diplomatic relation a Canadian-Chinese Trade Agreement was signed in 1973. It allowed for the mutual extension of "most-favoured nation" status whereby each country agreed to apply import tariffs against one another that were as low as those applied against other "most-favoured nations. " That same year, a Canadian trade fair was held in

---

[1] S. Beecroft, Canadian Policy Towards China, 1949 – 1957: The Recognition Problem, in Paul Evans and Michael Frolic eds. *Reluctant Adversaries: Canada and the People's Republic of China*, 1949 – 1970, University of Toronto Press, Toronto, 1991.

Beijing, attracting about 600 Canadian officials and business leaders. It was the first such foreign trade fair attended by Chinese Premier Zhou Enlai. In addition, the two countries established a Joint Economic and Trade Committee that provided a forum for discussion of economic and trade-related concerns between Canadian and Chinese officials.

Canadian exports to China had doubled by 1973. So too had Chinese exports to Canada. As the Chinese market became more accessible, Canada began to export a wider variety of products. By 1978, wheat's share of total exports to China had fallen to 69%. Sulphur, wood pulp, newsprint and metals such as aluminum and copper all emerged as significant exports.

Following the death of Chairman Mao, economic reforms, known as the Open-Door Policy, were aimed at reforming the national economy and lifting the restrictions on foreign commercial relations. The policy had four components: the creation of special investment zones; the attraction and efficient investment of foreign capital; increasing foreign trade; and the import of modern technology and management techniques.

From the perspective of Sino-Canadian trade, China's 1978 economic Reforms led to a considerable increase in the number of formal trade policy initiatives between the two countries. The Canadian Department of External Affairs established the Canada-China Trade Council, later renamed the Canada China Business Council (CCBC). The organization was to act as a link between the two countries to further trade relations. [1]

The Canadian-Chinese Trade Agreement was revised and a Treaty of Chinese-Canadian Economic Co-operation was signed. This latter treaty defined the potential contribution that Canada could make to Chinese economic

---

[1] Michael Holden, *Canada's Trade Policy and Economic Relationship with China*, Parliamentary Research Branch Paper PRB 04 – 32e, November 2, 2008.

development in a number of high-tech goods and services, notably in the areas of light industry, communications, the construction of power stations, petroleum and coal exploration, and various mining projects. [①]

In 1980 Canada granted "preferential" trade status to China, reducing tariffs on imports by over one-third from the regular "most-favoured nation" tariffrate. However, many products were excluded from this agreement, meaning that the actual effects of "preferential" status were relatively minor. Four years later, in an effort to support Canadian marketing efforts in China, the Export Development Corporation concluded an agreement with the Bank of China for a $2 - billion financing facility to support the purchase of Canadian equipment and services. In 1986, the two countries signed a double-taxation agreement, ensuring that goods produced in one jurisdiction and sold in the other would not be subject to overlapping taxation.

Chinese exports to Canada grew exponentially between 1978 and 1988, averaging an increase of 26% per year. While Canadian exports to China did not match this growth rate, the increase was still considerable. From 1978 to 1988, Canadian exports to China grew by an average of nearly 18% per year. [②] By 1980, two-way trade had grown to just over $1.0 billion. By 1987, that figure had more than doubled to $2.2 billion; one year later, it had increased to $3.6 billion. By 1988, China was Canada's sixth-largest trading partner worldwide.

Problems began in 1989 after protests in Tiananmen Square. Canada recalled its Ambassador and the House of Commons unanimously condemned the actions of the Chinese government. Most governmental relations came to a halt and in 1992 three Canadian Members of Parliament, were expelled from

①  Michael Holden, *Canada's Trade Policy and Economic Relationship with China*, Parliamentary Research Branch Paper PRB 04 – 32e, November 2, 2008.

②  Michael Holden, *Canada's Trade Policy and Economic Relationship with China*, Parliamentary Research Branch Paper PRB 04 – 32e, November 2, 2008.

China after meeting relatives of the dissidents and trying to organize a public demonstration.

Later in 1992 a five Day Ministerial Trade Mission marked restoration of some government to government relations. Canada promised to support China's membership in the GATT, forerunner to the World Trade Organization. The election of a Liberal government led by Jean Chrétien in 1993 marked a full return to the politics of engagement.

In 1994 Prime Minister Chrétien made the first Team Canada trade visit to China, bringing nearly 500 political and business executives with him. In 1996 the Chairman of the Standing Committee of the National People's Congress visited Canada as did the Vice Premier and Foreign Minister. Atomic Energy of Canada Limited signed a contract with the China National Nuclear Corporation for the sale of two CANDU – 6 reactors

In 1997 President Jiang Zemin paid a state visit to Canada after attending the APEC Meeting in Vancouver. During the visit the two sides agreed to build a 21st century-oriented China-Canada partnership and signed many agreements. In 1999 Premier Zhu Rongji made a week-long visit to Canada. The two sides signed the Environmental Cooperation Action Plan, A Memorandum of Understanding on Cooperation in Combating Crime and three Protocols on Quarantine and Health Requirements.

In 2001, 2003 and 2005 Prime Ministers Chrétien and Martin led Team Canada trade delegations one of which was the largest trade mission in Canadian history with nearly 600 participants, eight provincial premiers and three territorial leaders. Dozens of agreements were signed including a strategic partnership which provided a framework for future relations.

Canada's official policy toward China has not changed since the those days. The policy is

• to work with China towards China's greater adherence to internationally accepted standards on human rights and the rule of law;

• to ensure that China's economic rise benefits Canada by increasing two-way trade and investment in goods and services;

• to work with China to advance shared interests such as health, the environment, and regional peace and security; and

• to position Canada as a preferred destination for Chinese immigrants, students and visitors. ①

The election of the Harper government in 2006 signaled a change in the relationship. In one of his early speeches Mr. Harper said that human rights would play a much larger role in Canadian foreign policy. Regarding China he said specifically that Canada would not "sell out" important Canadian values to promote trade with China. ②

In 2006 Parliament conferred honorary Canadian citizenship on the Dalai Lama and the following year the Prime Minister met with the Dalai Lama in his parliamentary office causing the Chinese Embassy to protest this as interference in China's internal affairs.

In 2013 after much negotiation the China National Offshore Oil Company purchased Nexen, Canada's 6th largest oil company for 15 billion dollars. The sale was approved by the Harper government but it announced that future sales to state owned enterprises would be allowed only in exceptional cases.

Mr. Harper did made two visits to China in December 2009 and in February 2012. President Hu Jintao visited Canada for G20 meetings in June 2010. During the Harper years the Canada-China Investment Treaty and the Canada Hong Kong tax Treaty were signed and in 2015 Toronto became the first RMB trading hub in North or South America.

---

① Foreign Affairs and International Trade Canada, *Canada-China Relations*, http: // www. canadainternational. gc. ca/china – chine/bilateral _ relations _ bilaterales/China – FS – Chine – FD. aspx? lang = eng.

② http: //www. cbc. ca/news/world/won – t – sell – out – on – rights – despite – china – snub – pm – 1. 570708.

Canadian imports from China continued to grow reaching 65 billion in 2015. Exports grew somewhat reaching 20 billion the same year. ①

## The 2015 Election and its aftermath

Relations with China were not discussed to any great extent during the 2015 election which saw Mr. Harper defeated by Justin Trudeau and the Liberal Party. Trudeau's first meeting with Chinese President Xi took place in November 2015 at the G20 meeting in Turkey. Mr. Trudeau said he wanted to set a fresh approach in the relationship. The Chinese President said that his country would always remember the bold initiative of Pierre Trudeau in establishing diplomatic relations. A former Canadian Ambassador to China observed that China tends to associate the good times to eras when the Liberals are in power. The challenge, he noted, "will be to move the relationship beyond some nostalgic notion of Canada-China relations and advance Canadian interests with a really important global player. " ②The same point has been made by other China experts.

There have been calls for a quick and substantial set of policy adjustments to put Canada back on track after a decade in which the engagement of China was intermittent, conflicted and narrowly economic. While deeper and broader engagement of China is in Canada's national interest, simply turning back the clock to the strategic partnership of a decade ago is neither wise nor likely. Rather than a restoration we need a

---

① http: //www. canadainternational. gc. ca/china – chine/bilateral_ relations_ bilaterales/China – FS – Chine – FD. aspx? lang = eng.

② Canadian Press, November 16, 2015, http: //www. nationalnewswatch. com/2015/11/16/ trudeau – vows – tostrengthen – china – relations – as – xi – praises – vision – of – pms – dad/#. VkpFZ03lsdV.

reinvention based not merely on past foundations but on a new narrative that is more ambitious and more strategic. ①

Other voices have called for a new approach to Canada China relations and even the possibility of a Free Trade Agreement. ②Peter Harder, President of the Canada China Business Council and John Manley, president of the Canadian Council of Chief Executives argued that "China is looking around the world to build stronger trading relationships. Its negotiators have concluded 14 free-trade agreements in recent years, and five more are in the works. China is on the move. It's time for Canada to join the action. "③ Even a former Conservative minister of Foreign Affairs, Peter Mackay, said he thought the new government should pursue opportunities with China. ④

The Business Council of Canada and the Canada-China Business Council commissioned a report in January 2016 asserting that a Canada-China free trade deal would create 25, 000 jobs and add almost $ 8 billion to the economy within 15 years. The report attempted to quantify the impact for Canada using 33 sectors covered in the China-Australia Free Trade Agreement to estimate the likely outcome for an agreement with Canada. ⑤

① Wendy Dobson and Paul Evans, Living with Global China, in Asif B. Farooq and Scott Mcknight, *Moving Forward: Issues in Canada China Relations*, Asian Institute, University of Toronto and China Open Research Network ( CORN ), Toronto, 2016, p. 3.

② Wendy Dobson and Paul Evans, The Future of Canada's Relationship With China, Institute for Research in Public Policy, Montreal, November 2015; Laura Dawson and Dan Ciuriak, *Chasing China*, Dawson Strategic and Ciuriak Consulting, January 2016; Asif B. Farooq and Scott Mcknight, Moving Forward: Issues in Canada China Relations, *op cit.*

③ *Globe and Mail*, January 23, 2016. Harder was subsequently appointed to the Senate and is now the government leader in the upper chamber.

④ Josh Wingrove, Trudeau to Woo More Chinese Investment, *Globe and Mail*, March 21, 2016.

⑤ See Laura Dawson and Dan Ciuriak, *Chasing China.* http://dawsonstrat. com/files/2016/01/ Chasing – China – Web – Ready. pdf. Also Dan Ciuriak, Ali Dadkhah and Jingliang Xiao, *Quantifying a Canada-China Free Trade Agreement*, Ciuriak Consulting Inc. ; C. D. Howe Institute; BKP Development Research & Consulting, January 19, 2016. http:// papers. ssrn. com/sol3/papers. cfm? abstract_ id =2720074.

It argued that a free trade agreement with China would result in about $ 7. 8 billion in increased GDP by 2030 in value terms, a boost of about 0. 14 percent in real terms[1]The comparable gains for China are about $ 5. 6 billion or about 0. 02 percent over the same period. It further demonstrates that the agreement would divert trade away from the United States in the amount of $ 2. 7 billion in GDP by 2030.

Economic gains would be measured not just in new export sales opportunities but also in lower-priced imports for consumers and as inputs for manufacturing. The combined effect results in an estimated increase of $ 5. 7 billion to Canadian household income by 2030. The economic activity will result in greater Foreign Direct Investment in Canada: the increase in the foreign-owned capital stock in Canada would amount to 0. 11 percent or $ 982 million in 2030.

By 2030, Canada's overall exports to China were projected to grow by $ 7. 7 billion annually and total shipments by $ 10. 4 billion. For example, automotive exports to China would increase by more than $ 1. 4 billion annually, chemicals/rubber/plastics by some $ 688 million, machinery and equipment by $ 584 million, and approximately $ 1. 7 billion more per year in exports of oil seeds and vegetable oil. [2]

Employment was also projected to increase as a result of increased demand and the additional economic activity stimulated by the agreement. This could amount to about 25, 000 additional jobs in Canada across all skill levels.

In January 2016 China's Vice-Minister of Financial and Economic Affairs, Han Jun, visited Ottawa to discuss the prospect of negotiating its first free-trade deal with any North American country. He said if there is an

---

[1] Dawson and Ciuriak. Table A.

[2] Dawson and Ciuriak Table B.

FTA arrangement between China and Canada, "you can see a flooding of potash, agricultural products and energy products from Canada to the market of China. What is China most in need of? We have a shortage of agricultural products. China is the biggest importer of agricultural products in the world and, also, we are one of the countries with the highest dependency on imported energy from other countries. "①

He noted that China will come to the table with its own demands, namely the removal of restrictions put in place by the former Conservative government on Chinese state-owned investments in Canada's oil and gas sector.

A public opinion poll commissioned by Vancouver-based Teck Corp. which has 22% of its revenue generated in China seemed to suggest that Canadians are open to the idea of enhanced relations. ②It identified three different segments in Canadian public opinion regarding China. Just over a third of Canadians (36%) are supportive, just over a quarter (28%) are generally opposed to a closer relationship and the rest could best be described as conditionally supportive.

When it comes to the idea of a free trade deal with China, "the results suggest a degree of openness that might not have been there a decade ago. Canadians will naturally have concerns about being competitive enough with Chinese companies, but also recognize the potential economic upside is significant too. "③

The new government of Justin Trudeau promised to take a different

---

① Robert Fife, China open to historic free-trade deal with Canada under certain provisos, *Globe and Mail*, January 14, 2016.

② Abacus Data, *Canada China Relationship*, January 20, 2016. http://abacusdata.ca/the - canada - china - relationship/#sthash. rSX7J9jd. dpuf.

③ *Ibid.* Other polls paint a somewhat more negative picture of Canada-China relations. The US based Pew Research Centre has revealed that Canadian favourability of China has dropped from 58% in 2005 to as low as 39% in 2015. " In 2010 the Asia Pacific Foundation of Canada national opinion polls of Canadian views on Asia found that only 18% of Canadians supported Chinese foreign direct investment in China.

approach to foreign policy. In the first six months the Liberals announced a policy of re-engagement with the United Nations and specifically its intention to seek a non-permanent seat on the security council by 2021, something that had been denied by the Conservatives.

Mr. Trudeau also withdrew from the bombing mission in Syrian by recalling Canada's six jet fighters and promising instead to increase training and humanitarian aid. Canada immediately took in 25, 000 Syrian refuges with a promise to consider more by the end of 2016. The Liberals promised to re-engage with Russia and re-establish diplomatic relations with Iran. China was largely absent from these early policy statements although in April 2016 a meeting of the full cabinet invited consultant Dominic Barton, author of *China Vignettes: An Inside Look at China* to speak about China's impact on global economic growth and how that will affect Canada. [1]

To direct Canada's new foreign policy Trudeau appointed a former leader of the Liberal Party, Stephane Dion, as Minister of a newly renamed Department of Global Affairs. A political scientist by training and a well-respected intellectual Mr. Dion reached into academia to name several advisors including one expert in China policy. [2]In a speech on new foreign policy directions to a Canadian think tank Mr. Dion said Canada's policy would be centred on diplomatic re-engagement. [3]

In another foreign policy address at the University of Ottawa on March 28, 2016 Mr. Dion described the new direction as "responsible conviction" a vague term that puzzled many analysts. Some felt it was an attempt to assure Canadians that the new government was going to continue to follow a " principled" foreign policy as the Conservatives had claimed they were

---

[1] See http://www.cbc.ca/news/politics/deliverology – liberal – cabinet – retreat – 1.3553024.

[2] *Hill Times*, April 29, 2016.

[3] Eva Salina, Catherine Tsalikis, How to Build a New Foreign Policy for Canada, February 5, 2016 https://www.opencanada.org/features/how – build – new – foreign – policy – canada/.

doing. However unlike the previous government it would be less ideological and recognize that choices in international relations were not black and white but many shades of grey.

The new policy was criticized as basically a continuation of the status quo. ①There was nothing in either speech about relations with China but many indications that even closer relations with the United States would continue to be the first pillar of Canadian policy. ②

As the new Canadian government ponders its relations with China it is instructive to examine the recently concluded China Australia Free Trade Agreement.

## The Australian Experience

In June 2015, following nearly ten years of negotiations, Australia and China completed what some have called the most comprehensive free trade agreement that China has ever signed and one that contains "best-ever" Chinese commitments in a number of sectors. Since Canada and Australia have similar economies and similar histories of trade with China, what are the lessons for Canada from the ChAFTA?③

In Agriculture ChAFTA will eliminate 95 percent of all tariffs when it is fully implemented after eleven years. Tariffs on Australian wine, meat and seafood, currently between 10 and 25 percent, will be eliminated within four

---

① See for example Campbell Clark, Liberal's new foreign policy end up in familiar territory, *Globe and Mail*, March 30, 2016.

② Mike Blanchfield, Dion digs at Tories with new foreign policy label: responsible conviction, *Canadian Press*, March 29, 2016., http: //www. nationalnewswatch. com/2016/03/29/dion – digs – at – tories – with – new – foreign – policy – label – responsible – conviction – 2/#. VvvUbvkrLNN.

③ This section is drawn largely from Laura Dawson and Dan Ciuriak, *Chasing China: Why an economic agreement with China is necessary for Canada's continued prosperity*, Dawson Strategic and Ciuriak Consulting, January 2016.

years. Tariffs on barley were eliminated on entry into force whereas Canadian barley continues to face a 3 percent tariff.

Market access for Australian beef is quota-limited: 170, 000 tonnes for the first 4 years, gradually increasing to a little over 200, 000 tonnes after 10 years. There are no restrictions on market access for pork or seafood. Australia will also benefit from an exclusive duty-free quota on wool.

Certain agricultural sectors such as canola oil and vegetable oils are excluded from ChAFTA because they are designated "significantly sensitive staples" by China. Rice and sugar are also excluded.

When it comes to natural resources, 99 percent of Australia's resources, energy and manufacturing exports will enter China duty-free upon full implementation. The tariff of 3 percent on coking coal was removed on entry into force and 6 percent on thermal coal will be eliminated after two years. Tariffs up to 10 percent will be eliminated for refined copper and alloys, aluminum oxide, zinc, aluminum, nickel and titanium dioxide, many on entry into force. Tariffs of up to 10 percent on pharmaceuticals, including vitamins and health products, will be eliminated either immediately or within four years.

In the area of Services China has gone beyond its GATS commitments in a number of areas but many fall short of full liberalization. For example, China has agreed to allow wholly owned Australian hospitals, but only in four provinces and three cities. However, Australian service suppliers will be able to establish for-profit aged care institutions throughout China. In tourism, Australian services suppliers will be able to construct, renovate and operate wholly Australian-owned hotels and restaurants in China.

Labour mobility also makes significant strides in ChAFTA. New Investment Facilitation Arrangements ( IFAs ) will operate under the framework of the Australian visa system. These will allow certain Chinese-owned companies that invest in Australian infrastructure projects above AU

$ 150 million to negotiate labour market access flexibilities.

In architecture and urban planning, Australian firms will be allowed to obtain more expansive business licenses to undertake higher-value projects in China.

Both sides have committed to expand their education services relationship. Australia and China signed an MOU aimed at improving recognition of qualifications and promoting exchange opportunities. Although the Australian government is making much of the commitments in ChAFTA on education, the only firm Chinese commitment is the listing of 77 Australian providers on the Chinese Ministry of Education website. According to Australian government sources, 88 percent of Chinese students studying in Australia in 2013 chose to study at institutions listed on the website. China has agreed to ongoing discussions about adding new Australian schools to the site.

One of ChAFTA's unusual elements is the services chapter in which Australia uses a NAFTA – style negative-list approach while China uses a GATS – style positive list. Negative list approaches identify only what is excluded from the agreement while a positive list itemizes everything that is included. Positive-list agreements tend to include fewer trading areas and do not deepen trade as much as negative-list agreements. So, in the services deal struck between China and Australia, the latter provided more inclusive liberalization. Nevertheless, despite retaining the positive list, China opened up more services sectors to Australia than it has in the past. [1]

In financial Services China has committed to deliver improved access to Australian financial service providers in the banking, insurance, funds

---

[1] Ibid. p. 14.

management, securities, securitization and futures sectors. ChAFTA also designates an official RMB clearing bank in Sydney allowing trading of Chinese currency in Australia. The allocation of an RMB 50 billion quota will allow Australian-domiciled fund managers to purchase equities and bonds directly from China's mainland securities exchanges in Shanghai and Shenzhen. ①

Australian banks will enjoy much greater access to the Chinese market. China has agreed to reduce the waiting period for Australian banks to engage in RMB – denominated business from three years to one year. China will remove the two-year profit-making requirement as a precondition to providing local currency services. Australian bank subsidiaries in China are the only foreign bank subsidiaries to enjoy an FTA commitment guaranteeing their eligibility to engage in the credit asset securitization business.

China will allow Australian insurance providers access to China's statutory third-party liability motor vehicle insurance market, without local establishment or equity restrictions.

For the first time in an FTA, China has agreed to allow Australian financial service providers to establish joint venture futures companies with up to 49 percent Australian ownership and extend national treatment to Australian financial institutions for approved securitization business in China. Australian securities firms in China will benefit from new commitments, raising foreign equity limits to 49 percent ( above China's WTO commitment of 33 percent) for participation in underwriting domestic shares and guaranteeing the ability to conduct domestic securities funds management business. ②

---

① These commitments are nearly identical to what Canada negotiated through the RMB hub established in Toronto in 2015.

② Department of Foreign Affairs and Trade Australia, Fact Sheet: Trade in Services, *China Australia Free Trade Agreement*, August 26, 2015. http: //dfat. gov. au/trade/agreements/ chafta/fact – sheets/Pages/fact – sheet – trade – in – services. aspx.

In legal Services ChAFTA provides China's first-ever treaty commitments on commercial association between law firms. In addition to guaranteeing existing access for Australian law firms in China, it also guarantees Australian law firms have the ability to establish commercial associations with Chinese law firms in the Shanghai Free Trade Zone (SFTZ). These commercial associations will be able to offer Australian, Chinese and international legal services, without restrictions on where clients are located. [1]

With regard to foreign investment Australia made significant FDI concessions, raising the screening thresholds for private Chinese investments in non-sensitive sectors to AU $1094 million from AU $252 million. This is on par with thresholds for Chinese private investment in Japan, South Korea, New Zealand, and the United States. However, all investments must originate from China to qualify for the higher threshold, and not come from offshore accounts. Foreign investment in residential real estate is excluded from ChAFTA.

ChAFTA does not eliminate mechanisms already put in place by the Government of Australia to review investment by Chinese State Owned Enterprises. However, Australia has liberalized the screening threshold at which private Chinese investments in non-sensitive sectors are considered by the Foreign Investment Review Board (FIRB). Australia retains the right to screen Chinese investments at lower thresholds for agricultural land, agribusiness, and sensitive sectors. Furthermore, all investment by Chinese SOEs will be subject to review, regardless of transaction size. The Foreign Investment review Board will consider factors such as whether investors operate at arm's length and on a commercial basis when it applies the national interest test. In Australia, there is no real definition of what is necessary to

---

[1] Department of Foreign Affairs and Trade Australia, Fact Sheet: Trade in Services, *China Australia Free Trade Agreement*, August 26, 2015. http: //dfat. gov. au/trade/agreements/ chafta/fact – sheets/Pages/fact – sheet – trade – in – services. aspx.

pass the national interest test, and the FIRB does not need to disclose how it arrives at a particular conclusion. ①

While Australia's agreement with China created a great deal of new market access, Australian negotiators were unable to generate Chinese concessions in sugar, rice, cotton, wheat, maize, or canola. Australia obtained a market access quota for its important wool industry but it was not able to negotiate reduced tariffs for wool. Milk powder and beef are also subject to quota limits under special safeguards.

The investor-state dispute settlement with the right of Chinese firms to sue Australian governments for policy changes that adversely affect their interests was also a controversial provision. Another provision that could attract public criticism is the right of Chinese investors who invest over AU $ 150 million to bring in temporary migrant workers to Australia without local labour market testing. Australia retains the right to screen Chinese investment but the threshold has quadrupled to just over AU $ 1 billion. Chinese investment is excluded from sectors deemed sensitive by Australia such as agriculture, media, telecoms and defence. ②

Despite some problems and risks in being an early adopter Australia stands to benefit by an estimated AU $ 18 billion over the next decade. In a recent interview a former Australian Prime Minister and expert on China was asked if he had any advice for Canada. He said: "My only advice to anyone negotiating a free-trade agreement with our Chinese friends is China has produced some of the toughest negotiators in the world on trade, so be tough. " ③

---

① Andrew Lumsden et al, *The National Interest Test and Australian Foreign Investment laws*, July 15, 2015. http: //www. clmr. unsw. edu. au/article/market – conduct – regulation/state – capital/the – % E2% 80% 9Cnational – interest – test% E2% 80% 9D – and – australian – foreign – investment – laws.

② Dawson and Ciuriak, *op. cit.* p. 16.

③ Interview with Global News, April 3, 2016, http: //globalnews. ca/news/2615350/excitement – from – international – community – with – a – more – activist – canada – rudd/.

## Obstacles

Despite the Australian agreement and the change in government in Canada the prospects for a Canada-China free trade agreement have not really changed. One obstacle is a general skepticism with free trade agreements related to the debate that has emerged in the United States presidential election campaign. Many blame free trade agreements for the loss of jobs and the unequal distribution of wealth. Canadian media follow US elections almost as closely as Americans and this trashing of free trade may have cooled some enthusiasm across the border.

It also appears that Mr. Trudeau, unlike his father, is not prepared to be significantly out of step with the Americans. With China playing an important part in the United States election the younger Mr. Trudeau seems less unlikely to make decisions in this area until he sees the nature of the new American administration in November.

The Liberal government has been reluctance to fully embrace the Trans Pacific Trade Agreement negotiated by the previous government. Ratification is proceeding slowly and once again it is likely that no final decision will be taken until the United States ratifies or rejects the TPC. [1]

Even the Canada – EU Free Trade agreement which the new government has embraced, is causing problems. Several EU members have problems with provisions relating to "investor-state dispute settlement" provisions. Basically they allow foreign investors to sue governments in special arbitration courts for damages the host government's policies may cause to investors interests. There is no cap on the potential compensation and no judicial review of the

---

[1] Much criticism of the TPP in Canada revolves around provisions about intellectual property. See testimony by James Basillie to Senate Foreign Affairs Committee, March 24, 2016.

decisions. Critics of this provision claim it is not only an unacceptable loss of sovereignty but enables foreign investors to subvert environmental and social policies.

The Investment Treaty with China, negotiated by the Harper government, contains these provisions and has been loudly criticized by some. "China retains the right of investment screening in line with all its existing laws. So if a mayor of some Chinese city invokes a municipal law to keep out a Canadian company arbitration is not an option. By contrast aggrieved Chinese companies can haul Ottawa before a panel of three international lawyers over actions by politicians, regulators, the courts or any other body at any level. "[1]

A second obstacle is the view among some of the public policy community that China lacks certain qualities required of a free trade partner. It is sometimes compared unfavourably to other Asian states including Japan.

Japan is more technologically advanced than China and its large multinationals are highly profitable juggernauts whose products are prized around the world for quality and sophistication. Tokyo is, along with New York and London, one of the world's three principal financial hubs, where global capital is managed with unparalleled skill and speed. Japan is a successful democratic society under the rule of law, with a deep commitment to a stable world order. Japan is a staunch member of the Western alliance... Our third foreign embassy opened in Tokyo in 1929, and some of our biggest companies have been doing business there for decades. The Japanese have been investing in Canadian industries as

---

[1] Gus Van Harten, Chinese checkmate, *Report on Business*, April 2016, p. 10. For a full discussion of this point see Gus Van Harten, *Sold Down the Yangtze: Canada's Lopsided Investment Deal With China*, Lorimer, Toronto, 2015.

diverse as forestry, autos, video gaming, food processing and oil sands production. ①

A third obstacle outlined by a former Canadian Ambassador is that Canadians seem unwilling to see China as it is rather than as what they would like it to be. "This reflects our nostalgia for a vanishing world in which our main international concerns-security, prosperity and our considerable stake in a healthy global commons – have largely been worked out through our relationship with the United States. "②

A fourth obstacle is that Canada has underestimated or ignored structures and mechanisms that could help to manage the relationship. "It should not surprise us that China, a state that still sees value in central planning and control, should prefer to manage its bilateralships along similarly bureaucratic and state centric lines. China's penchant for classifying and ordering its most important partnerships is also a means of signaling to its vast bureaucracy what is and isn't possible with particular partners. "③

Australia has been more successful in formalizing a strategic partnership with China. "We need to institutionalize our bilateral relations through broader and deeper direct government to government exchanges that will build trust by having officials work together side by side toward common goals and at the same time partner more effectively with China's efforts to supply more global public goods. Paralleling these efforts we need to put in place mechanisms that will defuse tensions that periodically build up due to differences in our

---

① Brian Lee Crowley, Japan, not China is key to Canada's Asia Pacific aspirations, *Ottawa Citizen*, March 27, 2015. http://ottawacitizen.com/news/politics/crowley-japan-not-china-is-key-to-canadas-asia-pacific-aspirations.

② David Mulroney, After 45 Years it is Time to Grow Up, in Asif B. Farooq and Scott Mcknight, Moving Forward: Issues in Canada China Relations, *op cit.* p. 114.

③ David Mulroney, After 45 Years it is Time to Grow Up, in Asif B. Farooq and Scott Mcknight, Moving Forward: Issues in Canada China Relations, *op cit.* p. 114.

institutions and value systems. " ①

Relations are hampered by the absence of high level bilateral mechanism similar to the US – China Strategic and Economic dialogue and the Singapore-China management committee. ② "The narrative for deeper engagement should be rewritten. It should prepare for a much larger Chinese presence in Canada and on the global stage; it should help address public ambivalence and the expanding list of irritants, frictions and anxieties. It should also recognize the opportunities and shared interests in providing global public goods in areas including climate change and clean technology, stabilization of international financial system and disease control. " ③

Similarly in the area of military to military exchanges Canada should increase co-operation in areas like peace keeping, search and rescue, disaster relief and humanitarian assistance. "We should aim to build a cohort of officers who are on a first-name basis with Chinese counterparts. As part of a broad based effort to refocus our attention on the Asia Pacific, funding for military exchanges and joint exercise must be budgeted on a priority basis. " ④

A sixth obstacle, particularly during the Harper years was that Canada "has been obsessed with a distinction between pursuing commercial and diplomatic opportunities versus promoting human rights" ⑤As a result Canada adopted a "cool politics, warm economics" policy toward the PRC. It remains

---

① Jeremy Paltiel, Restoring Strategy to the Strategic Partnership: Canada and China Reimagined, in Asif B. Farooq and Scott Mcknight, *Moving Forward: Issues in Canada China Relations*, *op cit.* p. 13.

② Wendy Dobson and Paul Evans, The Future of Canada's Relationship with China, in *IRPP Policy Horizons Essay*, Institute for Research on Public Policy, Montreal, November 2015.

③ Wendy Dobson and Paul Evans, Living with Global China: Agenda 2016 in Asif B. Farooq and Scott Mcknight, *Moving Forward: Issues in Canada China Relations*, *op cit.* p. 10.

④ Wendy Dobson and Paul Evans, Living with Global China: Agenda 2016 in Asif B. Farooq and Scott Mcknight, *Moving Forward: Issues in Canada China Relations*, *op cit.* p. 19.

⑤ Paul Evans, Dancing with the Dragon, *Canadian Literary Review*, April 2013.

to be seen if the Trudeau government understands that a good relationship is based on more than economics.

A seventh obstacle relates to public opinion. All democratic governments worry about their standing in the court of public opinion but the Trudeau government seems particularly concerned about this. While some public opinion polls commissioned by industries doing business with China seem to show some movement in Canadian opinion toward China. Other polls indicate this is still a problem.

One study by a professor, now a special adviser to the Minister of Global Affairs, shows that while most Canadians believe China will be more powerful than the United States, only about a third see China as highly important to their economy or support a free trade deal. [1] Only 14% support the prospect of a Chinese state owned enterprise owning a controlling stake in a major Canadian company. A majority believe that human rights situation in China is deteriorating, that it does not respect the freedoms of its people and that its growing military power is a threat. More than half believe that China's influence is threatening the Canadian way of life. [2]

In light of these obstacles, some of his own making, Mr. Trudeau has taken a cautious approach toward China. He has given priority to improving Canadian relations with the United States which also deteriorated under Mr. Harper. In his first six months Mr. Trudeau visited the US four times including a state dinner at the White House and two trips to the United Nation.

Nor were these quick day trips which can easily be done from Ottawa. He spent 13 days in the United States on these trips for the purpose of talking to

---

[1]　Pascale Massot, The Political Economy of Canadian Public Opinon on China, in Asif B. Farooq and Scott Mcknight, *Moving Forward: Issues in Canada China Relations*, *op cit.* pp. 25 – 35.

[2]　Pascale Massot, The Political Economy of Canadian Public Opinon on China, in Asif B. Farooq and Scott Mcknight, *Moving Forward: Issues in Canada China Relations*, *op cit.* pp. 25 – 35.

the media, to universities, to interest groups, even taking the time to pursue his favourite hobby, boxing, in a famous American gym. [1]He understands how to parlay celebrity into raising Canada's profile and improving the bilateral relationship.

Mr. Trudeau could take a similar approach to China. This might involve one or more visits beyond the short stays associated with a summit or G20 meetings. A few well chosen events and speeches or perhaps even a family vacation could turn Canadian opinion toward China fairly quickly.

Timing is significant because with the Trans Pacific Partnership in limbo there is incentive for Canada to seek an alternative plan such as an economic agreement with China. And for China the possibility that the TPP might be ratified gives it a reason to look more favourably on an arrangement with Canada as a counterbalance. Once the US election is over and positions are settled there might be less pressure on both sides to negotiate a free trade agreement.

## Conclusion: Canada and the China Question

In recent times China has articulated a new vision of the global order based on the notion of a "community of common destiny" The "One Belt One Road" idea is designed to unite the planet through infrastructure and trade. Its goal is to lift millions around the world out of poverty just as it has done within China.

This is a grand vision and not one that will be accomplished in a single or even multiple 5 year plans. But as an idea and a vision it deserves to be mentioned in the same breath as the American post war Marshall Plan or Victor Hugo's idea for an united Europe.

---

① http: //www. cbc. ca/news/politics/trudeau – united – states – visits – 1. 3552373.

A Chinese vision for the world would be a more pluricentric one with several regional powers. It would be unlike the cold war world with two competing ideologies striving to impose themselves on the rest of the world. It would also be unlike the present single uni-power world where the United States deploys its military forces to try and shape events to its interests. A multi-polar world characterized by more tolerance for different kinds of governance structure and less talk about universal values would likely be a more peaceful and prosperous world.

Canada needs to insert itself into this vision just as we inserted ourselves into and embraced the concept of British Empire and later the American post war vision of rules-based internationalism. The challenge is for Canadians to recognize and assist in the transition from a world order " premised on American primacy that can no longer be maintained to an order that has not yet taken shape. " [1]

The challenge for the Canadian government is to make the case that " engaging a country is not the same as agreeing with it. But " there is no downside to partnering with China in areas of common concern and using our influence on China's direction. Partnering with China is a daunting challenge given our ideological differences, institutional incompatibilities and distinctive value orientations. However co-operation is possible without compromising our core liberal and democratic values – and indeed necessary if Canada is to maintain a significant role in global governance. " [2]

A small but optimistic sign that Canada might be moving in the right direction occurred in April 2016 when a group of Chinese engineers met in Ottawa with some parliamentarians to discuss a project to build a 340-mile rail link to some potentially rich resource areas in a sparsely populated area of northern

---

[1]　Paul Evans and Wendy Dobson, Living with Global China, *op. cit.* p. 9.

[2]　Jeremy Paltiel, Restoring Strategy to the Strategic Partnership, *op. cit.* p. 14.

Ontario. ① The idea to build the line has been stalled for years because of a lack of capital and short term thinking about the price of commodities.

The engineers are expected to complete a detailed feasibility study on the rail project within four months that would then be presented to Chinese financial institutions. ②This will be a good test of whether Canada is prepared to move beyond words and toward real projects with real impacts on Canadian society and bilateral relations.

An even better signal would be for Canada to endorse the recent Chinese idea of building a rail link from China through Russia, across the Bering Strait to Alaska and then through Canada to the continental United States. ③

The political difficulties of such a project dwarf the technological challenges. But the dream has been nurtured for years by Russian, American and other visionaries. Canada should not only lend its support to such a project but play a leading role in bringing the parties together and pushing the idea forward. That would be a kind of signal that Canada is willing to insert itself into the Chinese vision of the world. This type of big thinking, led by China and with Canada as an active supporter, could transform the world economy and international relations in ways we can barely imagine.

# 加拿大史与中加关系

*Dr. Gary Levy*

**摘要：**1891 年，多伦多大学知名教授戈尔德温·史密斯

---

① Bill Curry, Chinese show renewed interest in Ring of Fire, *Globe and Mail* April 19, 2016.

② Bill Curry, Chinese engineers endorse $2 billion Ring of Fire rail line, *Globe and Mail*, April 20, 2016.

③ See China Daily, May 8, 2014. http://www.chinadaily.com.cn/business/2014 - 05/08/ content_ 17493399. htm. Also *Washington Post*, May 9, 2016.

（Goldwin Smith）写了《加拿大与加拿大问题》这本著名却备受争议的书。史密斯认为，加拿大是一个不自然而又虚伪的国家。他坚称加拿大政府体系劣于美国模式，由于地理、种族、经济和政治等各种原因，加拿大简直就是荒诞之地。因此他认为，加拿大的宿命可能也就是成为美国的一部分。一代又一代的加拿大政治领导人证明史密斯的观点是错误的。然而，到了21世纪，加拿大又面临另一个重要且具有争议性的问题，那就是加拿大是否准备好脱离美国的势力范围，加入由中国设想的国际新秩序。未来中加关系的发展以及加拿大的经济繁荣就取决于对这个问题的回答。本报告以论述加拿大史以及研究自1970年中加建交以来中加关系为大背景，总结了《中澳协定》的相关教训，表达了对《中加自由贸易协定》的赞许，并指出建设更紧密的中加关系可能会遭遇的障碍，总结了如何应对中国的问题。

**关键词：** 加拿大　中国　《中澳协定》　《中加自贸协定》

# 小特鲁多政府时期的加美安全关系*

## 安德万**

**摘要：** 加拿大和美国在"二战"之前就摆脱了国际无政府体系中的"安全困境"，加美之间形成了一种特殊的国家间关系，但是加美安全关系是一种非对称的关系，即加拿大努力提高自己的防御行动，让美国感到满意，反过来，加拿大的经济繁荣因与美国的紧密合作而得到保障。"9·11"之后，加美安全合作却停滞不前，加美安全合作在美国国家战略中的地位被逐渐边缘化。小特鲁多总理想恢复加美特殊关系，但是他的政策空间面临着一些限制。

**关键词：** 加美安全关系　安全共同体　复合相互依赖　国际无政府状态中的等级制

国家最关心的安全问题是自己的领土完整，主权不受侵犯。加拿大地广人稀，无法抵御大国的入侵。虽然历史上加拿大和邻国美国曾经也发生过战火，但是加拿大与美国在"二战"之前就建立了良好的安全合作关系，加美开战的阴霾早已不存在。比起其他双边国家关系，加美关系常被称为"特殊性关系"。目前，加美关系在美国国家战略中的地位已经大大降低了，贾斯廷·特鲁多（Justin Trudeau）总理想重振加美关系，但是他的政策空间面临着一些限制。能够决定加美安全合作未来

---

* 上海外国语大学钱皓教授对本文的写作给予了宝贵的意见和建议，特此感谢，文章内容由作者自己负责。
** 安德万，上海外国语大学加拿大研究中心 2016 级博士研究生。

发展方向的力量是不断变化的国际安全环境、国际经济环境以及加拿大和美国的国内因素。

## 一 解读加美安全关系的三种理论视角

"二战"之后，美苏两个超级大国的军事对抗，特别是核武器的出现，使国际安全研究从传统的"战争"或"防务"研究中脱颖而出，成为国际关系学的一个独立研究领域，国际安全研究聚焦于军事—政治主题，主要围绕"大国博弈和威慑平衡"而展开，迎来了战略研究的黄金时代。[①] 在这一时期诞生的结构现实主义国际政治理论认为国际政治结构是影响国家行为的独立变量，大国是国际政治结构的重要决定性因素，中等国家和小国的作用可以忽略。中等国家和小国在美苏两极对抗的环境下，很难有独立的战略选择，像加美这样的典型的大国与中等国家之间的安全关系没有得到国际政治分析家的足够重视。[②]

在冷战时期，加美特殊关系在以美国为首的西方国家联盟对抗苏联的过程中所起的作用是无法忽视的，但是加拿大不能通过利用自身资源获得安全，必须依靠外界的帮助来维持自己的独立性，很显然，加拿大的安全依赖美国的保护。1973 年，尼尔斯·欧维克（Nils Orvik）分析了像加拿大这样的非主导性国家的安全战略选择——"避免邻近大国不必要的帮助"（defense against help）战略——一个中等国家或小国单方面维持足够的防御，或与一个保证其安全的大国合作，以避免这个大国进行"不必要的帮助"。[③] 一个较弱的国家有两个选择以实施这种战略。第一，小国可以单方面努力保持或加强其防御措施，或与大国协调，或者不与大国协调；其次，小国可以与大国的防御措施相协调，实

① 巴里·布赞、琳娜·汉森著《国际安全研究的演化》，余潇枫译，浙江大学出版社，2011，导论和第四章。

② Lawrence Robert Aronsen, American National Security and Economic Relations with Canada, 1945–1954, Praeger Publisher, 1997, p. xv.

③ Nils Orvik, "Defence Against Help – A Strategy for Small States?", Survival, 15 (5) (1973): 228.

现其防御合作，甚至可以进行防御措施的整合。"二战"时期的芬兰选择了第一种政策；加拿大则兼顾了两种政策。也就是说，在第二次世界大战之前，加拿大受到的外部威胁有限，"二战"期间和之后加拿大不能处置严重的外部威胁，为了应对苏联的威胁，加拿大选择与美国合作，加入北约集体安全组织，1957年5月与美国共同组建了北美防空司令部，以加强北美地区的空中联合防卫。唐纳德·巴里和杜安·布拉特指出，自20世纪30年代以来"避免邻近大国不必要的帮助"战略就成为加拿大安全政策的基石，他们还指出加美安全的相互依赖性——加拿大依靠美国抵御外来威慑，但是美国的安全也离不开加拿大。①

从20世纪70年代起，安全概念不断扩展，经济安全、社会安全、环境安全和人的安全都成为国际安全研究的议题，国际安全概念的内涵不断丰富。这些议题的变化是世界政治发展所驱动的，同样，对国际安全的理论解释也在不断发生变化，先后出现了从权利、国家利益、文化和认同等不同角度解释国际安全的分析框架。② 同样，因为地理位置的邻近和加美经济交往的日益频繁，加美安全关系也不再限于因为面临共同的安全威胁而加强军事安全合作的问题，经济安全、环境安全也成为加美安全关系的内容，分析加美安全关系的视角也越来越多。学术界对加美安全关系的分析有三种理论视角：第一种是复合相互依赖关系；第二种是安全共同体；第三种认为加美安全关系是国际无政府状态下的等级制。

1977年首次出版的罗伯特·基欧汉和约瑟夫·奈的《权力和相互依赖》注意到了很多学者所提到的加美安全关系似乎早已摆脱了权力政治的藩篱，两国之间虽然冲突不断，但是加美绝不会诉诸武力解决彼此间的冲突，他们把加美关系当作"复合相互依赖"的典型案例，分析了不同问题领域的相互联系导致加美安全关系复杂性增加。③ 加美的

---

① Donald Barry and Duane Bratt, "Defence against help: explaining Canada – US security relations", American Review of Canadian Studies, 38 (1) (2008): 63 – 89.

② 彼得·卡赞斯坦编《国家安全的文化：世界政治中的规范和认同》，宋伟、刘铁娃译，北京大学出版社，2009，第一章。

③ 罗伯特·基欧汉、约瑟夫·奈著《权力和相互依赖》（第四版），门洪华译，北京大学出版社，2012，第七章。

安全合作涉及国土防御、军事、经济、能源、环境保护等多个领域，比如，美国一直是加拿大最大的贸易伙伴，特别是在能源领域，加拿大贡献了美国进口天然气的 95%、输入电能的全部。① 截至 2002 年 1 月，加美达成了约 90 个双边防务条约，以管理加拿大与美国之间的防务关系，其中一些条约可以追溯到 19 世纪初。② 自 2001 年 9 月 11 日的恐怖袭击事件发生以来，加美进一步加强了安全合作，包括组建加美双边规划小组。2005 年加拿大政府的一份研究报告表明，加拿大与美国之间达成了 343 个正式条约和上千个非正式的安排，涉及军事合作、贸易一体化、能源供应等多个方面。③

肖恩·M. 肖尔认为两个持久且相互联系的进程（加美边境的非军事化、加美政治精英构想共同的北美身份）促使加美安全共同体在第二次世界大战之前就已经形成。加美安全共同体的形成不是因为面临共同的威胁，这一点与其他的安全共同体的形成截然不同，加美关系似乎克服了国际关系中时刻笼罩的"安全困境"，不设防的 5000 多公里边界就是体现。④

还有一些学者指出，加拿大的安全和繁荣都依赖于美国，加美特殊关系是国际无政府状态下的等级制关系。⑤ 在研究国际关系中的等级制的专著中，莱克也认为加美之间形成了安全和经济两个层面的等级制关系。⑥

---

① John P. Manley, Pedro Aspe, and William F. Weld, "Creating a North American Community: Chairmen's StatementIndependent Task Force on the Future of North America" (2005), p. 5, Council on Foreign Relations Press, http://www.cfr.org/canada/creating – north – american – community/p. 7912.

② David Bercuson, "Canada – US Defence Relations Post – 11 September", in David Carment, Fen Osler Hampton and Norman Hillmer (eds)., Canada Among Nations 2003: Coping with the American Colossus, Toronto: Oxford University Press, 2003.

③ Building a North American Community: Report of an Independent Task Force (2005), p. 31, http://www.cfr.org/competitiveness/task – force – urges – measures – strengthen – north – american – competitiveness – expand – trade – ensure – border – security/p. 8104.

④ 肖恩·M. 肖尔：《不设防造就好邻居：1871～1940 年加美安全共同体的形成》，伊曼纽尔·阿德勒、迈克尔·巴涅特主编《安全共同体》，孙红译，世界知识出版社，2015。

⑤ Patrick Lennox, At Home and Abroad: The Canada – US Relationship and Canada's Place in the World, UBC Press, 2009, Chaper 1.

⑥ 戴维·莱克著《国际关系中的等级制》，高婉妮译，上海人民出版社，2013，第三、四、五章。

具体而言，在加美等级制关系中，美国是主导国，作为附属国的加拿大会降低防御努力，依靠美国提供保护，将稀缺资源转移到其他目的上，这对加拿大而言是一笔重要的收益。① 加拿大的防务支出在 20 世纪 50 年代占国内生产总值的 8%，然后逐步下降，到 2000 年只占国内生产总值的 0.9%，削减的开支转而用于提高国内福利。②

加美两国之间形成了复合相互依赖的关系，任何一方的安全和发展都离不开另一方，但是这种复杂的依赖关系也是产生两国摩擦的根源，甚至引发潜在冲突，因此，需要两国之间紧密的磋商协调，彼此克制，建立完善的协调机制。虽然肖尔认为加美安全共同体在第二次世界大战之前就已经形成，而且不是出于对共同威胁的反应，但是正如对安全共同体的建构主义解释所指出的，安全共同体扩大或深化合作时也可能发生解体，安全共同体会面临着其有效资源或指导合作的原则无法处理新的任务的问题。③ 如果从等级制来看待美加关系，这种等级制对加拿大和美国的政策选择和行为都会产生影响，主导国必须产生政治秩序，规训附属国，并克制自己的行为；在等级制下，制衡行为很少发生，附属国会接受主导国的领导，但是这不是追随强国，也不是"搭便车"，而是基于主导国和附属国双方利益的以保护换服从的交易，美加等级制是不断变化的，也是脆弱的。④

## 二 小特鲁多政府重塑加美安全关系

加美两国的政治家曾经把加美关系定位为一种特殊的国家间关系，认为加美关系是有效管理国家间复合相互依赖关系的典范，被冠以

① 戴维·莱克著《国际关系中的等级制》，高婉妮译，上海人民出版社，2013，第 140 页。
② John Ibbitson，"The Big Break：The Conservative Transformation of Canada's Foreign Policy" (2014)，p. 6，https：//www. cigionline. org/sites/default/files/cigi_ paper_ 29. pdf.
③ 阿米塔·阿查亚著《建构安全共同体：东盟与地区秩序》，王正毅、冯怀信译，上海人民出版社，2004，第 50 页。
④ 戴维·莱克著《国际关系中的等级制》，高婉妮译，上海人民出版社，2013，第 176～180 页。

"睦邻友好的"、"独特的"、"典范的"这样的形容词，更甚的是以"例外论"来定位加美关系，但是这些定位过于夸大了加美之间的一致性而没有看到加美国家利益的差异。[1] 随着冷战结束，苏联威胁的消失，加美安全合作关系虽然没有中断，但是加美安全合作的基础在逐步弱化，特别是加美防务合作关系在美国国家战略中的地位被逐渐边缘化。[2]

加美之间的防务协调机制源于加美共同分析和处理安全威胁的需要，当新的威胁出现时，加美之间的安全协调机制就会做出新的调整。例如，为了应对苏联的威胁，1958 年 5 月美国和加拿大共同组建了北美防空司令部，以加强北美地区的空中联合防卫。在冷战之后新的安全环境下，北美空防司令部作为加美加强国土安全防御的主要政府间机制，在空中防御方面仍然处于重要地位，而且其职能正在向海洋监视和网络安全领域扩散。除了国内安全合作外，加美在北约机制下共同参与了阿富汗战争、打击伊斯兰国的联合行动，以促进国际安全和稳定。

但是，总体而言，21 世纪加美的防务合作取得的进展却缓慢。首先，加美不同的安全战略会影响到它们之间的安全合作。2001 年 9 月 11 日袭击之后，美国提出了"周边防御"（Perimeter Defense）战略，以确保北美的安全。美国认为自身比邻国更容易受到国际恐怖主义的攻击，美国主要关注恐怖主义构成的国土安全威胁，认为只要邻国墨西哥和加拿大等周边国家加强了防御，那么美国的安全将得到加强；然而，加拿大不仅仅讨论恐怖主义，还关心自然灾害和有组织的跨国犯罪问题。[3] 其次，总体而言，加拿大的安全政策一直以来深受邻国美国的影响，虽然加美之间在安全方面的紧密合作仍然是主旋律，但是加拿大政

[1] Donald Barry, "The politics of 'exceptionalism': Canada and the United States as a distinctive international relationship", *Dalhousie Review*, 60 (1) (1980): 114 – 137.

[2] Joseph T. Jockel and Joel J. Sokolsky, "The End of the Canada – U. S. Defense Relationship" (1996), https://csis – prod. s3. amazonaws. com/s3fs – public/legacy_ files/files/media/csis/pubs/ppa_ v7_ 2. pdf.

[3] Kilroy, Jr., Richard J.; Rodríguez Sumano, Abelardo; and Hataley, Todd S., "Toward a New Trilateral Strategic Security Relationship: United States, Canada, and Mexico." *Journal of Strategic Security*, 3 (1) (2010): 51 – 64.

府偶尔也会发出争取自己的独立政策的呼声,这一点在冷战时期和"9·11"之后特别明显。"9·11"之后,美国和加拿大面临着诸多相同的传统威胁和非传统威胁,加美进一步整合防务行动是显而易见的和非常必要的,但是过于紧密的防务合作必会损坏加拿大的政治独立,担心失去主权是阻碍加拿大深化与美国的安全合作的最大障碍。在克雷蒂安总理执政时期,加拿大拒绝支持美国发动的伊拉克战争;马丁总理也不支持美国的国家导弹防御计划;史蒂芬·哈珀总理试图让加拿大与美国进行更紧密的安全合作,但是害怕失去独立的声音从未断过。① 再次,加美传统的军事合作通常是应对海外安全问题,北美区域防御是最后一道防线,目前北美地区仍然是一个比较稳定的地区,大多数威胁都是来自海外,虽然"9·11"恐怖袭击提高了国土防御的重要性,但是与海外安全相比较,其受到的重视仍然不够,从而会影响防务能力投资方面的资金分配。最后,21 世纪的新威胁更具复杂性,为了处置这些威胁,需要越来越多的政府机构参与安全行动,也增加了加美防务合作的难度。②

"9·11"之后,美国的总统都没有像以前的总统那样把加美关系看成特殊关系,小布什总统和奥巴马总统的首次外访都没有选择加拿大,虽然这些并不足以表明加美关系的根本变化,但是如果美国不再把加拿大当作特殊的安全合作伙伴给予战略重视的话,加拿大必将面临越来越严重的困难。③

2015 年 10 月加拿大联邦大选中自由党重夺执政党地位,自由党党首贾斯廷·特鲁多成为加拿大第 23 任总理,贾斯廷·特鲁多于 2016 年 3 月对美国进行了正式访问。奥巴马总统和特鲁多总理讨论了边境、防

---

① Kilroy, Jr., Richard, "Perimeter Defense and Regional Security Cooperation in North America: United States, Canada, and Mexico," *Homeland Security Affairs*, Supplement No. 1 (2007): 9.

② Dr. Andrea Charron and Dr. James Fergusson, "NORAD in Perpetuity? Challenges and Opportunities for Canada" (2014), pp. 10～20, https://umanitoba.ca/centres/cdss/media/0_ NORAD_ in_ Perpetuity_ final_ report_ March_ 2014. pdf.

③ Dr. Rob Huebert, "the Canadian-American 'Special' Defence Relationship: New Challenges and Demands", *On Track* (*official journal of the CDA Institute*), 20 (2) (2015): 39.

务、贸易和能源问题，小特鲁多政府改变了哈珀政府的政策，在环境问题上选择与美国合作。① 上一次加拿大总理访问美国还是在 1997 年，当时的加拿大总理克雷蒂安访问了美国并和克林顿总统会晤，19 年之后小特鲁多在执政五个月之后访问美国，以寻找改善加美关系的机会。小特鲁多总理想一改哈珀总理的外交政策，恢复加美特殊的安全合作关系。

在北美防御问题上，加拿大正在考虑重新加入美国的弹道导弹防御计划。加拿大政府正在进行新的国防评估，计划在 2017 年初发布，这个评估报告将包含加拿大是否参加美国的弹道导弹防御计划。目前自由党政府认为由于越来越多的国家部署了弹道导弹，北美地区面临的威胁就会越来越大，现在应该考虑加入美国的弹道导弹防御计划，要么采取其他有效措施，以消除这些威胁。不过，鉴于美国领导的全球弹道导弹防御联盟成员的增加，而且在目前的北美防空司令部框架下，对于是否拦截攻击加拿大目标的导弹，加拿大没有决策权，只有加入之后加拿大才能获得相应的发言权；② 反过来看，如果加拿大不加入的话，必然会对加美安全关系产生不利影响。③ 所以，加拿大加入弹道导弹防御计划的可能性非常高。

其他重要的全球安全问题上，小特鲁多政府也选择了与美国积极合作。以打击伊斯兰国为例，虽然小特鲁多总理在 2016 年 2 月决定结束加拿大在伊拉克的作战任务，撤离了六架 CF - 18 喷气式战斗机，但是

---

① Justin Trudeau, Real change in Canada – US relations（2015），https：//www. liberal. ca/ justin – trudeaus – speech – on – real – change – in – canada – u – s – relations/；Michael D. Shear and Coral Davenport, Justin Trudeau, Canadian Prime Minister, Making Rare Official Visit（2016），http：//www. nytimes. com/2016/03/10/us/politics/canada – leader – justin – tredeau – obama – visit. html？＿r = 0.

② The Standing Senate Committee on National Security and Defence, Canada and Ballistic Missile Defence：responding to the evolving threat, June 2014, p. 17, http：//www. parl. gc. ca/ Content/SEN/Committee/412/secd/rep/rep10jun14 – e. pdf.

③ The status of Canada's international security and defence relations, including but not limited to, relations with the United States, NATO, and NORAD, Proceedings of the Standing Senate Committee on National Security and Defence, Issue No. 3, February 10, 2014, pp. 105 – 109.

部署到该地区的加拿大武装部队的总人数将从 650 人增加到 830 人。①加拿大仍然继续提供 1 架加油机和 2 架侦察机，以支持联合作战，而且将把训练伊拉克安全部队的特种部队的数量从 69 人增加到 200 人以上。此外，加拿大已承诺在 3 年内向这个地区提供 11 亿加元的人道主义和发展援助。

## 三 加美安全合作的未来走向

在加美复合相互依赖关系中，彼此不再展示军事力量以试图影响对方，但是加美之间的冲突仍然不断。军事安全已经不能再主导一切，各种问题领域之间缺乏明确的等级之分，在一个问题领域的权力很难在其他问题领域发挥作用，因此政治家们想利用联系战略影响对手很难奏效。一位学者曾经指明，加美安全合作的逻辑是加拿大努力提高自己的防御行动能力，让美国感到满意，反过来，加拿大的经济繁荣因与美国的紧密合作而得到保障。② 但实际上，加拿大更多地从长远经济利益来看待与美国的合作。③ 而美国则很敏感加拿大的防务开支不足，常常指责加拿大存在"搭便车"行为。

从历史上看，加拿大在防务方面的努力往往很难令美国感到满意。如 1961 年加拿大不同意在用于北美空中防御的导弹上安装核弹头以及在古巴导弹危机期间推迟与美国的合作，都引发了加美冲突。冷战结束后加拿大军费的持续减少影响了加拿大军队的战斗力，加拿大政府拒绝参加美国导弹防御计划使加美在北美地区安全方面的合作受到了影响。另外，在其他国际安全问题上，比如 2003 年的伊拉克战争问题上的严

---

① Canada's new approach to addressing the ongoing crises in Iraq and Syria and impacts on the region: promoting security and stability, http://pm. gc. ca/eng/news/2016/02/08/canadas - new - approach - addressing - ongoing - crises - iraq - and - syria - and - impacts - region.

② Dr. Rob Huebert, "the Canadian-American 'Special' Defence Relationship: New Challenges and Demands", On Track (official journal of the CDA Institute), 20 (2) (2015): 39.

③ Lawrence Robert Aronsen, American National Security and Economic Relations with Canada, 1945 - 1954, Praeger Publisher, 1997, p. 2.

重分歧更是让加美关系降到了最低点。① 尽管小特鲁多总理领导的加拿大与美国在防务方面展开密切合作，但加拿大必须根据自己的国家利益而行动，加拿大并不会参与美国的所有行动。正如曾任加拿大外交部部长的莱斯特·皮尔逊（Lester Pearson）在 1955 年指出，在维护和平和共同防御重大攻击方面必然要与美国达成紧密的合作安排，但并不意味着一旦美国开战我们也要参战。②

小特鲁多总理面临最大的挑战是提升加美经济合作的成效。由于在地理位置上与美国的邻近和与美国经济的互补性，加拿大的对外贸易对美国的依赖度一直非常高，美国一直是加拿大最大的贸易伙伴。2001年的恐怖袭击导致加美边境控制更加严格，不利于加美的贸易往来和人员交流，阻碍了加美经济的进一步融合；2008 年的金融危机导致美国保护主义抬头，对加拿大的经济产生了严重的影响。③ 这些都说明，与美国的合作对加拿大的经济安全的重要性是不言而喻的。在过去十年中，加拿大出口美国的前三大产业中，油气开采和炼油一直占第一位和第三位，油气资源出口占加拿大对美贸易的很大份额。哈珀总理的外交政策把贸易放在首位，大力发展加拿大经济的能源部门，扩大向美国的能源出口。然而，由于美国政策的变化（特别是美国的能源自足战略的出台）和全球经济重心的东移，哈珀领导的加拿大政府在最近几年开始执行新的贸易多样化战略，以抓住亚洲经济增长机会，获得新的经济增长着力点，但是加拿大的贸易多样化战略不是很成功，能源出口是唯一实现增长的部门。④ 不幸的是，奥巴马总统要把环境政策作为自己

---

① Andrew Richter, "Permanent Allies? The Canada – US Defence Relationship in the 21st Century," Journal of Military and Strategic Studies, 12 (1) (2009): 3.

② Donald Barry and Duane Bratt, "Defence against help: explaining Canada – US security relations", American Review of Canadian Studies, 38 (1) (2008): 82.

③ Alexander Moens, "Skating on Thin Ice: American-Canadian Relations in 2010 and 2011" (2010), p. 6, p. 9, https: //www. fraserinstitute. org/sites/default/files/skating – on – thin – ice – us – canada – relations_ US. pdf.

④ Alexander Moens and Alex Bartos, "Canada's Catch – 22: The State of Canada – US Relations in 2014" (2014), p. iii, https: //www. fraserinstitute. org/sites/default/files/canadas – catch – 22 – state – of – canada – us – relations – in – 2014. pdf.

的一大政治遗产，2015 年 11 月拒绝了加美石油管道项目（Keystone XL pipeline）的第二阶段。小特鲁多总理如果无法推进加美经济合作，只能为加拿大的经济繁荣找其他出路，加大获取亚洲消费市场的努力是唯一选择。

因为很多亚太地区国家参加了 TPP 谈判，加拿大曾把利用 TPP 谈判作为实现贸易多样化战略的有效途径。加拿大政府一直偏好采用双边的自由贸易谈判方式，很少采用多边谈判，以争取到最大的好处，以满足国内的贸易需求。但是在美国主导的 TPP 谈判中，加拿大偏好的谈判策略无法奏效，加拿大只是在 2013 年下半年才加入谈判，而且美国开出了条件，只等加拿大接受，加拿大几乎不能左右整个谈判过程。① 加拿大在贸易自由化谈判中不能影响美国的政策决策，加拿大影响 TPP 谈判的能力也随之受到了很大影响，TPP 协议能否在加拿大获得通过还是未知数。

## 四 结语

对于加拿大和美国而言，巩固加美关系都是很重要的利益，但是美国是一个全球主导性国家，而加拿大是一个中等国家，在国际体系中的不同地位决定了两个国家不同的利益诉求，美国更加关注加拿大与自己的其他盟友一同做出努力，维持自己所主导的国际安全体系，而加拿大更加关注美国对自己的安全保障和自己与美国的经济合作关系。

1999 年逮捕了试图从加拿大进入美国炸毁洛杉矶机场的恐怖分子，2001 年发生了恐怖分子攻击美国的悲惨事件，表明恐怖分子从加拿大进入美国搞恐怖袭击的可能性都很大，美国和加拿大的安全是捆绑在一起的。既然美国和加拿大遭遇了相同的外部威胁，它们就更应该像冷战

---

① Scott Sinclair, Canada's Humiliating Entry into TPP Trade Deal（2012），https：// www. policyalternatives. ca/publications/commentary/canadas – humiliating – entry – tpp – trade – deal；Bruce Johnstone, Canada has little choice but to embrace TPP（2015），http：// www. canada. com/business/money/canada + little + choice + embrace/11558038/story. html.

时期那样进行紧密的安全合作。小特鲁多政府仍然会继续推进与美国的防务合作，这是保护加拿大利益所必需的，但是加拿大的政策选择仍然是根据国家利益而决定。在世界经济重心东移的背景下，小特鲁多总理如果无法推进加美经济合作，只能为加拿大的经济繁荣找其他出路，加大获取亚洲消费市场的努力是唯一选择。就这一点而言，未来的加美安全合作的逻辑会表现出新的特征。

# The Canada-US Security Relation During Justin Trudeau Administration

*An Dewan*

**Abstract**：The US – Canada relationship formed before the Second World War is unique in the sense that it gets rid of 'security dilemma' in the international anarchic system, but their relationship is asymmetrical in nature. The logic of US – Canada security cooperation and collaboration is Canada contributes to its defence efforts to satisfy US, and in return, Canada's economic prosperity is granted by cooperating closely with US. US and Canada faced various traditional and non-traditional threats after the 911 terrorist attacks, it is obvious and necessary to integrate their security endeavors, however, Canada is always worrying about losing its political independence, so their security integration has been stagnant in recent decade. Canadian PM Justin Trudeau wants to rejuvenate Canada's relationship with US, but his government will face several challenges.

**Keywords**：Canada – US Security Relations; Security Community; Complex Interdependence; Hierarchy in International Anarchic System

# The New Indo-Canadian Relations

## Serge Granger[*]

**Abstract**: On May 17th 2016, Prime Minister Justin Trudeau issued state apologies to the Indian diaspora in Canada. This apology refers to the Komagata Maru affair (1914) in which more than three hundred Indian passengers were barred from immigrating to Canada. This apology also marks the desire of the Trudeau government to reset Indo-Canadian relations which have stalled under the Conservative government. To explain the areas in which Trudeau intends to engage India, I will first outline the historical background of Indo-Canadian relations to underline the uneven relationship between the two countries. I will then focus on issues that have not been solved in recent years and why Trudeau has a greater chance of solving the challenges of Indo-Canadian relations.

**Keywords**: Canada; India; Trade; Bilateral Relations; Diaspora

In 2027, the workforce of India will surpass that of China. It will be the only country to reach the milestone of 1.5 billion people. This reality offers Canadian business extraordinary opportunities which could take advantage by entering into a free trade agreement with New Delhi. Canada is well positioned to make business with the India: it holds the biggest Indian diaspora of the

---

* Serge Granger is an Associate Professor in School of Politics at Sherbrooke University in Quebec.

G20 as percentage of the total population and is in a situation of trade surplus with it while providing medium and high-tech equipment. Yet the conclusion of a free trade treaty drags on since 2013, and the value of the bilateral trade, which was projected at 15 billion Canadian dollars for 2016, today amounts only to 7. 5 billion.

This chapter explains why negotiations of a free trade agreement (FTA) have been slow because of lingering mistrust between Canadian and Indian diplomats since the controversy over the nuclearization of the India, which has hurt bilateral relations. Trade barriers imposed by India and its non-participation in the Transpacific Partnership (TPP) do not promote the conclusion of an FTA. Despite relief relating to nuclear issues and diplomatic tensions, similarities shared by Canada and India (the British parliamentary system, the English language, multiculturalism and a significant diaspora), several obstacles remain. Mostly commercial and political in nature, these obstacles are significant enough to repel any improvement of bilateral relations and partly explain why relations between India and Canada are disappointing. On the economic side, we can identify different commercial practices of the two countries, the TPP negotiations, mutual demands in negotiations for a FTA and the guarantees offered to investors in India. On the political side, the barriers boil down to respective nationalisms, the bureaucratic disinterest of Canada towards India leading to the ghettoization of foreign policy and a deficient fluidity of people. The fears of the Government of India to see Canada host Sikh or other separatists and the concerns of Canadians with respect to the possible relocation of Canadian services to India push ratification of a FTA even further.

On the other hand, the Indo-Canadian relations are also characterized by catalysts that are pushing the two countries closer and enhance their bilateral relationship. It would take a minimum of political will on the part of the Trudeau Government to revive relations with India since several catalysts are available to Canada. Notably, the dramatic increase in the Indian diaspora in Canada pushes the two countries to complete a multitude of agreements, both in commercial, cultural and political sectors. Also, the economic complementarities between the two countries, especially in trade of goods, makes it possible to ratify a free trade agreement.

## A less complicated relationship

It is plausible to imagine that Indo-Canadian relations are cordial, but this was not always the case. Actually, the ups and downs of the Indo-Canadian relations established a certain mistrust of one and the other, at least until recently. Since 1974, the nuclear issue has long poisoned Indo-Canadian relations, but the recent (2010) agreement on uranium seems to open a new era of cooperation between the two countries.

Three phases characterize the ups and downs of the Indo-Canadian relations since 1947. The first phase (1947 – 1974) represents an entente cordiale as decolonization by India and multilateral peace diplomacy were the shared ideals by both countries. The journey of Louis St. Laurent and his multiple encounters with Jawaharlal Nehru can be considered as the pinnacle of the Indo-Canadian entente cordiale. During this period, Canada lifted its discriminatory measures against Indian nationals who were granted the right to vote and the establishment of the Colombo Plan has allowed Canada to fund several projects in India, including in the field of nuclear and hydroelectric power.

The second phase (1974 – 1991) was characterized by setbacks initiated by the first nuclear tests of India with the help of the CANDU reactor despite the Indian assurance that Canadian technology would not be used. Also, the bipolar Cold War tensions distanced Indo-Canadian partners because India aligned itself with the USSR with a Treaty of peace, friendship and cooperation (1971). Also, we should not forget the bombing of Air India Flight 182 (1985) where Sikhs of Canada were responsible. The kerfuffle and the slow pace of the investigation of the worst terrorist attack in Canada made that no guilty party was sentenced or extradited. During this period, very few contacts of high levels were maintained.

Finally, the last phase begins with the end of the Cold War and the economic reforms in India in 1991. The 1990s were characterized by an attempt to warm up Indo-Canadian relations. In addition to its consular service in New Delhi, Canada opened other consulates in Mumbai, Chandigarh, Kolkata and one in Bangalore to meet the growing demand for immigration. In addition to these consuls, trade offices were added in Chennai, Hyderabad and Ahmedabad. Quebec opened its delegation in Mumbai in 2008 as well as Ontario and British Colombia.

In addition, economic missions performed by Jean Chrétien in 1996 and 2003 as well as Stephen Harper in 2009 and 2012 during which a memorandum of understanding on the formation of a joint study group to examine the feasibility of establishing a FTA. Yet, even though India made new nuclear tests in 1998 and has received the condemnation by Canada (reminder of the Commissioner, cancellation of the CIDA programs, suspension of the negotiations on trade and the challenge of the Indian bid for the permanent seat of the UN Security Council[1]), Indo-Canadian relations have continued this necessary reconciliation[2]. When the Conservatives took power in 2006, they seem to lack sensitivity toward India. For instance, Prime Minister Stephen Harper went to Pakistan (and Afghanistan) before

---

[1]    Canada will be serve the same medicine when India refused to support its candidacy for the Security
       Council in 2010. http: //www. theglobeandmail. com/news/politics/india – turned – its – back –
       on – canada – during – bid – for – security – council – seat/article1214881/.
[2]    RUBINOFF, Arthur G. , 2002. Canada's Re-Engagement with India, *Asian Survey* 42 : 6 (Nov-
       Dec), 838 – 855.

visiting India.

In a broader international context, the post-nuclear India has created few allies and its cordial relationship with the Russia has isolated it geopolitically, moving away from Canada. The adoption of State socialism in India also limited trade with Canada. Although Indian economic reforms opened its markets in the early 1990s, the ups and downs of bilateral relations created a lasting relationship of which several obstacles remain.

## Commercial obstacles

Negotiations to establish a FTA with India started in 2010 and despite its 9 rounds of negotiations; there is still some way to go. After talks broke down in March 2015, a resumption of the dialogue in the summer 2016 gave no significant breakthrough and future rounds of talks are planned. Several obstacles remain to intensify Indo-Canadian relations. According to the indices of free trade, Canada is much more open than India[1]. Since the last decade, Canada is among the top 10 freest countries for trade with an average of a 80% score while India is around 55 percent, one of the lowest scores. It will need the Indian government to change several laws to liberalize further its trade. For example, freedom to do business in Canada is 82% while in India it is at 48%. Although the freedoms of trade and tax are similar in both countries, freedom of investment is very largely in deficit in India (35%) compared to Canada (82%). Indian corruption index is at 38% which serves as a snuffer compared with Canada (83%). Tariff barriers are very different between Canada and India; according to the IMF, the tariffs of Canada average 0.8% while that of India is around 10%.

Questions pending in the FTA are Canadian requirements to obtain the

---

[1]   Pour l'ensemble des indices de liberté de commerce, consultez http: //www. heritage. org.

most favoured nation clauses " MFN – forward " and the " ratchet " mechanism, which India refuses. The MFN – forward clauses imply that if India grants MFN status ( such as those granted to Viet Nam and Malaysia ) to another trading partner under a bilateral Pact – they will be automatically extended to Canada and vice versa. India objected to this status arguing that each FTA is signed on the basis of a unique relationship with the partner country and automatically extending all these advantages to the Canada will lead to imbalances and conflicts[①]. The ratchet mechanism is to ensure that the benefits of future liberalization of Indian national policies are automatically extended to Canada. India is against the application of the measures of this mechanism because they will result in a loss of political flexibility for the government. India also objected to attempts by Canada to include standards of labour and the environment as well as the competition for public procurement in the FTA.

The conclusion on the negotiations of the TPP or any further trade agreements needing a ratification. Canadian reconciliation. The golden rules imposed by this Treaty that India cannot meet will have inevitable consequences on bilateral trade. For many Indian observers, India isn't able to join and the risk to see value chains move to the signatories of the TPP is real. What is more, TPP may cut Indian exports ( especially in the textile sector) to Canada at the expense of the signatories such as Viet Nam or Malaysia. Some commentators stress the structural impact of the disinvestment related to TPP if nothing is done in India. Hemant K. Singh, Professor at the Indian Council for Research in International Economic Relations, States that " in addition to trade, the India will be affected in terms of investment. Investors will definitely gravitate towards the Member States of the

---

① http: //www. thehindu. com/business/canadaindia – free – trade – agreement – talks – delayed/ article8102980. ece.

TPP"[1] . With regard to Canada, it has almost no investments in India (only 586 million from 2000 to 2015, representing barely 0.22% direct investment inputs which total 265 billion over the same period) while India has invested more than 8 billion to Canada. That is why the negotiations for an agreement on the promotion and protection of foreign investments (FIPA) is necessary. It will help counter the deterrent effects of Indian absence within the TPP in addition to increase Canadian investment in India.

Several rules of the TPP pose great challenges to India. These rules will put pressure on all new agreements since other countries, signatories or not of the TPP will impose these rules in order to maintain their market share. Labour laws and the environment are imposing constraints for India because its legal system is not able to guarantee the same conditionality imposed by the TPP. Also it's the patent laws do not adequately protect Canadian companies of counterfeiting.

In 2015, India was the 14th economic partner of Canada with $21926 billion CAD in exports and imported a value of $4.497 billion CAD from Canada. Although exports of Indian goods to Canada account for less than 1% of its total, and vice and versa, a joint study before the FTA talks estimated that the gains would be symmetrical for both nations. Annual earnings for Canada export have been estimated between 39% and 47% and for India, between 32 and 60% [2].

In 2014, the trade between India and the TPP countries totalled 152 billion U. S. dollars with a surplus of 4 billion. In addition, 87 percent of Indian imports from the TPP came from developed countries, a portion that is now 70%. In comparison, the share of developing countries in the imports of

---

[1] CHAUDHURI, Pal. TPP pushes India further into margins of global trade, *Hindustan Time*, [En ligne], 8 octobre 2015, http: //www. hindustantimes. com/analysis/tpp – pushes – india – further – into – margins – of – global – trade/story – wSnSU4MnWUj5ICdqtXvspO. html, (page consultée le 6 avril 2016) .

[2] Canada-India Joint Study Group, *Exploring the Feasibility of a Comprehensive Economic Partnership Agreement*, septembre 2010, p. 7.

Indian basket increased by 13% in 2005 to 30% in 2014[1]and Indian exports are heading more and more to Asia and developing countries. That's why several Indian observers preach more for a conclusion of an FTA with the rest of Asia as proposed by the Regional Comprehensive Regional Partnership (RCEP), which is much less binding. Pritish Kumar Sahu reminds that India is not ready to engage in a multilateral agreement with high standards such as the TPP and therefore, negotiating a less binding agreement seems more accessible and doable because 'the cost to participate in the TPP's much higher than to not join the block'[2]. Kumar and Singh argue that Indian tariffs are not ready to deal with the TPP[3], but India and China must set aside their differences and reach a trade agreement that will rival the American standards. For now, ASEAN promotes the principle of non-interference that does not contain any Golden Rules like the ones of the TPP: the Indian newspaper *The Pioneer* supports that "seven countries within the RCEP are TPP, there might be a possibility that they plead for the adoption of the above standards prescribed by the TPP[4]. If the India is not a signatory of the TPP, she must immediately close the gap of its conditions to meet the golden rules set by the TPP. This means that it should give up its own programme in future agreements of free trade (such as with Canada) and she needs to quickly fill the gaps of the golden rules established by the TPP[5].

Some commentators warn that the flow of foreign direct investment will be

---

① BANGA, Rashmi and Pritish Kumar Sahu, *Trans – Pacific Partnership Agreement (TPPA)*: *Implications for India's Trade and Investments*, Centre for WTO Studies (CWS), Indian Institute of Foreign Trade CWS/WP/200/24, octobre 2015, pp. 9 – 11.

② SAHU, Pritish Kumar. Trans-Pacific trade deal puts India in a spot, *The Hindu Business Line*, 11 mars 2016.

③ KUMAR, Manoj et Rajesh Kumar Singh. India says will shake up trade tariffs to compete globally, *Reuters*: *Business*, 1er avril 2015, http://in.reuters.com/article/india – economy – exports – idINKBN0MS45U20150401, (page consultée le 6 avril 2016).

④ TPP: Changing status quo in global trade?, *The Pioneer*, 4 avril 2016.

⑤ RANJAN, Rachit. Should India Join the TPP?: In the wake of this week's historic agreement, what should India do now?, *The Diplomat*, 9 octobre 2015.

strongly affected if India does not guarantee a business environment appropriate for foreign multinationals. Finally, others point out that the TPP will exacerbate Indian disabilities if they are not addressed in future free trade agreements. They believe that the TPP challenges facing India will undermine its ability to enter into agreements.

In addition, food standards may not only affect the ability of India to export to the United States, but also to other Asian partners. About 15% of all Indian exports come from agriculture and this sector will be subject to regulations and competition from the TPP Asian markets: "the TPP would entail huge costs for some protected Indian industries "[1]. Sanitary and phytosanitary standards (SPS) will test the chain of production of India if it wants to maintain a high level of agricultural production. Fisheries, milk and all processed foods must meet the standards defined by the United States.

The ongoing RCEP negotiations delay the willingness of India to enter into bilateral agreements with the TPP partners. For example, discussions with the Australia and Canada were very slow and the negotiations on a bilateral investment treaty with the United States, which began in 2008, are still ongoing.

## Political obstacles

Canadian and Indian nationalism also constitute an obstacle to the reconciliation insofar as the concessions offered in negotiations of an FTA are likely to raise concerns and substantial objections. On the one hand, India wishes to export of temporary labor in the field of services while Canada, especially food exports will affect directly the Indian peasantry.

It must be remembered that two cases of temporary foreign workers raised

[1]  NATARAJ, Geethanjali. East Asia Forum: Economics, Politics and Public Policy in East Asia and the Pacific, *India's TPP dilemma*, 31 *octobre* 2015, *http: //www. eastasiaforum. org*/2015/ 10/31/*indias – tpp – dilemma/*.

passions in Canada. In the first case, Indian workers in the information technology sector were hired by the Royal Bank of Canada (RBC) in April 2013 to get trained, who later would be used to relocate this sector to India. The reactions were vehement and RBC had to cancel this program[①]. The other case applies more to the Filipinos but also to the Indians in the fast food sector. Several Canadian employees, including many students, complained of being dismissed or lose several hours of work following the hiring of temporary foreign workers. Since India firmly claims the right to export its temporary workforce in the service sector, the negotiations of an FTA with Canada foundered on this point[②]. The outcry generated by both cases underlined that the Canadian government had to intervene and restrict access to the program in addition to ban sectors (such as catering) of the economy. Also, it is much more difficult to negotiate a FTA in the services sector because many jobs related to this sector are often better paid and standards and the quality of the work often require approvals of professional orders, corporatist needless to say.

On the other hand, the Indian reluctance to allow the sale of food products like milk mobilizes a large part of the rural population. Indian farmer organizations estimate that more than 90 million of them may lose their livelihoods ahead of the competition from large foreign corporations. Even today, one calls the agro-food sector as a source of friction between the India-EU FTA negotiations.

There is no doubt about the role of diasporas in the development of foreign policy. As was the case in the ratification of nuclear agreements, as much to the United States and Canada, the diasporic lobbies influenced the

---

① http://www. cbc. ca/news/canada/british – columbia/rbc – replaces – canadian – staff – with – foreign – workers – 1. 1315008.

② Just as the negotiations with the EU, India requestrd a visa status Mode 4 especially for its workers in the field of information technology. These negotiations started in 2007 and are still blocked.

legislators. We do not necessarily condemn these practices because they are non-State actors which enrich the development of foreign policy. Given the fact that the Canada is a highly indianized country, the risk to apply ethnic politics in order to consolidate electoral gain can sometimes be counterproductive for a foreign policy[1]. In the case of the Harper Government, soliciting the Sikh community has had mixed effects. On one hand this allowed a more political inclusiveness of a cultural community reflecting Canadian diversity. On the other hand, this has worried India. The Sikhs today represent about a third of the Indian diaspora in Canada while they constitute less than 2% in India. Mainly concentrated in Punjab, a part of the Sikh community is deeply separatist and India is concerned that Canada may shelter militants, including supporters of the Air India bombing. The Prime Minister of India, Manhoman Singh (2004 – 2014), and himself from the Sikh community, raised this issue at Harper's second trip to the Punjab (2009 – 2012). Preneet Kaur, Minister of State for External Affairs, said that the "revival of the anti-India rhetoric" in Canada was "very worrying"[2]. By continually visiting a separatist region, we can ask the question if this ghettoization of foreign policy bears fruit or even if it has generated palpable mistrust until very recently.

## Catalysts

Despite the remaining obstacles, there are several catalysts to improve the Indo-Canadian relations. The Indian diaspora, economic complementarities and political compatibility are convincing examples.

---

[1] CARMENT, David & Joseph Landry, Diaspora and Canadian Foreign Policy: The World in Canada, Adam & Christopher J. Kukucha, *The Harper Era in Canadian Foreign Policy*, UBC Press, 2016, pp. 210 – 227.

[2] http: //www. cp24. com/news/india – warns – harper – about – sikh – extremism – in – canada – 1. 1026032

Three immigration waves characterize the Indian diaspora in Canada. More than a century ago, the early Indian migrants, mostly Sikhs, settled mainly in British Colombia. Far from being welcomed, discriminatory measures towards these nationals were implemented to limit this migration. For example, the Canadian Parliament voted a law in 1908 that an Indian who wished to migrate to the Canada should undertake a continuous journey, which did not exist at the time. In 1914, the Komagata Maru Japanese ship, chartered by Gurdit Singh and with on board 376 Indians, including 340 Sikhs, was not allowed to dock and sent back. From 1914 to 1947, virtually no Indian migrated to Canada. Atrophied and marginalized, this diaspora did not have any political influence but she will get formal apology on behalf of the Canadian Government in may 2016. Signs of time.

The second wave of Indian immigration comes from family reunifications permitted after the lifting of quotas and discrimination in the 1960s, of Indo-Caribbean as well as a variety of Indian refugees from conflicts in the East Africa and Sri Lanka which diversified the Indian diaspora who was almost completely Sikh. It is from the middle of the 1980s that direct immigration from India took off with more than 15, 000 arrivals per year. When India opened in 1991, half a million people of Indian origin began to influence Canadian policy. About 1. 36 million people of Indian origin currently live in Canada and this diaspora is young, graduated and earns more income than the average Canadian. This diaspora is 3. 8% of the Canadian population and this influence translated into the creation of the Canada-India Foundation and the Canada-India Parliamentary Association Friendship, both created in 2007. In 2016, Justin Trudeau's cabinet contains more Sikhs (4) than that of the India; it is a clear message of significant political integration in addition to showing India its desire for reconciliation. By 2030, Indians will be the largest visible minority, surpassing the Chinese and there will be changes to this ethnic criterion of Canadian statistics because one day, 'visible minorities' will become the majority.

The complementarities of supply and demand encourages the two countries to find a FTA for goods, although services pose a problem. Fortunately for Canada, agro-food products exported to India are in great demand (like the lentils of Saskatchewan) and do not generate concerns in India as fears in the FTA with Europe. The agro-food sector is one of Canada's main exports to India (lentils and vegetables) which must remain cheap in order to enable the poorest to get them. However, the desire of Canada to include the ratchet mechanism, particularly in the agro-food sector, can worry Indians. The precious stones and semiprecious stones are exported but come back in jewelry. Also, minerals which are abundant in Canada are easily sold in India despite the Australian competition[①]. Wood pulps promote Québec exports in India as the products of high technology like simulators of flights and other transportation devices. In return, Canada imports derivatives of oil, drugs and textiles from India. All these exports will be affected negatively if the ratification of the TPP. An FTA would nullify the negative effect of the TPP on Indian exports to the Canada.

## Recommendations

In order to give a new impetus to Indo-Canadian relations, the Trudeau government must work on several tables to maximize a new cordial agreement with India. Beyond the fact that a FTA would increase economic exchanges, it would increase Canadian investment in India, so far anemic. Just as the Chinese diaspora has contributed to the take-off of China, the Indian diaspora requires a FIPA because almost all of the money passed between Canada and India is by remittance and generates little bilateral benefit. The

---

① Australia has an economy two times smaller than Canada but exports three times more to India.

Indian diaspora transfers the most money in the world (with 72 billion US in 2015) but this money is used rather to pay for post-secondary education of Indian families as well as improvements to homes. It does not generate a lot of jobs.

The Prime Minister Justin Trudeau should not ghettoize bilateral relations based on the set of the Indian diaspora and not confine, once again, on the Sikh diaspora, although it is important[1]. The four Sikh Ministers of the liberal government may very well go to Punjab to demonstrate the commitment of Canada to this diaspora and would be, a century after the Komagata Maru incident, a greater sign of political inclusion of the Sikhs. Other important Indian States like Gujarat[2], Maharashtra and Tamil Nadu have substantial exchanges with Canada and should be visited to reduce Indian fears already underlined.

Canada should further support the India in multilateral organizations. It begins with the United Nations and the Security Council. It is strange to maintain the largest democracy in the world outside this organization and the Canadian position is part of a broad reform ( Uniting for Consensus ) comprising Pakistan opposed vehemently to the Indian bid. This impasse is not the result of Canadian obstinacy but rather the result of the inability of the UN to reform its statutes in this area. In short, the Canadian position is defendable but does not favor the case of India.

Nevertheless, we can rejoice the end of the nuclear dispute ( 2010 ), which poisoned relations since 1974. In the month of August 2016, Canada has made it clear that it would support the Indian bid for the Nuclear

---

① Jean Chrétien (2003), Stephen Harper (2009 – 2012) visited the Golden Temple in Amritsar (Sikhism holy place) at each visit by a Canadian Prime Minister in India. This tendency to make electioneering by the ethnic politics is not necessary for the Trudeau government.

② Canada was particularly active during the Vibrant Gujarat presentations in 2013 and 2015. It is expected that the quota of businessmen engaging in Vibrant Gujarat 2017 will reach 300 people. A record.

Supplier's Group ( NSG ) . It must be said that the contract between the Canadian firm Cameco and the export of 3, 000 tons of uranium from Saskatchewan ( projected insufficient ) surely influenced this decision. There are other multilateral forums in which Canada could speak for India or at least to support it in its proposals. The Arctic Council, which Canada is one of the founders, which grants him greater power within this institution, should collaborate with India who joined in may 2013.

## Conclusion

Regarding the Indo-Canadian relations, it seems that obstacles to reconciliation were in part laid by the two respective Governments. Whether the distance of business practices between the two countries or the nationalist reaction ( protectionist ) to trade in services and goods, solutions are possible insofar as bilateral relations have improved recently. Other obstacles posed by the United States, as the Golden Rules of the TPP or any future FTA, have postponed a FTA between Canada and India. In that case, Canada can't do much about it. On the other hand, opportunities to settle the current dispute are accessible.

Everything seems to indicate that negotiations with India on a possible FTA are complicated. Canada is not the only one since Australia, the United States and even the RCEP Asian partners find it difficult to seal the deal. One fundamental reason lies in the Indian attitude, which is to focus on the export of services ( services-ridden agenda ) at the expense of more modest agreements focusing on the goods ( goods-ridden agenda ) .

The Canadian temporary foreign worker program has been revised and severely limited since 2014 following the above-mentioned scandals. According to the state governments, these restrictions are too severe ( Alberta has lost 76 percent of its foreign workers, 27 per cent in Ontario and Quebec only 1%

mainly due to the French language) and a readjustment is necessary. A new program should form the minimum basis on which the negotiations of the FTA with India in addition to establishing rules compatible and consistent with any trade negotiation. Once the rules have been established, Canada will be less confused in its bilateral negotiations with India or any other partner.

# 新印度－加拿大关系

*Serge Granger*

**摘要：** 2016 年 5 月 17 日，贾斯汀·特鲁多总理代表加拿大政府，就 1914 年 300 多名印度乘客的移民申请遭到拒绝一事向加拿大的印度移民群体进行了正式道歉。在保守党政府执政期间，加印关系的发展一直处于停滞状态，这次公开道歉则体现了小特鲁多政府重启两国间关系的意愿。为了研究特鲁多总理计划在哪些领域与印度展开合作，本文将集中探讨两国间近年来悬而未决的问题，并分析小特鲁多政府何以更有可能处理加印关系的挑战。

**关键词：** 加拿大　印度　贸易　双边关系　移民群体

# 论加拿大的北极外交政策

## 唐小松　尹　铮[*]

　　**摘要：**随着中国作为永久观察员加入北极理事会，中国在北极事务中扮演的角色也发生了变化。加拿大作为北极理事会的发起国，在北极国家之中具有较大的影响力，其北极外交政策值得中国借鉴学习。本文分析了加拿大近期北极外交政策的目标、主要内容及其背后的战略思考，并在此基础上解析了加拿大北极外交政策对中国的启示。

　　**关键词：**加拿大　北极　外交政策

## 一　加拿大的北极外交政策

### （一）加拿大北极外交政策的发展

　　北极是一块资源丰富的宝地。2008 年 7 月份美国地质调查局发布的一份调查表明，北极圈内蕴藏近 900 亿桶石油，1670 兆立方英尺天然气和 440 亿桶液化气。此外，北极圈内还存在金、铀、银、铬、镁等大量矿产。[①] 不仅如此，随着气候变化、北极冰层消融，更是出现了可

---

　　[*]　唐小松，广东外语外贸大学加拿大研究中心主任，教授；尹铮，广东外语外贸大学加拿大研究中心在读研究生。

　　①　Yang Lina. U. S. defends its new Arctic policy, eyes more inter-national cooperation, http://news. xinhuanet. com/english/2009 – 01/14/content 10656085. htm, 2009 – 05 – 15.

供夏季航行的北极东北与西北航道，令北极地区在地缘政治与战略安全方面产生了全新的意义，也让该地区继冷战时期的美苏战略竞争之后再次成为北方各国关注的焦点。

加拿大是北极理事会的创始国之一，其北方领土占全国土地面积的40％。很明显，保护自身在北方地区的主权及其他利益对于加拿大来说极具战略重要性。然而，加方却与许多北极国家存在领土与管理权纠纷，例如与美国的波佛特海（Beaufort Sea）海上边界纠纷与西北航道管理权争议；与丹麦在汉斯岛的主权争议；以及加拿大、丹麦、俄罗斯三方的罗蒙诺夫海岭主权之争等。面对如此众多的挑战，保护主权必然是加拿大北极政策的重中之重。近几十年来，加拿大在北极主权问题上的种种应对措施包括环境立法及多边组织框架下的谈判、标准制定与合作等，却鲜有强硬的军事占领行动。① 这种政策风格既是加拿大的中等强国地位与传统使然，也是北极国家之间博弈的结果。它决定了加拿大的北极政策必然是重视多边合作与"软实力"的"北极外交"，而不是以硬实力说话的"强权政治"。

2000年，加拿大政府公布了《加拿大对外政策中的北方因素》（*The Northern Dimension of Canada's Foreign Policy*）这一官方文件，第一次将北极事务正式纳入"外交"领域。该文件对加拿大的涉北外交政策做出了如下的描述："加拿大涉北外交由三大因素构成，在北极事务中担任领先地位；在政府与非政府层面上促进合作；继续与加拿大公民，尤其是北方公民进行交流协商。"② 这种方针体现出了"跨国合作以及重视人类安全"的加拿大传统，也为加方的"北极外交"在内容与风格上提出了一个较为明确的界定。

在保守党哈珀政府执政期间，加拿大政府公布了目前为止最为系统的北极战略文件——《加拿大北部战略》与《加拿大北极外交宣言》。

---

① 叶静：《加拿大北极争端的历史、现状与前景》，《武汉大学学报》（人文科学版），2013年第2期。

② The Department of Foreign Affairs & International Trade, The Northern Dimension of Canada's Foreign Policy, 2000.

但该届政府在北极政策上的理念却似乎经历了一个"由硬到软"的转向。就在哈珀就任当年的 5 月，加拿大国防部就发布了《加拿大第一国防策略》，强调在北极环境变化的新形势下应对"来自海外的挑战"，并表示加拿大需要"更多的军事支持"，才能保护自身的主权与国家安全。①

然而，在 2009 年，加方公布了全新的官方北极战略——《加拿大北部战略：我们的北方、我们的遗产、我们的未来》，首次明确了加拿大北极战略的四大支柱，包括行使加拿大对北极的主权、促进社会经济发展、保护北极环境遗产以及改善北极治理与强化分权，而这四点与《加拿大对外政策中的北方因素》所提出的目标基本相符。值得一提的是，在改善北极治理与强化分权这一部分中，该文件首次强调了加拿大北部因纽特人对北方治理的参与，并将其称为"土生土长的北方政策与战略"（Made-in-the-North policies and strategies）②；而这一点在此前的同类文件中虽然并未得到直接反映，但却符合《加拿大对外政策中的北方因素》中北极外交三大因素中的第三条——加强与北方居民的协商与对话。自此，哈珀政府开始从相对狭义的军事安全政策"回归"。

2010 年，加拿大政府再次发布文件——《加拿大北极外交宣言》（*Statement on Canada's Arctic Foreign Policy*）。该文件在提出"北极外交"概念的基础上，将加拿大在北极所扮演的角色确立为"负责任的管理者"，并指出扮演这一角色是加拿大行使主权的根本手段。此外，该文件还在此前北极战略中列出的"四大支柱"的基础上提出了加拿大北极外交政策的四大目标：（1）行使主权是加拿大北极外交的基础与第一要务；（2）促进北部地区社会经济发展——实现可持续经济发展与保持社会稳定；（3）保护北极环境；（4）改善北极治理、加强分

---

① Department of National Defence of Canada, Canada First Defence Strategy, May 2008, http: // www. forces. gc. ca/en/about/canada – first – defence – strategy. page#ql5.

② "Canadian northern strategy: Our north, our heritage, our future", Indian Affairs and Northern Development Canada, Ottawa, 2009, http: //www. northernstrategy. ca.

权，让北部原住民更多地参与到北极治理中来。①

《加拿大北极外交宣言》是加拿大最新与最系统的北极外交政策。它的出台不仅总结了此前政策（如《加拿大对外政策中的北部因素》与《加拿大北部战略》）的内容，也拓展了加拿大北极外交的内涵——以扮演"负责任的管理者"为核心，发挥软实力优势，实现以争取主权为中心的政策目标。

### （二）加拿大北极外交政策的内容与执行

作为加拿大北极外交最新、最完整的系统性文件，2010 年的《加拿大北极外交宣言》从前文所述的四大目标出发，总结了加方最新的北极外交政策。

无论是《加拿大北部战略：我们的北方、我们的遗产、我们的未来》还是《加拿大北极外交宣言》，都将行使加拿大的北极主权作为第一要务——在前者中，它是四大政策支柱之首；而在后者中，它则是四个北极外交政策目标中的第一条。谈及实现这一目标的途径时，《加拿大北极外交宣言》曾做出这样的表述："加拿大将通过日常的良好治理（good governance）与扮演'负责任的管理者'（responsible stewardship）角色行使主权。"② 该宣言指出，"负责任的管理者"这一角色的内涵极为广泛，囊括了北极治理的方方面面，包括环境、经济建设与安全问题等；而它的具体实现方式则是加拿大的"法律法规"。同时，加方也表示坚决支持现有的治理结构与法律框架，包括《联合国海洋公约》，反对破坏现有局面，另起炉灶，并认为北极各国有能力通过国内立法与现有框架（如北极理事会）积极合作应对北极局势的新变化。以上言论不仅明确了加拿大北极外加的最终目的，更反映了其在现有框架内，通过在北极治理与法律法规（尤其是环境法）制定方面争取领先地位、发挥软实力，从而促进其北极主权诉求的基本策略。

---

① Global Affairs Canada, Statement on Canada's Arctic Foreign Policy, 2009.
② Global Affairs Canada, Statement on Canada's Arctic Foreign Policy, 2009.

以上内容说明了：（1）主权目标在加拿大北方战略中作为"第一要务"，存在统领一切的纲领性作用，其他各战略目标均在某种意义上为其服务；（2）鉴于作为"负责任的管理者"是加拿大行使主权的基本方式，我们可以认为，《宣言》所列出的另三大目标（即促进北部地区社会经济发展、强化环境保护、分权并强化原住民北极治理的参与）事实上就是这种"管理者"角色所需要重点"负责"的三大领域。

第一，在促进北部地区社会经济发展的问题上，《加拿大北极外交宣言》将推进北方地区的社会经济发展描述为"实现北方经济有活力、可持续的发展，并提升加拿大北方居民的社会福利"，并列举了一系列旨在达成这一目标的措施，如积极创造能够造福北方居民乃至全体加拿大国民的贸易机会，努力了解北极居民的生存状况，并切实提升他们的生活水平等。① 第二，注重北方居民的权益，让他们加入到北极治理的决策进程中来。《加拿大北部战略》就已经提出了要强化"土生土长的北方战略"——让北方原住民社区通过原住民领土与自治协议等途径，以最适合自身情况的方式应对其所面对的经济与社会挑战与机遇。② 《加拿大北极外交宣言》表示：加拿大政府正努力让加拿大北部居民获得决定自己经济与政治命运的权力。③ 第三，保护北方环境。加拿大继续坚持多边合作的原则，在坚守与改善现有国际协定与标准的基础上，通过加强与北极乃至世界各国的合作达成保护北方环境的目标。具体而言包括以下内容：首先，加拿大政府将与国内外各方合作，继续推行基于生态系统的环境管理政策，如根据《联合国生物多样性公约》《候鸟协定》与《保护北极熊协议》保护波佛特海的生态多样性等。其次，加拿大将在国内外继续支持应对北极气候变化的努力。最后，加拿大将加大力度，解决紧迫的环境问题，并在适当的时机带头强化现有的国际

---

① Global Affairs Canada, Statement on Canada's Arctic Foreign Policy, 2009.

② "Canadian northern strategy: Our north, our heritage, our future", Indian Affairs and Northern Development Canada, Ottawa, 2009, http://www.northernstrategy.ca.

③ Global Affairs Canada, Statement on Canada's Arctic Foreign Policy, 2009.

标准。①

由上述内容可见，加拿大的北极外交政策有以下一些特点：第一，它与《加拿大北极战略》一样，以主权为中心，其他各个要素都在一定程度上与之有关；第二，它重视通过在北极治理，具体来说是在经济发展、环境保护与原住民权益三大方面实现领先地位发挥影响力，以"软实力"保护主权；第三，加拿大重视北方原住民参加北极治理的权力。

综观加拿大北方外交政策的执行情况，可以看出哈珀政府在推行该政策方面投入较大，并取得了一些成果——尤其是在经济发展方面。自 2007 年起，联邦政府一直对北部地区进行转移支付与投资，而在 2011～2012 年，对北部三大地区——西北地区、努纳武特地区与育空地区投资约 29 亿美元。此外，政府还设立了一系列旨在促进北方发展的机构、项目与计划。例如，成立于 2009 年 8 月的加拿大北方发展局（CanNor）就是专门负责北方经济发展的部门，其旗下的项目分为四大部分：商业发展（Business Development）、社区发展（Community Development）、资源开发（Resource Development）与技能培训（Skill Development）。CanNor 旗下最有代表性的项目之一是旨在通过为企业、经济发展组织与地区，以及地方政府提供资金强化北方经济关键产业（主要指资源开发产业等）的加拿大北方经济发展战略投资（SINED）项目。哈珀政府所公布的经济行动计划（Economic Action Plan）曾在五年中为 SINED 拨款达 9000 万美元。② 在上述努力之下，北方地区的 GDP 从 2009 年的 6.984 亿美元增长到了 2011 年的 7.444 亿美元。根据《加拿大北方 2013～2018 年经济计划》的统计，截至 2013 年 3 月，加拿大北部已有 160 个进行中的资源开采项目，同时还有 28 个同类项目正在进行环境审核；据估计，这些项目总共能带来多达 210 亿美元的资本投资，并创造 9500 个直接工作岗位。③《加拿大北方2013～2018 年经

① Global Affairs Canada, Statement on Canada's Arctic Foreign Policy, 2009.

② Government of Canada, Achievements under Canada's Northern Strategy, 2007 - 2011, 2011.

③ CanNor, Building a Strong North Together-Strategic Framework 2013 - 2018, 2013.

济计划》规划了未来 5 年中北方经济的发展蓝图，认为建设"多元化、可持续、充满活力的北方经济"所需要实现的两大直接因素分别是：（1）大型投资项目；（2）当地的中小型企业（SMES）。而 CanNor 投资额最高的项目（如 SINED）也的确集中于企业——尤其是自然资源开发产业。①

此外，哈珀政府在环境保护与原住民权益方面也做出了一定的努力——例如在环境保护方面，哈珀政府在 2010 年成立了 Tarium Niryutait 海上保护区（Marine Protected Area），并在 2011 年度预算中为在北方与原住民地区推广清洁能源拨款 800 万美金；而在放权与强化原住民对北方治理的参与方面，哈珀政府则于 2011 年签订了将土地与资源管理权下放给西北地区地方政府的初期协议（Agreement-in-Principle）。②

然而，哈珀政府的政策执行也存在许多问题。

在原住民权益方面，许多学者认为尽管某些地方政府（如西北地区省政府）得到了更多的管理权，但原住民团体却并未得到更多的权力。Heather N. Nicol 分析了 CanNor 以及其他哈珀政府旗下的北方发展计划，发现："鉴于该机构（CanNor）的目标主要集中于促进发展，它选择了对大规模工业需求提供支持……就这样，形势发生了转变——发展监管体系被加以改造，使其更多地集中于大规模的产业投资，而不是地方自治。"③ 而在这一过程中，为了给吸引大规模外来投资创造条件，许多原住民地方自治机构被以政府决策"流程精简"的名义剥夺了权力。例如 Ken Coates 与 Greg Poeltzer 在 2014 年的研究中也指出，在当前的西北地区，尽管地方政府得到了更多的权力，但当地水土资源委员的权力却遭到了削弱，甚至剥夺——而这些机构往往是原住民参与开发决策的重要途径，其中有一部分正是以原住民领地协议（CLCA）的条款

---

① CanNor, Building a Strong North Together-Strategic Framework 2013 – 2018, 2013.

② Government of Canada, Achievements under Canada's Northern Strategy, 2007 – 2011, 2011.

③ 参见 Lassi Hei'ninen, Future Security of the Global Arctic: State Policy, Economic Security and Climate, University of Lapland, Finland, 2016 第六章。

为依据成立的。①

在经济发展方面，尽管哈珀政府在《加拿大北方 2013～2018 年经济计划》中提及要对北方经济进行"多元化"发展，也将地方中小型企业列为重点之一，但 CanNor 等北方经济发展机构对于北部各项目的投资却是不均衡的。根据 CanNor 所提出的报告，尽管其在截至 2016 年的五年中为促进大型的"关键性产业发展"投入了 9000 万美元，可在 2009～2011 年只在促进原住民地方经济发展领域投入了 2300 万美元。从这一点来看，加拿大北方的经济在保守党的管理下似乎变得更为集中，而不是更加多元化了。②

在环境方面，哈珀政府的诚意也让许多国内外人士感到怀疑。当然，其中最大的问题就是加拿大退出《京都议定书》一事。2011 年 12 月 12 日，就在《加拿大北极外交宣言》发布的次年，加拿大环境部部长彼得·肯特便在一次新闻发布会上宣布正式退出《京都议定书》，并声称这样可以帮助加拿大回避 140 亿美元的罚款。③ 具体到北方问题，由于地方水土资源委员会等多层决策、监管体系被"精简化"，许多可能对环境造成威胁的大型项目更加容易得到通过。

如今，小特鲁多领导下的新一届自由党政府刚刚上任。目前，尽管新政府尚未对北极政策进行系统性的修改，但从加拿大联邦政府在 2016 年换届前后至今所做出的决策与表态中，也能部分地预测其政策倾向。

在经济发展方面，2016 年度的加拿大政府计划在今后的两年中每年为 CanNor 旗下的 SINED 项目拨款 2000 万美元，并集中于以下三个领域："促进创新与环保技术的发展、推进经济多元化与无污染的经济发展（clean economic growth），以及支持经济容量的发展。"④

---

① Coates K. and G. Poelzer（2014）"Completing Confederation – The North Wants In", National Post, April 22, 2014, http://fullcomment.nationalpost.com/2014/04/22/coates – poelzer – completingconfederation – the – north – wants – in/.

② Government of Canada, Achievements under Canada's Northern Strategy, 2007 – 2011, 2011.

③ https://www.theguardian.com/environment/2011/dec/13/canada – pulls – out – kyoto – protocol.

④ SINED 项目情况可参见：http://www.cannor.gc.ca/eng/1385477070180/1385477215760#What1。

相比之下，在哈珀政府时期，同一个项目的描述却是："……强化地区核心经济产业，推动北方居民加入到经济发展中来，并推动经济多元化。"① 联系前文的论述可知，后者注重的是现存的"核心产业"——事实上就是基于传统大宗商品经济之上的自然资源开采行业——并推动北方居民成为这种发展模式的一部分；相较之下，在此基础上所谓的"经济多元化"似乎成为空中楼阁。而前者则解除了传统模式的"限定"，在注重经济发展的同时关注环境，提倡"无污染"与"环保技术"——而哈珀政府对这方面的关注相对较弱。此外，2016 年发生变动的项目还有 CIP - 150，即加拿大 150 个社区基础建设项目——联邦政府将在此后两年中对该项目的投入翻一番，达到 1500 万美元。②

在环境保护方面，小特鲁多在上任仅仅两个月后便于 2016 年 10 月与美国时任总统奥巴马就气候、能源与北极领导问题发表联合声明，宣誓遵守《巴黎协定》所规划的减排目标与责任，并共同推广清洁能源的使用。此外，在领导北极环境问题处理方面，声明还特别强调了让原住民群体参与环境问题的决策，让他们的传统知识与经验发挥作用，并要求在今后的执政中注重北方社区的生存状态，并尊重其权益。这一声明还再次强调了新政府对原住民社区的重视，并强调了他们参与决策的权力。③

在强化原住民权益方面，哈珀政府曾与美国、澳大利亚三方共同投票反对《联合国原住民权利保护宣言》；该宣言要求保障原住民在"经济、社会与文化方面自由发展的权利。"尽管如此，这份宣言依旧以177∶4 的高票数通过。在参选期间，小特鲁多曾表示当选后将承认《联合国原住民权利保护宣言》；2015 年 12 月 7 日，小特鲁多与印第安联合会（First Nations Assembly）的数百位长老会面。与会期间，他宣称

---

① Government of Canada, Achievements under Canada's Northern Strategy, 2007 - 2011, 2011.

② CIP - 150 项目情况可参见：http：//www. cannor. gc. ca/eng/1431538619180/1431538640903。

③ 联合声明内容可参阅：https：//www. whitehouse. gov/the - press - office/2016/03/10/us - canada - joint - statement - climate - energy - and - arctic - leadership。

将保护原住民"由宪法所赋予的、神圣不可侵犯的权利"。①

　　总体而言，与上一届政府相比，小特鲁多政府可能不会对北极外交的目标及其内容做系统性的改变；但在执行方面，则可能着重落实一些前届政府忽视或重视不足的方面，如原住民权益与环境方面的政策可能会得到加强。

## 二　加拿大北极外交政策背后的战略思考

　　在上一部分之中，我们解析了加拿大北极外交政策的发展、特点与主要内容。那么，加拿大为何会采取具有上述特征的北极外交政策呢？诚然，加方所面对的国内外形势是政策设计方面的重要因素，例如北极国家之间的影响与博弈、环境变化，以及北方居民的生存现状与权利诉求等。然而除了国内外现实情况之外，一届政府对与地区发展的基本思路——即发展观念也对政策的制定与执行具有极大的影响。在这一部分中，笔者将从国际形势、环境问题、原住民与哈珀政府的发展观四个方面分析加拿大北极外交政策背后的战略思考。

### （一）北极国家之间的影响与博弈

　　正如前文所说，加拿大的北极外交政策以解决主权问题为第一要务，而解决这些问题的途径则以多边合作谈判为主。这种政策方向反映了当前北极国家之间的局势。

　　一方面，加方与多个北极国家存在领土主权纠纷，包括美国、丹麦、俄罗斯等。然而在上述国家之中，美国与丹麦均为加方的北约盟友，唯独俄罗斯与北约处于竞争关系。此外，在作为加拿大参与北极治理重要途径的北极理事会中，丹麦、挪威、冰岛、美国均与加拿大同为北约创始国成员，在北极八国中占了一大半以上的席位。这决定了加拿

---

① "Trudeau lays out plan for new relationship with indigenous people", CBC News. CBC/Radio Canada. http://www.cbc.ca/news/politics/justin - trudeau - afn - indigenous - aboriginal - people - 1. 3354747.

大的北极外交对象——即北极国家——以盟友为主，而这就为双方在处理争议的同时积极开展和平合作、通过非军事手段解决问题创造了条件。

另一方面，综观北极国家之间的实力对比，加拿大的"硬实力"并不强劲，必须依靠"软实力"加以弥补。虽然强化军备、人员等"硬实力"也是加拿大北极战略的一部分，但这种实力与美国、俄罗斯等大国相比却显得十分无力——而这两个大国恰恰都与加拿大存在主权争议。为此，加拿大不仅有条件寻求合作，而且也有必要：（1）通过多边谈判与多边组织发挥影响力，通过将问题置于多边框架之下获得与实力强劲的大国平等谈判的资本；（2）通过与盟友，主要是其北约盟友进行军事合作，弥补自身硬实力的不足。

例如，早在 2005 年，哈珀总理就曾承诺：加方将建造三艘中兴破冰船，以便守护北方主权。然而在此后的八年之中，这一计划不仅没能实现，反而一再缩水。2008 年，破冰船的建设数量减少到了 1 艘，预期 2017 年出厂；然而到了 2013 年，鉴于承建方的更换，破冰船的交付期限被推迟到了 2021 年。[①] 另外，加拿大在开展与北极邻国的科考、环境、经贸乃至军事与安全合作方面却显得更为积极。更多的这些现象在一定程度上说明了加拿大作为中等强国在军备、资金等"硬实力"方面的不足及其希望借助与盟国的合作弥补这种不足的意向。

另外，"安全问题"也是加拿大所扮演的"负责任的管理者"角色的一环。然而，正如 Heather N. Nicol 所说，"事实上，北极地区的面积实在太大，难以通过传统军事手段加以保护；更何况，进行如此规模的监控与军事巡逻还将产生令人望而生畏的开销。"[②] 而这导致了三方面的结果：第一，它催生了以"软实力"——即在北极治理水平上争取

---

① The Globe and Mail, Why Canada's Search for an Icebreaker is an Arctic Embarrassment, 2014. http://www.theglobeandmail.com/news/national/the-north/why-canadas-search-for-an-ice-breaker-is-an-arctic-embarrassment/article16425755/.

② Lassi Hei'ninen, Future Security of the Global Arctic: State Policy, Economic Security and Climate, University of Lapland, Finland, 2016 第六章。

领先位置，从而发挥影响力——保卫主权与安全的新思路，也就是在《加拿大北极宣言》中作为行使主权指导思想而被提出的"负责任的管理者"。第二，它促进了更全面的安全观，加速取代传统军事安全，成为加拿大北极安全政策中的主导思想，例如，在哈珀政府的领导下，北方安全与北方地区经济发展的关系变得尤为紧密。Heather 认为，"北方战略最重要，也是最核心的成果之一并非通过军事威胁实现'安全'，而是它带来了将社会经济发展作为实现主权与安全的辅助政策这一新思路。"事实上，《经济行动计划》《北方就业与发展法》的发布与 CanNor 的成立都体现着这种思路。第三，它使加拿大加强与自身的传统安全与贸易头号合作伙伴——美国及其他北约盟国走得更近，"借力"满足安全管理的需求。事实上，北方安全合作是加美北极政策的重要一环，其具体内容包括通过北美防空司令部加强与美国的合作，强化对北极领空的监控；每年举办"纳努克行动"军事演习等。在 2010 年的"纳努克行动"中，加拿大军队与美国海军和海岸警卫队以及丹麦皇家海军共同参与了军演，目的是强化北极邻国共同合作解决紧急事件的能力。以上三点形成了一种合力，共同为加拿大当前北极外交政策做出了贡献。

### （二）急剧变化的环境

与其他地区不同，环境问题是北极地缘政治与地缘经济中的重要组成部分。可以认为，北极环境的变化不仅是地区性的问题，更会波及世界各个地区，造成包括海平面上升、气候变化等一系列全球影响。北极各国作为北极领土的直接所有者与管理者，在处理各自之间的权责关系与纠纷时，无论是从自身的利益，还是从作为全球化世界一分子的责任出发，都不得不着重考虑环境问题。加拿大之所以采取当前以发挥"良好治理"优势、当"负责任的管理者"争取权益的政策，环境问题在其中发挥了较明显的促进作用。

首先，加拿大本身坐拥广袤的北方领土，其自身利益与北极圈内的环境安全息息相关。加拿大不仅有必要对其进行良好有效的治理，也有进行这种治理的能力。20 世纪 70 年代之后，联邦政府陆续制定了大量的环境保护立法，主要包括《加拿大水法》《加拿大船舶法》《加拿大渔业法》《加拿大通航水体保护法》《国际边界水体条约法》《联邦清洁大气法》《候鸟公约法》《联邦环境评价及审查程序法》《机动车辆安全法》和《加拿大噪声控制法》。1982 年，加拿大在新宪法草案中对不可再生资源、森林资源与电能进行了进一步的规定。颁布于 1988 年 6 月，又在 1999 年加以修正的《加拿大环境保护法》（CEPA）作为加拿大第一部环境保护方面的全国性综合法律正式颁布，使加拿大的环境保护立法形成了完整的体系。① 不仅如此，加拿大还签订了一系列国际环境协议，并积极兑现其承诺——例如，联合国《蒙特利尔议定书》（Montreal Protocol）正是在加拿大的蒙特利尔市签署的。

其次，早在《加拿大北极外交宣言》提出所谓的"负责任的管理者"概念之前，加拿大就曾利用环境立法保护自身的北方权益。Helga Haftendorn 在自己的综述中引用了格里菲斯（Griffith）的观点："……他将'管理者'（stewardship）定义为一种充分了解地区实际情况的治理方式，治理者不仅对该地区的资源和生物加以管理，更对它们怀有关怀与尊重。"② 这种作为"管理者"的治理方式不仅通过建立人与自然、人与人之间的新型依存关系，让北极环境得到了充分的保护，更从实际上加强了加拿大对北极的控制，还有利于获得国际社会的支持。具体而言，纵观历史，加拿大通过环境治理保护自身主权的途径主要有两种。

第一，通过公布环境立法，在保护环境的同时强化对北方领土领海的控制权，并争取国际社会的认可。例如 20 世纪 60 年代末，在美国"曼哈顿"号未经加拿大政府许可、擅自通过西北航线之后，加方就于 1970 年出台了《北极水域污染防治法》（AWPPA），于 1972 年开始生效。该法律规定：北纬 60 度以北的加拿大水域属于加拿大保护范围，200 海里之内划为经济特区，沿海 100 海里之内禁止船舶污染。换句话

---

① 矫波：《加拿大环境保护法的变迁：1988～2008》，《中国地质大学学报》（社会科学版）2009 年第 3 期。

② Helga Haftendorn, Arctic Policy for Canada's Tomorrow, *International Journal*, Autumn 2009.

说，加拿大政府有权力禁止不符合法律要求的船只在该区域通行。加拿大政府声称该法律并非宣布领土主权，而是为了保护北极的自然环境；但就事实而言，这一法规的出台明显有利于实现加方在北极的主权要求。在加拿大的极力推动之下，1982 年的《联合国海洋法公约》中允许北极沿岸国家合法地对航运进行管辖。具体而言，该公约赋予沿海国12 海里领海及 200 海里领海专属经济区的管辖权，沿海国在专属经济区及大陆架内享有开采油气等自然资源的排他性权利。这样一来，加拿大的国内立法成功地得到了国际承认。

第二，通过国际科学考察，为自身的主权要求提供实际依据。任何情况下，北极环境治理都离不开对生态、地理等自然环境的实地考察；另外，加拿大要通过《联合国海洋法公约》等国际多边协议与文件证明自身主权要求的合法性，就必须通过对北极地区的实际考察提供第一手证据。在这方面，加拿大面临来自俄罗斯等国的激烈竞争。例如2004 年，俄罗斯率先完成了北极海域图的绘制；俄方世界海洋地质和矿产资源研究所副所长维克多·波谢洛夫曾宣布，俄科学家从北冰洋底提取的土壤标本进行的初步研究表明，罗蒙诺索夫海岭是西伯利亚大陆的自然结构延伸，从未和俄罗斯内陆隔绝。2007 年，俄方"高调插旗"，给加拿大与丹麦等国造成较大压力。此后，加方显著加快了北极圈内科学考察的力度。2010 年 8 月 24 日，加拿大总理哈珀宣布将在西北航道兴建高纬度北极科考站（High Arctic Research Station），并欢迎各国科学家加入研究；2015 年，加拿大高纬度科考站法案（Canadian High Arctic Research Station Act）生效，使旨在令加拿大在北极科研中保持领先地位的加拿大北极知识中心（Polar Knowledge Canada）得以诞生。

### （三）北方原住民与其土地诉求

加拿大北方居住着大量的原住民。以往，原住民的土地所有权曾被《印第安人法案》等法律所剥夺；而近年来，原住民对取回土地权力的要求大大地推动了加拿大各界对原住民权益的关注，而在北方自然也不例外。加拿大北极外交政策中对"分权下放"与原住民参与管理的关注，一方面是受到了现存的原住民土地诉求及其所催生的原住民权益保障制度的影响，另一方面也是对外强化加拿大在北极事务上的影响力与话语权的需要。

首先，自"二战"以来联邦政府与原住民群体所签订的综合性土地诉求协议（CLCA）制度促进了原住民自治以至参与地区治理的进程。CLCA 协议由加拿大北方与原住民事务局（Indigenous and Northern Affairs Canada）协调管理，一般用于解决以往协议无法解决的原住民土地所有权问题，其内容不仅决定土地问题，更囊括了原住民领地上的方方面面。以目前加拿大历史上规模最大的 CLCA 协议——《努纳武特领地协议》为例；该协议签订于 1993 年，最新一次修订于 2015 年，其内容分为 42 章，涵盖了资源开采权、野生动物、土地与水资源、国家公园与保护区、历史遗迹、公共部门的就职与合同签订等。① 由此可见，CLCA 已经从单纯的土地所有权协议发展为全方位的"自治"协议，是原住民人口在自己的土地上向联邦政府争取自治权力的途径。

其次，从现实来看，加强原住民治理是"负责任的管理者"职责不可或缺的一部分。原住民在加拿大北方人口中占据较大的比重。以加拿大北部三大地区之一的西北地区为例，根据 2006 年的加拿大普查，印第安人占该地区总人口的 36.6%，主要为甸尼族（Dene First Nations）；因纽特人占总人口的 11.1%；梅蒂斯人占总人口的 6.9%。三者加在一起占全省人口的 54.9%。② 如果原住民的权益得不到尊重，生活水平无法提高，北方的发展便会成为失去落脚点的"空中楼阁"，联邦政府所希望营造的"负责任的管理者"形象也将毫无意义——毕竟，如果大众无法受惠，那么管理又如何谈得上"良好"呢？

最后，加强原住民治理也对强化加拿大在北极事务上的直接话语权有所助益。《加拿大北极外交宣言》明确地指出了对北极理事会中具有

① Barry Dewar, Nunavut and the Nunavut Land Claims Agreement — An Unresolved Relationship, 10th Anniversary Nunavut, 2009.

② http://www.statcan.gc.ca/tables-tableaux/sum-som/l01/cst01/demo26m-eng.htm.

永久性参与席位的加拿大原住民组织进行支持。目前，在北极理事会中共有六个这样的组织，其中因纽特环北极理事会、哥威迅国际议会与北极阿撒巴斯卡议会属加拿大原住民组织，占总数的一半。换句话说，假如让这些组织成为加拿大北极治理的参与者，并对原住民领地加以妥善的治理，那么便能达到两个效果：首先，通过他们向北极诸国乃至国际社会传达加拿大能够对北极地区原住民人口相当大的一部分进行良好的管理这一信息，极大地提升加拿大的国际形象；其次，强化加拿大原住民团体在北极理事会的话语权，有助于使该组织的影响力多边化、多元化，而这既符合加拿大作为中等强国的外交风格，同时也变相加强了加拿大的影响力。

## （四）新自由主义发展观与大宗商品发展模式的影响

哈珀政府创造了系统化的北极外交政策，它的政策对北极外交的内容与执行具有不可忽视的影响。如今，小特鲁多政府虽然已经上台，但其在北极外交执行方面以表态与声明为主，实际执行尚且有待观察。因此，目前加拿大北极外交在执行方面的特点分析应以哈珀政府为主。

正如第二部分所述，综观哈珀政府对北极外交政策的执行情况，可以发现其在地区整体经济发展方面颇有建树，同时也精简了一些地方政府的工作流程，以便更好地吸引重点产业投资；但在原住民权益、经济多元化与环保问题上却颇遭微词。

这种情况出现的原因究竟何在？部分学者将其归咎为哈珀政府以新自由主义（neoliberalism）经济思想与传统大宗商品经济模式（staples economy）为主的发展观念。Heather N. Nicol 在总结哈珀政府领导下的北方发展计划时写道："很明显，上述情况都是当前主导北方治理与政策制定的经济发展框架的一部分。它所反映的不仅仅是一般意义上的'全球化'，更象征了某种特定的全球化话语——也就是新自由主义。"① 新自

---

① Lassi Hei'ninen, Future Security of the Global Arctic: State Policy, Economic Security and Climate, University of Lapland, Finland, 2016 第六章。

由主义强调尽可能地依赖市场机制，让经济"自然而然"地运行。这种观念意味着减少各个层面上的非市场因素干预，甚至放弃干预——这种干预自然也包括各层级原住民组织乃至环境保护团体对市场运行的说三道四。

另外，加拿大的传统经济发展模式往往被称为"大宗商品经济"（staples economy），即以出口加拿大丰富的自然资源为推动经济发展的动力；[1] 而北极地区恰恰是一块资源蕴藏量巨大的宝地。大宗商品发展模式要求加拿大政府尽可能地吸引矿物、石油、海产等自然资源开采方面的投资；此类开发项目成本较高，因此，政府必须重视拥有较多资金的大型国际企业——正如 Heather 所说，"当前加拿大政府所采取的'分权'与放松管制政策尽管旨在改善北部地区的发展状况，但政府所推行的似乎依旧是以大型公司为关注重点的北方经济发展模式。"[2] 为了吸引这些资金，就需要改善投资环境，提高项目审批、管理等办公流程的效率，进行"精简"。这种"精简"的对象自然是地方层面较小的管理主体，例如，地方水土资源管理委员会等。

上述两种倾向在时任联邦顾问 Neil McCrank（2008）提交给印第安事务与北方发展部（Ministry of Indian Affairs and Northern Development）部长的一份报告中也有所反映。McCrank 表示：加拿大的北部管理体系存在问题，因为其中存在太多难以统一的"管理主体"（regulatory bodies），影响了整体系统的处理能力（capacity）；因而，有必要取消一些当地性的监管主体，包括麦肯锡峡谷的地方水土资源管理委员会等，并建立统一的机构对这些事务进行管理。而这样做则有利于吸引大企业在北方地区的大宗商品（或主要出口商品），即自然资源方面进行投资。例如，"阿联酋皇家石油控股集团，作为支持麦肯锡峡谷天然气开发工程（Mackenzie Gas Project）的领军角色，对这份报告大加赞赏。在目前的监管体系之下，该集团价值 162 亿美元的天然气管道项目所经

---

① http：//www. collectionscanada. gc. ca/innis - mcluhan/030003 - 1020 - e. html.

② Lassi Hei'ninen, Future Security of the Global Arctic: State Policy, Economic Security and Climate, University of Lapland, Finland, 2016 第六章。

历的审批时间已经比预定延后了整整两年。很明显，他们对此并不满意。"① 从 McCrank 的报告中可以看出，当时联邦政府的经济发展思想的确体现了新自由主义与大宗商品模式的特点。

北极外交政策中所体现的发展观既与保守党本身的基本政见有关，也离不开加拿大北方乃至加拿大全国的实际形势。一方面，自然资源出口一直是加拿大经济发展的重要推动力，而在坐拥丰富自然资源的北方地区更是如此；另一方面，保守党在 2014 年的政策声明中明确表示，其执政目标包括"降低税收，减少政府对经济的干预有助于增强加拿大人的购买力，进而强化经济竞争力、提升生产力并提高生活水准"。② 而这与哈珀政府在制定北极经济政策时的新自由主义倾向是较为吻合的。

# 三 加拿大北极外交政策对中国北极政策的启示

## （一）新中国北极政策的历史与现状

新中国的北极政策始于北极科学考察。国家海洋局成立于 1964 年，其任务包括"将来进行南北极的海洋考察工作"，但新中国实际开始进行北极科考工作却是在 20 世纪 90 年代。1993 年 3 月 10 日，包括中国地理学会在内的七个全国性协会发起了"中国北极科学考察筹备组"，并得到了中国科协的批准。1995 年 4 月 22 日，"中国北极点科学考察队"的 7 名科考队员从设在加拿大北极群岛孔沃利斯岛上的雷索柳特基地出发，并于 5 月 6 日到达了北极点。次年 4 月 23 日，国际北极科学委员会（IASC）主席 M. Magnusson 在德国布来梅市的阿尔佛雷德、魏格纳极地与海洋研究所宣布中国基地考察工作咨询委员会为 IASC 理事会的中国代表。至此，中国成为 IASC 的第 16 个成员国，而中国的北极

---

① McCrank, N. (2008) Road to Improvement: The Review of the Regulatory Systems across the North (Ottawa: Indian and Northern Affairs Canada).

② http://www.conservative.ca/media/documents/Policy – Declaration – Feb – 2014. pdf.

科考事业也得以与国际接轨。

在此后较长的一段时间内，组织北极科学考察团成为中国参与北极事务的主要途径，吸引了北极乃至世界各国参与其中。例如在 2003 年的第二次北极科学考察中，就有来自美国、芬兰、加拿大与日本的 13 名队员参与其中；美国阿拉斯加大学、美国华盛顿大学、国际北极研究中心、加拿大海洋科学研究所、韩国海洋研究所极地科学实验室、日本北海道大学、俄罗斯南北极研究所等诸多国家的科研机构也参与了第二次北极科学考察。2004 年 7 月 28 日，中国的第一座北极科考站——黄河站正式落成；该站作为中国北极科考的立足点与实质存在，具有重大意义。①

进入 21 世纪之后中国开始加大对北极区域的关注，争取更进一步地参与北极事务，而这就需要中国在北极地区的身份转变。2006 年，中国正式提出了成为北极理事会正式观察员的申请；但直到 2013 年，中国才获得观察员地位。2015 年 10 月 16 日，中国外交部副部长张明在第三届北极圈论坛大会上发言，表示中国是北极事务"建设性的参与者、合作者。"并将中国定义为"近北极国家"。张明副部长表示，中国将在六方面参与北极事务，包括推进探索与认识北极、倡导保护与合理利用北极、尊重北极国家和北极原住民的固有权益、尊重北极域外国家和国际社会的整体利益、构建以共赢为目的的多层次北极合作框架以及维护以现有国际法为基础的北极治理体系。② 同日，外交部部长王毅在会议开幕式上发表视频致辞，指出：北极作为"全球变化的指示器"和全球发展的新亮点，受到国际社会越来越多的关注。中国是北极的重要利益攸关方，参与北极事务秉承尊重、合作与共赢三大政策理念。③

① 孙凯：《中国北极外交：实践、理念与进路》，《太平洋学报》2015 年第 5 期。
② 中华人民共和国外交部，http：//www.fmprc.gov.cn/web/wjb_ 673085/zzjg_ 673183/tyfls_ 674667/xwlb_ 674669/t1306852.shtml。
③ 中华人民共和国外交部，http：//www.fmprc.gov.cn/web/wjb_ 673085/zzjg_ 673183/tyfls_ 674667/xwlb_ 674669/t1306851.shtml。

与北极理事会创始国兼首任主席国加拿大相比，中国的北极之路可谓刚刚开始；加拿大的北极政策以主权为核心，而中国在北极圈内并无领土。尽管如此，北极对于我国而言依旧具有较大的重要性。根据 BP 公司所发布的《世界能源统计年鉴 2015》，我国在 2014 年共消耗了 2.114 亿吨石油，平均每日消耗 1105.6 万桶。而同时期内，我国石油的进口额达到了 3.092 亿吨。① 面对如此巨大的能源需求，开发北极圈内的自然资源是必然的选择。另外，作为一个幅员辽阔的大国，环境治理与保护对中国来说至关重要；北极的环境变化将影响全球气候，中国也不例外。此外，对于作为对外贸易大国的中国来说，北极圈内新航道的出现也是不容忽视的。

## （二）加拿大北极外交政策对中国的启示

当前，中国在推行其北极政策时既有优势，又有劣势。优势在于中国日益上升的国力与影响力，以及北极理事会正式观察员身份所带来的便利。而劣势则主要有以下三点：①中国距离北极较远，地缘上不利于在北极地区发挥影响力；②国际社会对中国参与北极事务动机的误解，以及部分媒体对"中国威胁论""中国野心"的宣扬；③北极国家的排外倾向。北极理事会 2011 年发布的《努克宣言》就规定：非北极国家想要加入北极理事会，就必须首先认同北极国家在北极地区的主权和管辖权。② 就连一向以国际主义传统闻名的加拿大也在其《加拿大北极外交宣言》中明确表示："然而，任何合作的基础都建立在对北方居民的知识与北极国家的主权的尊重之上。此外，也必须承认：北极国家是最适于领导北极地区事务的主体。"③

面对上述困难，中国或许可以在以下方面借鉴加方的有益经验：

首先，注重在经济方面发力。加拿大维护北极主权的核心思路是

---

① 《世界能源统计年鉴 2015》，http：//www.bp.com/content/dam/bp/en/corporate/pdf/bp - statistical - review - of - world - energy - 2015 - full - report.pdf。

② Arctic Council. Senior Arctic Officials (SAO) Re-port to Ministers. Nuuk，Greenlan，2011：50.

③ Global Affairs Canada，Statement on Canada's Arctic Foreign Policy，2009.

营造"负责任管理者"形象，发挥自身在北极治理方面优势，扩大影响力。中国是新兴的经济贸易大国，其经济实力与经济发展模式的高效率有目共睹，也是其自身的重大优势。以自身的经济实力为后盾，中国对北极资源发展的关键产业，如石油、天然气等进行投资，容易得到北极国家的接受，也符合外交部提出的"共赢、合作、尊重"原则。

其次，继续大力开展科学研究，参与北极环境治理。中国拥有较长的北极科学考察传统，也与许多北极国家存在固有的北极科研合作关系；而这些研究中有许多都与北极的气候变化及生态环境有关。当前，环境问题是北极治理的重要构成部分，而中国与北极国家现存的生态、气候与环境科考关系将成为中国进一步参与北极事务的关键性途径与突破口，值得着力发展。

再次，在投资中注重协调与北极自然环境和当地原住民权益的关系。前文提及，中国应当注重发挥自身的经济发展优势。但值得注意的是，一旦中国在北极地区资源与基础建设方面的投资起步，就难免与当地原住民打交道，也难免遇到如何在开发的同时保护环境的问题。对我国来说，这既是一种挑战，也是一种机遇。如能妥善处理这些问题，则有助于树立中国负责任的大国形象，而这有助于对抗某些国家与媒体所宣扬的中国"咄咄逼人""野心勃勃"的不良形象。

最后，中国应当避免冲击北极地区现存框架与国际法律，加强与北极各国乃至域外国家合作的基础；在相互尊重对方底线与原则的前提下，开展有成效的双边与多边合作。

中国与加拿大虽然有着不同的国情，在北极地区的利益也有所差异，但在发挥自身优势、在北极治理中通过执行良好的治理政策扩大影响力，从而在实现自身利益方面一定程度上是共通的。在这方面，中国完全可以以加方的政策作为参考，结合自身的现实情况，规划将来参与北极事务的方式与目标。

# 四 结语

随着中国在世界上经济、政治与外交地位的不断增长，中国对北极事务的参与度也将进一步提高。加拿大作为北极理事会的发起国之一，在北极事务中所积累的经验值得中国借鉴与学习。2015 年 7 月，中国通过了全新的《国家安全法》，将维护极地安全列入今后的安全任务之中。尽管如此，中国的北极政策尚未系统化。在中国作为永久观察员成功加入北极理事会之后，建立明确、全面的北极战略及外交政策也被提上了日程。在这种形势之下，向在北极事务中具有较大影响力的国家"取经"，借鉴前人的成功经验具有重要意义。

加拿大作为北极理事会的发起国，长久以来在北极事务中发挥着重大作用。尽管加拿大的北极外交政策从根本上来说是以主权问题为核心的，但其借以实现目标的措施与途径依旧可供参考。具体而言，包括明确自身权责，在积极负担责任的基础上争取权利；在求同存异的基础上寻找外交盟友；以及借助国际组织解决争端等。中国应当充分发挥自身的国力与影响力优势，为北极的治理与保护贡献一分力量。

## An Analysis on Canada's Arctic Foreign Policy

*Tang Xiaosong*, *Yin Zhen*

**Abstract**：With China becoming a permanent observer of the Arctic Council, it may experience great changes in its role in Arctic affairs. As one of the Arctic Council's founding nations, Canada is an influential Arctic country whose experiences may help China adapt to its new position. This article began by discussing the goals and contents of Canada's recent Arctic foreign policy, and then move on to analyze the strategic considerations behind such a policy, as well as what China may have to learn from Canada's experiences.

**Keywords**：Canada；the Arctic；Foreign Policy；Implications

# 特鲁多的温和自由主义思想与联邦制构想

常士闿*

**摘要：** 特鲁多是 20 世纪加拿大著名的政治家、作家和宪法律师，第 15 任总理，加拿大多元文化主义政策的创立人。在政治思想上，特鲁多坚持自由主义原则，不过他所讲的自由主义是一种与欧洲不同的自由主义。即主张个人自由实现的同时，要和平等以及集体相调和。不过在集体权利和个人权利关系上，他主张个人权利优先原则。特鲁多在民族主义问题上，主张通过联邦主义来消解民族主义，认为民族主义容易带来国家分裂；维护国家统一，需要的不是感情，而是联邦制度和分权；在联邦制度的构想上，他反对中央联邦主义，主张联邦制与民主、联邦制与多元文化主义相结合。

**关键词：** 自由　民族主义　联邦制　多元文化主义

皮埃尔·艾略特·特鲁多（Trudeau, Pierre Elliott）是加拿大著名的政治家、作家和宪法律师，加拿大第 15 任总理，曾被誉为"一位哲学王似的学者式领袖"。特鲁多 1919 年出生于加拿大蒙特利尔一个富有的商人家庭，父亲是法裔加拿大商人，母亲是苏格兰人。他曾就读耶苏特学院（Jesuit College）和布里比弗学院（Jean-de-Brebeaf Colledge），后到哈佛大学和伦敦经济学院学习并获学士和硕士学位。特鲁多青年时代曾周游多国，1949 年返回魁北克，参与和支持工会领导的阿斯比斯

---

* 常士闿，天津师范大学，政治与行政学院教授，博士生导师。

特罢工。1950～1951年，特鲁多担任渥太华普利维市议会（Privy Council Office）顾问，并和他的朋友共同创办了《城市自由》（Cite Libre）评论杂志。1952年他回蒙特利尔，从事《劳动法》和公民自由方面的律师事务，参与政治运动。他本人拥护自由主义和民主政治，但以一个激进主义者和社会主义者而闻名。1961年，特鲁多在蒙特利尔大学教授宪法，1965年加入联邦自由党，并被选入议会，之后成为当时加拿大政府总理皮尔逊的秘书，1967年被提名为司法部部长。在此期间，他主张修改婚姻法、刑法，给堕胎、同性恋、公共彩票以自由，主张建立联邦政府，反对魁北克民族主义。1968年，特鲁多当选为加拿大第15任总理，连任4届，是加拿大历史上任期最长的总理。1984年，特鲁多卸任后在蒙特利尔一家公司担任法律顾问。

特鲁多在主政期间，经济上，推进福利主义和国家干预政策，文化上建立了双语制度和多元文化主义政策；政治上，主张联邦主义、反对魁北克的民族分裂，实现宪法归国；外交上，坚持独立与和平的外交政策，并和世界上诸多国家发展了友好关系，其中特别是和中国建立了外交关系，1973年，他本人应周恩来总理的邀请成功地访问了中国。

特鲁多主要政治作品有：《联邦主义和法裔加拿大人》（1968）、《介入政治》（1970）、《与加拿大人的对话》（1972）、《驱散战争阴云》（1987）、《走向一个公正的社会》（1992）、《魁北克民族主义者的贫困》（1992）。

# 一　温和的自由

特鲁多作为加拿大自由党重要代表人物，在政治思想上，他把自由作为基本的价值，在他看来，"自由是一个公正社会的最重要的价值。行使自由是这一社会的主要特征。"① 没有自由，一个人在社会中要实

---

① Thomas S. Axworthy &Pierre Elliott Trudeau, Towards A Just Society, Peuguin Books Canada Ltd1992, p. 401.

现他的潜能是不可能的。同样如果要剥夺了一个民族的自由，它也就不能追求自己的目的，即适合于集体的目的。不仅如此，他也用自由来解释文明和进步，所谓进步就是"文明逐渐向自由发展"，[1] 自由构成了进步的方向。

特鲁多把自由作为最高的价值和社会前进的方向，它构成了他的政治思想核心。然而在他的思想中，究竟什么是自由？他所提出的自由和以往西方思想家提出的自由有什么联系，又有什么不同？要明确这一问题首先要考察一下近代以来西方思想家和加拿大思想家对自由的认识。在西方资产阶级革命时期，洛克、卢梭等政治思想家总体上把自由看成一种人的天赋权利，并主张政府的作用就在于保护这种权利。在资产阶级革命时代，自由主义学说成为资产阶级反对封建主义，要求民主政治的理论武器，同时，这一学说也纷纷被西方国家载入宪法或政治纲领中，成为资产阶级建国的基本原则。资产阶级取得胜利后，自由主义学说成为资产阶级维护本国秩序的重要思想基础。主张思想自由、贸易自由、经济自由构成了这一学说的主要内容。因此自由就是不受束缚地发展个性和实现利益。19 世纪后期以来，西方国家进入垄断资本主义社会，随着西方国家经济和政治危机的加深，资产阶级修正了革命时期的自由主义思想，由积极自由取代了以往的消极自由思想，自由也不仅意味着摆脱束缚，不受压迫，而且也意味着积极地做有价值的事情的权力和能力。个人自由、社会公正、国家干预构成了这个时期新自由主义的主要内容。

受西方自由主义直接和强烈影响的加拿大政治思想家在对自由的认识上一方面继承了英、美自由主义传统思想，另一方面紧密地将其与本国社会和政治发展特点结合起来，用一种更加温和、妥协和持平的态度对自由进行了解释。这种状况在 19 世纪 70 年代加拿大自由党领袖劳里埃的《论政治自由主义》演讲中就表现了出来。他曾把自由主义描绘

---

[1]　Thomas S. Axworthy &Pierre Elliott Trudeau, Towards A Just Society, Peuguin Books Canada Ltd1992, p. 402.

成一种霍布斯所讲的相互竞争的个人与社会向善论的结合。① 既然社会要保证个人最大限度的自由，那么它就必须进行不断的变革和改进。这种观点构成了加拿大自由主义的一个基本特点。之后，金（M. King）继承了劳里埃的自由主义观点，并把自由主义从旧的"消极的"商业自由主义提高到新的"积极的"福利自由主义。主张通过物质福利来保证个人自由的实现。特鲁多正是在这一基础上对自由的本质做了新的界定。

特鲁多认为，所谓的自由就是变化和运动，"自由的第一个可见的效果就是变化。一个自由的人通过改变他自己和不可避免地改变环境来实现自由。这就是说，自由不是别的，而是对变化的接纳和对变化的反应总显示出高度民主的积极性和主动性，因为变化是自由的真正表现。"② 在特鲁多看来，自由就是变化和运动，这和人性是相连的。因为人的本性就是运动或活动。他把这一思想归于霍布斯在《利维坦》中提到的观点，即"生活就是对抗、警惕和反对任何侵犯或死亡的残酷斗争。"

特鲁多强调自由就是运动和变化，从形式上看，他的解释和西方截然不同。在西方和美国政治思想家对自由的分析中，个人处在了重要地位。在特鲁多对自由的认识中，他主要涉及的是自由的原则而不是自由的主体，似乎他所讲的自由并不涉及个人。实际上，特鲁多并不否认个人，这不仅体现在在他当政期间积极推动了加拿大的宪法回归，确立了权利宪章，强化了对公民和少数民族权利的保护，而且在思想上，他把个人的权利作为他政治思想的一个重要内容。他在谈到自由党人的信仰时指出，每个人都有他的特殊维度，都有他要努力加以实现的独特方面，"生活的目的就是实现那种潜能。"③ 在社会中，

---

① C. Campbell & W. Christian, Parties, Leaders, and Ideologies in Canada, Mcgraw-Hill Ryerson Ltd1996, p. 74.

② P. E. Trudau, Conversations with Canadians, Toronto: University of Toronto Press, 1972, p. 87.

③ Towards A Just Society, p. 304.

每个社会成员都享有某些最基本的权利。这些权利是任何集体（国家或政府）不能剥夺的或任何以集体名义出现的组织不能剥夺的。作为国家或政府只能保护这种权利。后来在解释 1982 年宪章时，他十分明确地指出，"显然，宪章的精神和本质就是反对暴政，保护个人权利"。① 从这种意义上看，特鲁多关于个人的认识并没有脱离西方思想关于个人权利的认识。

自由和平等在近代以来西方自由主义思想中始终处于对立的状态。自由主义思想家主张自由，往往站在个人的立场上反对国家和社会的过多干涉。而平等主义思想家为了维护社会成员在政治上和经济上的平等，往往坚持社会和政治上的限制。面对自由和平等的这种对立，特鲁多吸收了新自由主义思想家的观点，力图协调两者之间的关系。同时，特鲁多在自己亲身的考察中认识到，随着世界形势和加拿大政治与社会状况的变化，为自由而战斗已经成为昨天的事情，平等具有了重要的地位。但这种平等并不是结果的平等，而是机会平等。他指出，"平等并不是强求一律的平等，即在这种状态下，每个人或升或降地达到一个中间的水平上。"② 他订正说，他所说的自由是一种机会均等。也就是说，每个人都有同等的机会去实现自己的自由。

特鲁多主张自由的个体方面，但作为加拿大自由主义思想家，他又在个人和社会、个人和集体之间进行协调。这主要体现在，首先，自由并不是不付代价、不尽义务。他提出，自由并不是毫无代价地获得的。它要求我们所有的人要具有责任、信任和共识，具体说，责任就是因为每一个加拿大人都是民主政治过程的参与者；信任就是合情合理、有根有据地论证；常识就是明辨是非、可能与可行。③ 同时自由又意味着他人宽容，越自由越宽容。而宽容也就需要禁止任何可能危害他人权利的行为、态度或不负责的行为。

其次，协调个人权利和集体权利。在对自由主义的认识上，特鲁

---

① Towards A Just Society, p. 409.

② Towards A Just Society, p. 402.

③ Conversations with Canadians, p. 22.

多坚持自由的个人主义，这种自由主义的态度运用到对法裔加拿大人相关的问题上，就表现为法裔加拿大人有权使用自己的语言，这就否认了以往那种把这种权利要求看成错误，是对联邦威胁的观点。承认法裔加拿大人的这种个体权利，也就意味加拿大政府要保护这种权利，并通过双语制、国家各个部门中的各种规定以及权利宪章来实现这种权利。这种对个体权利的保护和承认同时兼有集体权利的性质，因为这种权利是整个法裔加拿大人的集体权利，因而又是一个民族问题。法裔加拿大人之所以要建立这种权利，主要在于他们的民族感情或法裔加拿大人的组织忠诚，他们对这一民族集体具有强烈的归属感，在他们看来，民族文化的保留和传承只能在他们这一民族范围内才能得到成功的实现。正因为如此，法语文化的保留和发展不仅在于保留他们个人的权利，而且也要保留他们集体的权利，而在这方面，魁北克省是典型，魁北克对特殊地位和权利的要求就是通过对法裔加拿大人的保护来实现的。有鉴于此，国家当然也要保护魁北克人的集体权利。

然而，特鲁多是联邦主义者，在集体权利和个人权利的问题上仍然有着自己的天平。在他看来，国家的存在主要是用来为个人的目的服务："人不是为国家而存在；人们建立国家是使人更轻而易举地达到他们的某些共同的目的。"这样，特鲁多尽管承认了魁北克在语言和文化上的权利，但他认为，这一问题是建立在国家具有服务于公民个人利益的义务的原则上的。"国家政策不可避免地要服务于族群的权利，尤其是在数量比例上多数人的组织的权利上；不过这是作为所有公民平等的自然结果上发生的，而不是作为最大集团的专门特定权利上发生的。"[1]也就是说，特鲁多在集体权利和个人权利问题上，仍然是以个人权利为先的。

---

① Trudeau, Federalism and the French Canadians, Toronto: university of Toronto Press, 1972, pp. 18, 4.

## 二 消解民族主义

特鲁多坚持用联邦主义的立场来认识和评价民族主义，他以批判的观点来认识民族国家的历史，他曾经分析指出，民族国家产生的历史，其中一小部分充满了战争、暴力和仇恨。民族国家的思想带来了战争，这在过去的两百年间变得相当司空见惯。在宗教战争走向终结前，宗教曾作为国家的基础。同样，当民族不再成为国家的基础时，民族间的战争才会终结。在特鲁多看来，以民族为基础的国家充满了动荡和不安。因为在以民族为基础的国家中，那些民族主义者们往往站在各自民族的立场上，这本身就意味着国家内部存在着分裂的可能。

在民族和民族成员个体关系上，特鲁多注重民族成员个体存在的价值和长久性。认为民族主义中的集体主义是和自由党注重个体性的观点相对立的。在他看来，个人是独立的，他是一个道德上的终极单位。他引用了 20 世纪法国天主教哲学家的话："人肯定既不属于他的语言也不属于他的种族；他仅属于他自己，因为他是自由的代表，换句话说，他是一个道德的存在。"① 尽管特鲁多承认由民族铸造并由文化遗产、共同传统、共同意识、历史继承以及构成一个人一切的方面等因素共同构成的民族感情是值得承认的，但这些因素所具有的世俗价值只是在历史的这样一个时期中才是有用的。不过这些价值从长远的观点看是要被取而代之的。他说："可以肯定，这些价值与其说是公共的，不如说是个人的。与其说是理智的、文明的，不如说是本能的、原始的，与其说是慷慨的、合情合理的，不如说是自我表现为中心的、冲动的。他们属于世界历史的一个过渡阶段。"② 因此，民族性在特鲁多看来是世界历史的一个阶段，它是暂时的，唯有个体才是永存的、最终的。

特鲁多坚持联邦主义立场，并把消除民族主义作为政治的目标。他

---

① Federalism and the French Canadians, pp. 157.

② Federalism and the French Canadians, pp. 159, 177.

像 19 世纪英国政治家阿克顿勋爵那样，把联邦主义看成是最终消除民族主义的理想手段。具体而言，就是在政府的不同层次上划分权力，在同一个政治框架内，容许不同民族相互和解。这不仅给予民族主义感情一个发泄的出口，以使那些可能不利的方面最小化，而且从长远的方面来看，可以训练人们的宽容，从而最终实现民族主义的消解。

然而，联邦主义的这种反民族主义的思想不可避免地会带来这样的一个问题，即联邦政府通过鼓励民族主义感情把不同的民族结合到一起的设想可能难以实现。因为，"各种资源必须要转换成国旗、国歌、教育艺术协会、广播公司、电影董事会；领土必须通过铁路网、高速公路、航空而结合到一起；民族文化和民族经济必须通过税收和关税而得到保护；资源和工业所有权必须成为政策问题。"① 这些都需要联邦的统一活动，仅靠民族主义是难以实现的。

特鲁多进一步论证说，以这种方式铸造民族感情不可能反映一个国家内部所有集团的志向，并可能加剧分裂。在他看来，联邦国家的最终基础不是感情上对民族的忠诚，而是处于冲突中的地区利益实现理性的妥协。也就是说，联邦国家的维护是通过联邦条款的逐渐改变、行政实践、司法决定、宪法修正来实现的。依赖民族主义或爱国感情在联邦国家内只能导致内耗。要维护联邦国家，最终的手段不是感情而是理性。显然特鲁多大有要取代民族主义和民族主义感情的取向。他指出，"在发达社会中，民族主义的结合力和国王的神圣权力变得过时了。统治国家的权力和国家权威的程度是以理性判断为前提的。建立在理性基础上的民族共识将提供社会所需要的凝聚力。无论是在国家内部还是无国家的政治在对政府问题上都要采取一种更加尽责的态度，如果政治家要把感情带入到行为中，那就让他们把功能论变成感情的好了。"②

特鲁多在这里用了"理性"的字眼，这说明，尽管人民在文化上

---

① P. E. Trudeau, "Federalism, Nationalism and Reason." In P. A. Crepeau and C. B Mmacpherson, Eds., The Future of Canadian Federalism, Toronto: University of Toronto Press, 1965, p. 26.

② P. E. Trudeau, "Federalism, Nationalism and Reason." In P. A. Crepeau and C. B Mmacpherson, Eds., The Future of Canadian Federalism, Toronto: University of Toronto Press, 1965, pp. 26 - 28.

和历史上存在不同，但由于自由党人坚持自由主义提出的原子式的个人主义观点，因此他们倾向于把人民看成具有同质性的存在。特鲁多承认差异的存在，但在他看来，差异是由集体产生出来的语言或文化的产物，因此它只是第二位的，每个人共同的方面是理性或合理性。此外，民族差异的基础不是理性，而是感情和非理性，并且这种差异并不是永恒的，而是变化的、暂时的。这种感情是应该被抛弃掉的。他指出："无疑，在个人行动的层次上说，感情和梦想将发挥着一定的作用。即使在近代人那里，迷信还是一种有利的刺激。但像图腾和禁忌一样的幻术很久以前就在国家的正式的统治中不再发挥作用了。同样，作为一个好政府的原则，民族主义在实际上将受到人们的反对。"① 显然在反对民族主义上，特鲁多坚持的是普遍主义立场。用普遍性和同一性反对特殊性和民族性。

为了论证他对民族主义的对立观点，他从当代技术的变革中寻求依据。在他看来，自由主义就是寻求人的自由，技术则是自由主义的天然伙伴。它扩展了人的力量，并最终达到自由的目的。进一步说，无论是作为生产技术还是商业组织的技术，对其良好运用都是最大化地运用了标准化和更大范围内的经济原则。技术和自由主义立场的结合产生出强大的社会动力。自由主义需要自由的最大化实现，技术则为自由的发展提供直接的手段，由此也就推动着技术上的革新和创造。同时技术就像生产线一样倾向于标准化和简单化，因此，自由的技术社会就对文化和民族的差异构成了消解性影响，它构成同质化力量。"如果技术自由地得到运用，国家也就不可避免地步入到巨大的大陆经济共同体时代。"② 特鲁多对这种技术社会充满了希望。他在《联邦主义和法裔加拿大人》一书中通过对法国和美国在科学上的不同态度，从正、反两方面说明技术运用在当代工业社会发展中所带来的直接结果。同时通过对技术运用带来的结果，他看到了科学技术的掌握成为未来和政治进步的关键。这

---

① P. E. Trudeau, "Federalism, Nationalism and Reason." In P. A. Crepeau and C. B Mmacpherson, Eds., The Future of Canadian Federalism, Toronto: University of Toronto Press, 1965, p. 34.

② Federalism and the French Canadians, p. 13.

一观点在《联邦主义、民族主义和理性》中得到表达："国家如果不被他的竞争对手超越，它就需要那种锋利的、强大的并得到良好控制而不是建立在感情基础上的工具：这种工具是由先进技术和科学研究构成的，它可以运用到法律、经济、社会心理、国际事务和人类关系的其他领域中。总之，如果未来的政治工具不是纯粹的理性产物，它将被比加拿大今天正在运用的更加理性的标准设计和评估出来。"[①]

理性不再像古典思想家那样是用来了解国家或公民终极目标或目的的，理性在特鲁多思想中具有了实用的价值，即它是用来掌握实现人类自由无限扩张技术和工具。因此，不应该给技术的运用建立障碍，而应该全面地研究和开发它。

从技术问题，特鲁多转到了文化。在他看来，文化也像技术一样存在于竞争中。他认为，在联邦范围内，给予魁北克以特殊的保护地位只能削弱被保护的价值来反对竞争。比起技术来，文化更多是通过思想的交换和挑战来实现进步。在发达的社会，文化差异是无情的、竞争的。前进道路的方向指向的是国际一体化。由此，他得出了一个结论：不能参与竞争的文化和民族价值是不能存在下去的；建立在忠诚和感情基础上的民族主义是非理性的，所以是应该被反对的。

## 三 联邦主义的政治构想

在加拿大政治和思想历史上，联邦主义无论是作为政治实践还是政治思想都占有重要地位。联邦主义出现于近代美国独立战争前后时期中，美国宪法奠基者汉密尔顿、麦迪逊对联邦主义进行了专门的研究和探讨，为美国联邦制度的建立做出了重要的贡献。在他们的理论基础上产生的联邦主义政治实践为加拿大、澳大利亚、德国、瑞士等国家联邦制度的建立提供了参考。作为美国的邻国，从 19 世纪 60 年代麦克唐纳始，加拿大联邦主义的发展经历了中央联邦主义阶段(1867～1883 年)、

---

① Trudeau, Federalism, Natioalism and Reason, p. 34.

省权联邦主义阶段（1883～1914 年）、合作联邦主义阶段（1914～1960年）和行政联邦主义阶段（1960 年至今）。在最近的这一阶段中，联邦与省的许多问题处理主要通过行政领导人的谈判来解决。其突出表现就是设立了全国总理会议，联邦总理以平等身份与各省协调解决各种问题。行政联邦主义在皮尔逊时代就开始建立。1968 年，特鲁多上台执政后，面对魁北克民族主义发展的强劲势头以及各省提出的省权要求，他多次重申了联邦主义的重要地位，认为"联邦主义是一种高级政府形式"，是政治上的理性产物，它在感情的、领土的、宗教的、语言的断裂状态存在的条件下提供了团结。他在美国国会的演讲中说，加拿大联邦主义为构筑明天的文明提供了典范。不过，特鲁多在对联邦主义的认识上不是回到中央联邦主义阶段，他仍然继承了皮尔逊的联邦主义政策，把多元主义作为他联邦主义的主要内容。他指出："我相信联邦主义是一种高级的政府形式。按定义，它比起一元化来更带有多元主义特点。它尊重民族和集团的多样性。总之，在联邦主义下，自由有了更坚实的基础。"为此，曾经有人提出，特鲁多在联邦主义问题上有一边倒的倾向。他解释说，无论是站在省一边而反对中央政府，还是站在中央一边反对省权，都是危险的。他的政治行动和理论非常简练："创造一个平衡。"①

特鲁多的联邦主义和 19 世纪英国自由主义思想家阿克顿的联邦主义理论有着联系。在阿克顿思想中，联邦制是自由存在的重要条件。联邦制是有效制约权力膨胀和民主的机制，它防止了权力的集中和集权。因为在联邦制下，权力之间的关系是相互并列的，而不是从属的。同时，联邦制政府的权力是分立的，分配到不同的职能部门中。以这种观点为基础，阿克顿主张建立一个多民族的国家。在阿克顿那里，他还没有直接地涉及北美殖民地的民族问题，但他对民族性采取了一种批判的态度。他认为："民族性：它是习惯、未经反思的习惯和零散观念的巨大载体，它毁灭人的本性。"并指出："民族性一旦越出国家界限之外

---

① Towards A Just Society, p. 404.

时，其危险性就同它在国内时的有益性一样大。"①

特鲁多继承了阿克顿的联邦主义思想，不过他的联邦主义具有自己的特点。首先，特鲁多将联邦主义和多元民主结合起来。他分析指出，联邦主义是按照自治原则建立的。因为，大多数国家中都包含了几个不同的集团。然而，同样的原则也会毁灭联邦主义，因为每一个民族都可能要求建立它自己的国家。为了解决这一矛盾，就必须保留联邦国家，并用理性原则取代民族主义的凝聚原则。此外，联邦主义要为进步提供基础。因为不同民族在一个国家中的结合是文明生活的必要条件。但这个国家不是通过民族主义结合在一起的，而是通过建立在理性基础上的人民同意聚合在一起的。

实际上，他把国家的基础奠定在了人民的基础上，人民主权构成了他所说的联邦主义的基础。在这点上，他明显地继承了卢梭人民主权的思想。他曾经指出，加拿大具有自己的意志，加拿大人就是一个民族。② 在对这一问题的解释上，特鲁多的认识表现出了两维性，一方面，他主张加拿大人的公民权利。另一方面，加拿大人又是一个具有集体意志的主权人民。前者注重的是个人，后者涉及的是整体，两者是矛盾的。除此之外，特鲁多把加拿大人看成一个主权的人民，如果运用到加拿大政治历史中考察本身存在很多的问题。因为，加拿大不同于美国。在"美国宪法之父"对联邦主义的认识中，人民曾被认为是主权者，而在加拿大，真正的主权者是英王。此外，说美国是一个民族，这主要以意识形态为基础，并赋予个人以重要地位。说加拿大也构成一个民族，这主要得自于使加拿大英国人和法国人生活在一起的宪法。它通过确定少数民族权利，接受多元主义才成为一个国家或民族。在这种条件下，特鲁多力图将两者结合起来。他一方面，承认个人的权利，另一方面，他把集体的权利作为一项内容，并指出，加拿大的个人都是一个少数民族集团中的成员。联邦宪法所确立和加以承认的就

---

① 〔英〕阿克顿：《自由与权力》，商务印书馆，2001，第380、381页。

② Samuel V. Laselva, The Moral Foundation of Canadian Federalism, McGill-Queen's University Press, Canada, 1996, p. 91.

是这种多元主义。

与这种宪法观点相适应，特鲁多根据加拿大多元多个民族存在的政治状况，在他当政期间，建立了多元文化主义政策。他提出在一个双语制框架内，多元文化主义政策是保证加拿大人文化自由的一个最恰当的手段。这样一种政策有助于破除歧视者立场和文化妒忌。民族如果在个人的意义上意味着什么的话，它就必须建立在相信个人的自我认同基础上，并由此发展出对他人的认同和愿意分享思想、态度和构想。多元文化主义作为一项强有力的政策有助于创造这种最初的信心，它将成为社会的基础，让所有的人在这个基础上发挥作用。

政府将鼓励各种文化和族群组织，他们的存在将给社会带来生机。政府将鼓励他们和加拿大人一起分享他们的文化表达和价值并为社会生活的富裕贡献一分力量。

特鲁多通过多元文化主义的阐述，既解决了在加拿大特殊的条件下不同的少数民族组织的政治和社会参与问题，又通过多元文化主义政策的建立有效地抵制了法裔加拿大人的分裂主义倾向。

特鲁多正是以这种思想为指导，于 1971 年在众议院宣布了一项新的国家政策——多元文化主义，赢得当时三个主要政党的支持。他在这次会议上指出，基于对民族多样性现实及其重要性的认识，加拿大联邦政府必须持有统一的民族文化政策。在过去很长时间里，政府的公共文化投入主要给予英语艺术和文化，现在需要发生积极的变化。为此现在政府要支持所有给加拿大社会带来生命力和特色的族裔文化。"不能够对英裔法裔采取一个政策，对土著居民采取另一种政策，而对其他族裔成员实行第三种政策"，国家的统一和团结所需要的共同文化政策，只能是多元文化政策。[①]

在政治制度构想上，第一，特鲁多坚持了参与民主的政治思想。参与民主的思想最初是由皮尔逊提出的，特鲁多给予这一思想以新的意

---

① JoneR. Ma, llea & JonathanC. Young, Cultural Diversity and Canadian Education: Issues and Innovations, Carleton University Press Ottawa, p. 518.

义。在传统的民主政治构想中，少数服从多数一直是民主决策的重要原则。特鲁多认为如果采取这样一种原则，往往容易导致少数人的权利受到侵犯。[①] 因此，作为民主政治应该使社会中的多元集团都有表达自己意见的机会。所谓的参与民主也就是不同集团和不同的民族公共参与政策制定的过程。[②] 然而在具体参与机制上，特鲁多考虑的重点不仅是加拿大公民通过多元的、不同的组织参与民主政治，而且重要的是议会内部的改革。在他看来，加拿大的民主政治主要是通过代议制实现的。而这种制度中，议会以及议员作用的发挥是关键。具体而言，就是通过议会中两院和代表在立法和实际工作中作用的发挥来实现议会成员对政府的影响。除此之外，通过对议会中各委员会和工作运行程序的改革，可以使政府中的各政党对立派和支持派把他们关于立法的观点更快地带到委员会上来，这样可以给这些成员提供一种对抗的力量来抵制政府的代理人。此外，特鲁多在他的议会改革中对如何提高议员的工作效率提出了很多构想，并大胆地将这些思想付诸实践。

第二，明确确定中央政府的权力和地方政府的权力。特鲁多指出，任何一个民族的发展都不是封闭的，因为任何一个民族或地方在发展上都不是独立的，而是相互联系的。当他们的目的和需要得不到完全的实现时，也就需要其他民族和地方支持，在这种条件也就需要相互妥协，就一些问题达成妥协。因此，所谓联邦，特鲁多解释说，就是"一种妥协和协定。"[③] 特鲁多指出，在这种联邦中，参与到组织中的不同民族或地方具有自治权利。所谓的自治也就是他们有权坚持主张自己的地位。然而，这种自治不是绝对的，如果这种自治要求过度就会走向分裂。因此也就需要一个中央的力量来协调和控制不同方面的矛盾。在这种活动中，政府的一个重要活动就是在联邦水平上通过投入大量的时间、人力、财力来有效地抵制分裂主义的发展。具体而言，就是通过将很多资源转换成国家的，通过建立广泛的交往渠道，

---

① Conversations with Canadians, p. 46.

② Towards A Just Society, p. 306.

③ Federalism and the French Canadians, p. 191.

通过国家的税收等方面的保护，使每个公民感到，只有在联邦国家的框架内，他们的语言、文化、制度、传统、生活标准才不至于受到外部的侵犯。

根据这种认识，特鲁多在联邦问题上认为，第一，中央要有更多的权力，并使它的发展比省的权力更快些，由此保证整个国家的统一。20世纪60年代后半叶，加拿大面临着国内分裂势力的威胁。他们为了达到独立的目的，组织了恐怖组织，严重地威胁了加拿大的政治稳定和安全。在这种条件下，加拿大必须有一个强有力的政府出现在世人面前，以面对风云变幻而又十分险恶的社会挑战。为此他主张一方面，政府必须保持国家的最高统治权，特别要独揽国家的强制性权力；另一方面，各个地方也要有自己的强制性权力。当然，对于特鲁多来说，这种强制性权力不是无限的，而是保留在司法范围内，针对一定目的的。① 为此，要加强刑法和警察等暴力工具的建设，尽管采用这些暴力工具确实是不幸的，然而是必要的。第二，实现各省的平等，承认各省的自治权力，通过这种方式实现地方主义间的相互制约，防止分裂主义。第三，在中央一级建立代表性的官僚机制，使地方利益在中央层面能够得到表达。第四，建立财政分摊制。特鲁多是一个坚定的联邦主义者，他把解决发展悬殊作为联邦的重要目标。1968年他在写给英国国王的信中指明："减少地区悬殊是未来良好联邦的一个目标。"② 1969年，在一次联邦—省会议上他阐述道："在新宪法下，加拿大议会应该有权重新分配财富，以缩小家庭收入的悬殊差别和减少遍及加拿大的贫困……任何政府都取钱于民，任何政府也应该能够用钱于民。"③ 对于财政问题特鲁多坚持财政分摊政策。即各省承担各自的税收和开支，无论是中央还是各省都在宪法的范围内共同合作承担起公共服务的责任，以满足整个国家的标准需要。

---

① Federalism and the French Canadians, p. 191.

② Towards A Just Society, p. 285.

③ Edgar McInnis, Canada, A Political and Social History, Toronto, 1982, p. 696.

# Trudeau' Moderate Liberalism and Federal Thought

*Chang Shiyin*

**Abstract**: Trudeau was the famous politician, writer, constitutional lawyers, the 15th Prime Minister and founder of multiculturalism policy of Canada in the last century. In political thought, Trudeau uphold liberal principles, but his liberalism is different from European's. Trudeau advocaed individual freedom meanwhile took equality and collective into account. However, on the relationship between collective and individual rights, he advocated the priority of individual rights. On nationalist issues, Trudeau thought nationalism is easy to bring secession, so he claimed to resolve the impact of nationalism with federalism policy, National unity depends on federalism and separation of powers instead of emotion. On federal system, Trudeau opposed the central federalism, the combianation of federalism, democracy and multiculturalism is much better in his idea.

**Keywords**: Freedom; Nationalism; Federalism; Multiculturalism

# 论加拿大"国家政策"的历史演变[*]

## 葛 音[**]

**摘要：**加拿大的"国家政策"特指建国以来由联邦政府在一段时期之内有意识地推行的关于国家建设的总体性政策。加拿大曾有过三个"国家政策"：1867 年至 20 世纪 40 年代的"防御性扩张主义"国家政策、20 世纪 40 年代至 70 年代的"补偿性自由主义"国家政策，以及自 20 世纪 80 年代至今的"市场自由主义"国家政策。纵观加拿大国家政策演变的历史线索，可以看出联邦政府的政策指导曾在加拿大国家建设与发展中起到了非常重要的作用，而在市场自由主义国家政策存续期间，这一作用已经明显减弱。

**关键词：**加拿大 国家政策 防御性扩张主义 补偿性自由主义 市场自由主义

"国家政策"（National Policy）是加拿大历史和政治研究领域的术语。其内涵可以是狭义的，也可以是广义的。较狭义的定义认为加拿大的国家政策指"由约翰·麦克唐纳总理以及后继者们领导的保守党的一种经济和政治的中心策略"，其主要意义在于"自 1878 年至第二次

---

\* 基金项目：国家社会科学基金青年项目"20 世纪加拿大社会治理发展研究"（项目编号：14CSS006）。

\*\* 葛音，山东兖州人，历史学博士，安阳师范学院历史与文博学院讲师，主要研究方向为北美史。

世界大战期间，加拿大向国外进口货物征收高关税，以保护加拿大制造业不受来自美国的竞争的危害"。① 而比较广义的定义则认为，加拿大的国家政策指由连续几届联邦政府②有意识地实施的关于国家建设的总体性政策。按广义定义，自建国之日至今，加拿大曾有过三个"国家政策"：一是 1867～1940 年的"防御性扩张主义（Defensive Expansionism）"国家政策，主要内容包括关税政策、铁路建设和向西部移民；二是 1941～1981 年的"补偿性自由主义（Compensatory Liberalism）"国家政策，主要内容包括积极融入战后世界自由贸易经济秩序，在国内实施凯恩斯主义宏观经济政策并建设社会福利网；三是自 1982 年至今的"市场自由主义（Market Liberalism）"国家政策，主要内容包括加美自由贸易（以及后来的北美自由贸易）、基于市场的经济政策，以及紧缩财政。狭义定义所指的内容大致相当于广义定义中的第一个国家政策。本文的论述是在广义定义的基础上进行的。各个历史阶段的加拿大国家政策都是战略性的，着眼于国家的整体建设。它们是在不同历史时期加拿大具体的政治和经济环境中形成的，规范着当时政府（尤其是联邦政府）可以使用的政策工具，以及国家与市场之间的关系，对加拿大国家的发展和稳定曾起到了非常重要的作用。

## 一 防御性扩张主义国家政策

加拿大国家是经历了一系列谈判和协商之后建立起来的。在英属北美各殖民地协调一致的基础上，英国于 1867 年通过了《不列颠北美法》（*British North America Act*），标志着加拿大联邦的建立。加拿大的

① "National Policy"，http：//www. thecanadianencyclopedia. com/en/article/national - policy/，2016 年 8 月 31 日。

② 加拿大是一个联邦制国家，其宪法规定了联邦与省两级政府之间的权限分配。理论上说，两级政府之间地位是平等的。中文无法体现单复数区别，本文中称加拿大"政府"（governments）时指从中央到地方各级政府，其中主要是联邦与各省政府；称"联邦政府"（federal government）时则特指中央政府。

第一个国家政策正是在联邦酝酿的过程中逐渐形成，被称作"麦克唐纳和劳里埃的政策"，也被称为"防御性扩张主义"国家政策。所谓"防御性"是指建国初期加拿大面临美国扩张主义的威胁；所谓"扩张主义"是指当时加拿大也有一种强烈的愿望，想仿效美国的工业化和西进扩张，促进自身经济增长。防御性扩张主义国家政策的主要内容包括：保护性关税、跨越大陆的铁路建设，以及向西部移民。它是加拿大"建国之父们"精心设计的结果，要将建国前分散的、相隔遥远的各个不列颠殖民地结合起来，构建起加拿大国家统一体，并实现国家经济的多样化增长。

经济建设是第一个国家政策中最重要的部分，其主要内容是保护性关税。19 世纪晚期的加拿大正处于工业化进程当中，实施"进口替代"（import substitution）[①] 工业化政策。1878 年，麦克唐纳领导的保守党重新掌权，提高关税是其纲领中的一项重要内容，目的是保护本国制造业，建设国家，加强国内的"东－西"贸易联系——用中部工业制造业产品来交易西部地区的主要产品。当时所要对抗的是已经存在的、相对强大的"南－北"经济联系——加拿大一些地区与美国的经贸联系——如果过分发展，它将不利于加拿大国家统一体的建立。加拿大是英联邦成员。直到 20 世纪初，其最重要的出口对象仍是英国。1875～1914 年，加拿大的出口产品有一半以上都进入了英国，其中多数是农产品而不是工业品。[②]

基础设施建设也是防御性扩张主义国家政策一个重要的组成部分。除众所周知的跨越大陆的铁路建设之外，[③] 二十世纪二三十年代，联邦政府还组建了加拿大广播公司（the Canadian Broadcasting Corporation）、

---

① 所谓进口替代，是指发展本国工业，逐渐用本国制造业的产品取代一些之前需要进口的工业品。这是工业化过程中各国普遍使用的一种模式。

② Glen Williams. *Not For Export: Towards a Political Economy of Canada's Arrested Industrialization.* Toronto: McClelland and Stewart, 1983, p. 30.

③ 关于加拿大建国初期的铁路建设，学术界已有不少相关论述，英文材料如 P. Russell, "The National Policy, 1879–1979," *Journal of Canadian Studies*, 14 (1979)；中文材料如李丽颖：《麦克唐纳时期加拿大"国家政策"研究》，《宁夏大学学报》（人文社会科学版）2007 年第 5 期，第 94～97 页。

加拿大航空公司（Trans Canada Airlines）和加拿大银行（the Bank of Canada）。有观点认为，到 1930 年时，西部草原各省的自然资源得以通过跨大陆铁路运往加拿大中、东部，标志着第一个国家政策的结束；20世纪 30 年代，为应对经济大萧条导致的社会危机，加拿大仿效美国罗斯福"新政"推出"贝内特①新政"，引进了一些社会福利政策，标志着另一个新的国家政策的产生。② 事实上，"贝内特新政"立法的大部分内容——如失业保险和社会保险，最低工资法以及稳定农场收入等——之后都被英国枢密院司法委员会（the Judicial Committee of the Privy Council）③ 裁决为"违宪"，是超出联邦政府权限的，因此是无效的。更新的观点认为，第二个国家政策要到 20 世纪 40 年代才出现。④

在第一个国家政策中，经济建设、基础设施建设和社会政策三方面相辅相成、互相促进。保护性关税不仅可以促进国内工业发展，还能增加政府收入，为横跨大陆的铁路建设提供资金。而铁路建成之后，最主要的作用之一就是可以更加方便地将大批移民运往西部边疆。

## 二 补偿性自由主义国家政策

参加第二次世界大战的经历深刻影响了加拿大的政治与经济结构。战后，相对于地方，联邦政府取得了更大的主导权，官僚机构增长，加拿大人的国家意识也明显增强。为了防止 20 世纪 30 年代那种经济萧条的状况再次出现，早在战争结束之前，联邦政府就已经开始计划战后重建事

---

① 理查德·贝内特（Richard Bennett），加拿大保守党领袖，1930~1935 年任联邦总理。
② Vernon Fowke. "The National Policy-Old and New." In W. T. Easerbrook and M. H. Watkins eds. *Approaches to Canadian Economic History*. Toronto：McClelland and Stewart. 1967。
③ 自加拿大自治领建立到 1949 年，英国枢密院司法委员会（the Judicial Committee of Privy Council）担任加拿大的最高上诉法院。它是英国枢密院的一个常设委员会。1949 年，加拿大向司法委员会的上诉被废除，成立于 1875 年的加拿大最高法院成为加拿大的最高上诉法院。
④ Donald Smiley. "The Federal Dimension of Canadian Economic Nationalism." *Dalhousie Law Journal*, 1974, 1：3：561 – 79. 本文认同第二个国家政策自 20 世纪 40 年代开始的观点。

宜。三个新的部门被建立起来，包括战后重建部（Reconstruction Department）、国民健康与福利部（National Health and Welfare Department），以及老兵事务部（Veterans' Affairs Department）。此外，联邦政府还引进了失业保险（Unemployment Insurance）和家庭津贴（Family Allowances）。一系列政府文件、建议和政策标志着这一时期加拿大第二个国家政策的形成。① 它将一直存在至70年代，主要内容包括：国际方面，积极参与战后国际经济新秩序；国内方面，实现宏观经济管理并建设福利国家。

加拿大的第二个国家政策被称为"补偿性自由主义"。之所以称为"自由主义"，是由于"二战"后美国正在发展出来的国内外政策被称作"内含的自由主义的妥协"（the Compromise of Embedded Liberalism）② ——在国际上发展自由贸易体系，在国内进行凯恩斯宏观经济管理，而加拿大的第二个国家政策与美式"内含的自由主义"本质上是一致的。之所以称之为"补偿性"是因为与美国相比，加拿大第二个国家政策明显更加重视社会福利和再分配的问题。

"二战"后的加拿大是一个小的、开放型的经济体。它的第二个国家政策实施的主要推力来自当时有利的国际经济环境：自20世纪50年代至70年代前期，在美国经济增长和欧洲复兴的带动下，全球资本主义经济持续扩张，出口市场一片繁荣。与第一个国家政策相比，加拿大第二个国家政策包括的内容更加复杂，涉及的范围也要大得多。与前者相似的是，第二国家政策的内容也大致分为经济贸易、基础设施建设和社会政策三个方面。

第二个国家政策在经济贸易方面的内容由宏观经济政策、贸易政策，以及对待来自国外的投资的政策组成。"二战"后，在加拿大国

---

① Donald Smiley. "The Federal Dimension of Canadian Economic Nationalism." *Dalhousie Law Journal*, 1974, 1: 3: 561-79, p. 553.

② 美式"内含的自由主义"相关论述参见 John G. Ruggie. "International regimes, transaction, and change: embedded liberalism in the postwar economic order." In Stephen D. Krasner ed. *International Regimes*. Ithaca: Cornell University Press, 1983. 它曾被形象地描述为"对内用凯恩斯，对外用斯密"（Keynes at home and Smith abroad）。Robert Gilpin. *The Political Economy of International Relation*. Princeton: Princeton University Press, 1987, p. 355.

内，自由党政府采用了凯恩斯主义的经济管理手段。在国际上，加拿大积极参与战后国际贸易体系的重建，但其贸易政策的本质仍然是商业主义，目的在于保护国内制造业，在实施高关税政策的同时鼓励外国投资流入。外资主要以美国在加拿大（尤其是安大略和魁北克两省）建立分公司的形式流入。20 世纪 40 年代晚期和 50 年代，加拿大最重要的工业建设政策是通过来自国外的投资和慷慨的税收来刺激本土自然资源的开发与出口。美国向加拿大资源工业的投资帮助它延续了之前以大宗原料为主的出口贸易，将两国经济更加紧密地联系在一起。虽然"联邦政府向制造业和加工业提供了很多补贴"[1]，但加拿大的出口产品大多仍是未加工或半加工的资源，而不是工业制成品。到 60 年代，总体情况没有发生太大的变化。

进入 70 年代，加拿大与其最重要的两个出口市场——英国和美国的关系发生了重要变化。1971 年英国加入欧共体，迫使加拿大重新定位英加贸易。随着对美贸易依赖性逐渐增加，以及美国在面对世界经济动荡时采取的保护性贸易政策，加拿大重新考虑与美国的贸易关系。在国内，来自美国的资本大量涌入，[2] 使加拿大担忧本国经济正在遭到控制。特鲁多政府采取了"一种更国家主义的（nationalistic），国内导向的态度"[3]，于 1974 年建立了外国投资审查局（the Foreign Investment Review Agency），规范外国资本的流入。

自 70 年代开始，加拿大联邦政府直接地参与了一些工业部门的建设：1971 年建立加拿大发展公司（the Canadian Development Corporation），1974 年设立联邦商业发展银行（the Federal Business Development Bank），之后又收购了两个处于破产边缘的飞机制造公司。1973 年的国

---

① Harvey J. Perry. *Background of Current Fiscal Problems*. Toronto：Canadian Tax Foundation，1982，pp. 23 – 24.

② 在加拿大制造业中，外国资本控制率从 1946 年的 35% 上升到 1963 年的 60%，同期在资源部门，该值上涨更多。Janine Brodie and Jane Jenson. Crisis, *Challenge and Change*：*Party and Class in Canada Revisited*. Ottawa：Carleton University Press，1988，p. 220.

③ Stephen Clarkson. "Disjunctions：Free Trade and the Paradox of Canadian Development." In Daniel Drache and Meric S. Gertler eds. , *The New Era of Global Competition*：*State Policy and Market Power*. Montreal and Kingston：McGill-Queen's University Press，1991，p. 107.

际石油价格冲击导致加拿大采取了一种双重（two-tier）石油价格策略。
1975 年，联邦政府建立了加拿大石化公司（Petro-Canada）。1980 年
2 月自由党再次上台后引进了一系列"国家主义"的政策，试图重新确
立联邦政府的主导地位。其中心是一种基于资源开发的工业政策。为促
进地区发展，联邦政府提出了一些能源开发项目。其中最有争议的是
1981 年的"国家能源计划"（National Energy Program）。该项目旨在增
加能源部门中的国家所有份额，鼓励开发边疆石油资源，将资源利润从
各石油富省转移到中央。

　　20 世纪 40 年代，将加拿大各省联系在一起所需要的主要基础设施
项目大致都已经完成，第二个国家政策存续期间，联邦政府开始建设一
些新的基础设施。如圣劳伦斯海道（the St. Lawrence Seaway）、跨加拿
大高速公路系统（the Trans Canada Highway System）以及一些飞机场。
已有的两条国家铁路仍持续着赤字状态，迫使联邦政府不得不从渡船服
务中向铁路分流旅客，并于 1978 年建立了 VIA 铁路公司（ViaRail）。
20 世纪中期，电信业兴起，成为一种新的、重要的，可将整个加拿大
国家联系起来的基础设施。为了对这一领域进行控制，联邦政府于
1949 年建立了加拿大全球电话公司（Teleglobe Canada），1969 年又成立
了加拿大电话公司（Telesat Canada），并宣称政府有权通过 1976 年建立
的加拿大广播电视电信委员会（the Canadian Radio-Television and
Telecommunications Commission）对全国的广播和电话事业进行规范。此
外，为了确保阿尔伯塔省的天然气供给中部工业消费，鼓励制造业发
展，联邦政府还建设了横贯加拿大的天然气管道。

　　社会政策是第二个国家政策中最富特色的部分，主要内容包括社会
福利政策、劳动市场相关政策、地区发展政策以及魁北克问题相关
政策。

　　依据 1867 年《不列颠北美法》规定，移民相关事务相关立法权由
联邦与省两级政府分享，而教育、健康和社会福利则完全归属于省权限
范围。自 20 世纪上半叶开始，联邦政府与各省协商，通过参与各种
"成本分担"（cost-share）项目的方式避开这些宪法限制，参与社会福

利事务。[①] 充分就业是凯恩斯主义经济理论的题中之意，"二战"后成为加拿大国内经济政策的基本内容之一。1945 年《关于就业和收入的白皮书》（*White Paper o Employment and Income*）第一次明确提出了充分就业目标。在二十世纪四五十年代期间发展出来的一系列"社会福利网"立法——包括 1941 年的失业保险、1944 年的家庭津贴、1951 年的老年保障（Old Age Security）以及与社会救助相关的一些有条件资助项目——都体现着充分就业的目标以及平等的原则。60 年代联邦政府又引进了几个重要的福利项目，包括 1965 年的加拿大和魁北克养老金计划（the Canada and Quebec Pension Plans）、加拿大救助计划（Canada Assistance Plan），以及 1966 年的收入补贴（Guaranteed Income Supplement），医疗保健领域则新增了医疗保险（Hospital Insurance）和医疗保健法（the Medical Care Act）——它们之后会成为社会福利网中最耗费资金的部分。自 1952 年起，联邦开始拨款为高等教育（Post Secondary Education）提供资金。到 1967 年时这作为"联邦 - 省"财政安排的一部分，得以制度化。

自建国以来，加拿大联邦政府就一直致力于缩小国内各地区之间的差异。1957 年"联邦 - 省平等化支付"（Equalization Payments）的引进标志着"平等化"第一次得到了宪法意义上的表达。1969 年，联邦设立地区经济扩展部（the Department of Regional Economic Expansion），负责协调地区经济发展项目，第一次明确提出将促进不发达地区工业的发展作为国家目标。"二战"后地区主义在加拿大兴起的最主要表现是魁北克省与联邦之间的矛盾。50 年代中，联邦与魁北克之间就教育资金问题发生争执。60 年代，魁北克发生了"平静革命"（the Quiet Revolution）[②]。联邦与魁北克省就各种特殊财政安排进行了谈判，后者得到了可以退出

---

① 加拿大的"成本分担"项目是其福利制度发展史中极具特色的创举。相关内容参见葛音《社会贫困问题与政府反贫困政策——对"加拿大救助计划"制订过程的考察（1958 ~ 1966）》，南开大学博士学位论文，2012，第 65 ~ 83 页。

② 1960 年，让·莱萨奇（Jean Lesage）领导的青年自由党人群体在魁北克省掌权，标志着一个改革新时期的开始。这一时期被称为"平静革命"：省政府对社会事务的干预取代了原先由天主教会承担的一些社会责任，省政府对经济的干预则促进了法裔在该省的商业利益。在此期间，法裔加拿大人对该省的认同明显加强。一些历史学者认为它对于魁北克省的现代化过程意义重大。

联邦项目的权利。在语言权利问题方面，魁北克省向联邦持续施压，迫使后者任命了"关于双语和双文化主义的皇家委员会"（the Royal Commission on Bilingualism and Biculturalism）。1969 年，官方的双语主义已成为加拿大的一项国家政策。

第二个国家政策的组成部分比第一个国家政策的数量更多，也更多样。1933 年，联邦支出仅占国民生产总值（Gross National Product）的 12%，而在第二个国家政策存续期间，联邦支出占国民生产总值的比重从 1950 年的 14.2% 上升到 1980 年的 20.5%。国防支出在总支出中所占份额从 25.2% 降到 9.4%；健康、教育和社会服务方面所占的份额则从 28.9% 升到 41.9%；而自然资源和工业发展方面支出则翻了一番还多，从 4.7% 涨到 10.7%；同时交通和通信方面支出则一直保持在 6% 左右。[1]

70 年代的经济动荡增加了加拿大失业人口，扩大了早已存在的地区差异，增加了联邦政府通过成本分担项目向省福利政策提供财政支持时的压力。1974 年联邦赤字约 14 亿加元，到 1978 年升至约 100 亿加元，1979 年已达 160 亿加元。[2] "联邦尝试控制在医疗保健（Medicare）、加拿大救助计划和继续教育等社会项目方面的开支。"[3] 1977 年联邦通过已有项目财政立法（the Established Programs Financing Legislation）将这些政策项目综合到一起，通过现金和税收转移（Tax Transfers）结合的方式，以"人均平等"（Equal per Capita）为原则，为所有省提供拨款资助。此外，70 年代的石油危机也迫使加拿大联邦政府削减了在地区平等方面的政策资金投入，并降低了能源收入在政府财政中的重要性。

20 世纪 70 年代中期之后，加拿大的第二个国家政策逐渐走向终

---

[1] 1933～1960 年数据来自 F. H. Leacy ed. *Historical Statistics in Canada*, Catalogue 1151E, Ottawa: Ministry of Supply and Services, 1983, Series H161－175; 1970～1986 年数据来自 Statistics Canada, *Federal Government Finances*, Catalogue 68－211, Ottawa: Ministry of Supply and Services, various years。

[2] Canadian Tax Foundation. *National Finances 1990*. Toronto: Canadian Tax Foundation, 1991.

[3] Donald Smiley. Canada in Question: Federalism in the Seventies, 2$^{nd}$ ed., Toronto: McGraw-Hill Ryerson, 1976, pp. 137－138.

结。其失效的主要原因有二：一是在很多国家建设的关键领域，各省不断挑战联邦政府的权威；二是国际经济环境发生了变化。随着世界市场、跨国公司和金融全球化进程的迅速发展，各国经济的相互依赖性不断增长，"二战"结束时建立起来的自由主义经济秩序无法应对世界市场经济中不断积累的压力。70 年代面对布雷顿森林体系（the Bretton Woods Agreement）的终结、世界石油价格的冲击和滞胀的困扰，各主要资本主义国家纷纷采取更商业主义的、新保护主义的（Neoprotectionist）政策。作为一个较小的开放型经济，与美国相比，加拿大无力建立抵御国际经济波动的壁垒。第二个国家政策接近结束时（1974～1982 年），特鲁多政府尝试重申联邦的主体地位，主要行动包括：推出国家能源计划（the National Energy Program）、收回宪法（Repatriation of the Constitution）、通过《人权与自由宪章》（the Charter of Rights and Freedoms）以及建立以资源开发为中心的工业发展策略和西部发展基金（the Western Development Fund）。① 随着世界石油价格的下跌、利率上涨，1981～1982 年加拿大发生了严重的经济衰退。

## 三　市场自由主义国家政策

在特鲁多政府最后一届执政末期（大约自 1982 年开始），加拿大的第三个国家政策开始形成。虽然自由党人曾承诺扩大外国投资审查局的权力，然而面对来自美国的压力和国内不断下降的外国投资水平，该计划未能实现，关于联邦政府应该建立总体性工业发展策略的建议被市场主导的经济发展策略所代替。1982 年，"外国事务参议院常设委员会"（the Standing Senate Committee on Foreign Affairs）在进行了一系列关于加美关系的听证之后，建议加拿大与美国签订自由贸易协定。最后

---

① 有观点认为这些标志着第三个国家政策的产生，参见 Donald Smiley. *The Federal Condition in Canada*. Toronto：McGraw-Hill，1987，pp. 178－184. 但这些自由党的政策既没有内在一致性也没有足以构成一种"国家政策"的政治影响力，本文认为它们不足以标志着新的国家政策的产生。

一届任期结束时，特鲁多政府已经接受了与美国进行部分的自由贸易，限制给各省的联邦转移支付的数量，并使金融市场自由化。

1984 年大选中，马尔罗尼领导的保守党的纲领主题为"经济复苏"（Recovery）。它的上台标志着加拿大国家政策转向市场自由主义。在反思外国在加拿大投资水平和特鲁多政府时期贸易政策的基础上，保守党认为应当将加拿大指向新的方向，引进了一些当时已经在英国和美国实施着的、更加市场导向的政策①：使政府在经济中的角色合理化、减少政府干预、平衡财政，以及促进加拿大在全球经济中的竞争力。

市场自由主义国家政策在经济方面的主要内容包括：加美自由贸易协定（the Canada – US Free Trade Agreement）以及后来的北美自由贸易协定（the North American Free Trade Agreement），对加拿大广播公司作用的再定义，加拿大航空（Air Canada）和加拿大石化等国有资产的私有化，以及金融和交通市场的去规制化。总体说来，它是一种建立在自由化（Liberalization）、私有化（Privatization）和去规制化（Deregulation）基础上的经济策略，其中心在于对经济效率的关注。与之相应的，政府在平等化政策方面投入则有明显下降。对比更加强调政府干预的第二个国家政策，市场自由主义的特点在于采取市场导向的视角来看待国家建设，减少政府对经济的干预，依赖市场力量提高加拿大的竞争力。80年代之后，加拿大政府财政连年赤字，严重限制了联邦的支出，这是市场自由主义国家政策的一个重要的推动力。加拿大宏观经济政策的总体目标非常清楚，即控制赤字，抑制通货膨胀。

在经济贸易方面，为了增强加拿大的竞争力，马尔罗尼政府上台后致力于改善加美之间以及联邦与各省之间的关系。为了改善加美经济联系，保守党政府结束了国家能源项目，用加拿大投资局（Investment Canada）取代了外国投资审查局，从根本上削弱了药品经营的强制性许可，改革了公司收入税，用货物和服务税代替了制造业销售税。虽然也

---

① 这一时期加拿大保守党政策明显受到撒切尔（Margaret Thatcher）和里根（Ronald Reagan）的新保守主义（Neoconservative）政策的影响。

寻求通过多边途径扩展国际贸易，但这一时期加拿大的关注点主要集中于加美双边贸易。自 1986 年 5 月至 1987 年 10 月美加之间进行协商之后，加美自由贸易协定于 1989 年 1 月 1 日生效。虽然 80 年代加拿大制造业的国际竞争力仍然值得担忧，且制造业岗位明显流失，保守党并没有发展综合性的国家工业政策，而是将自由贸易当作了事实上的工业政策。从那时起，关于加拿大竞争力的关注与争论一直在持续。1990～1992 年加拿大出现了经济衰退，国际竞争力明显下降。[1] 在改善中央与各省关系方面，联邦政府的主要行动是与西部各省协商，将国家能源项目改为西部协议（the Western Accord，1985），取消了几种联邦税，并减少了对原油价格的规制。在世界油价开始下滑的背景下，联邦分别于1985 年和 1986 年同纽芬兰省和新斯科舍省签署了关于近海石油和天然气开发的协议。

在第三个国家政策存续期间，保守党在国家基础设施建设方面最主要的政策是国有企业私有化以及相关领域政府规制的减少，其目的是减少国家对于经济的直接影响，是市场自由主义的一种体现。[2] 加拿大航空（Air Canada）、北方交通公司（the Northern Transprotation Company）以及全球电话公司（Teleglobe）等经历了私有化过程。其他如加拿大航空（Canadair）、加拿大石化等能源和制造业企业被全部或部分地私有化。政府减少了对于卡车和航空工业的规制，削减了 VIA 铁路的财政投入，使金融机构的规范自由化，并于 1992 年结束了加拿大贝尔公司（Bell Canada）在长途电话领域的垄断权。

第三个国家政策存续期间，保守党政府在社会政策方面的行动主要由联邦支出收缩的压力所驱动。由于担负着重组劳动力市场政策的责

---

[1] 在 1990 年的世界竞争力报告中加拿大从第 4 名下降到第 5 名，而且在国际创新力、未来领导力和工业效率这几个方面得分尤其低。参见 Alan Rugman and Joseph D'Cruz. *Fast Forward*：*Improving Canada's International Competitiveness*. Toronto：Kodak Canada Inc.，1991：chap. 1. 在 1992 年的报告中，加拿大进一步下滑到第 11 位。参见 Premier's Council. *Competing in the New Global Economy*，Vol. 1，Report of the Premier's Council. Toronto：Queen's Printer for Ontario，1988。

[2] Jeanne Laux. "Limits to liberalism." *International Journal* XL6（Winter 1990－91）：113－136，1990.

任，联邦于 1985 年引进了加拿大就业策略项目（the Canadian Job Strategy Program），但它没有增加政府总体支出。1987 年，联邦为已建立项目支出财政（Expenditures on Established Programs Financing）设置了上限。此外，之前由联邦承担的地区发展方面的支出被分散化，由大西洋省和西部各省承担一部分，关于项目的决策权也相应地转移给一些地方机构。联邦关于教育和健康的支出的份额已经从 1970 年的 13.8% 下降到 1984 年的 9.3%；同时社会福利方面的支出已经从总支出的 28.6% 增加到 31.8%。联邦支出在国民生产总值中所占比例在20.5% ~ 27% 波动。①

进入 20 世纪 80 年代之后，魁北克省地区分离主义意识上升，挑战联邦权威，多次引发宪法危机。联邦对国家统一问题的应对亦是第三个国家政策的一个重要组成部分。1980 年，执政的魁北克人党组织了"主权－联系"（Sovereignty-association）全民公决，事实上相当于要求脱离联邦，政治独立，仅与加拿大其他地区在经济上保持伙伴关系。如果成功，加拿大将变成一个新的邦联，中央政府在其中将只有非常有限的权力。公投结果是联邦主义者们以近 60% 对 40% 的绝对优势取得胜利，意味着当时多数魁北克人仍然愿意留在加拿大联邦内。1982 年，特鲁多政府成功地从英国"收回"了宪法，而魁北克却拒绝签署收回的宪法。② 1987 ~ 1990 年，魁北克与联邦关系中的第二次重要危机爆发。魁北克陷入了关于《米奇湖协议》（Meech Lake Accord）的争论，并最终没有签署该协议。1988 ~ 1989 年，魁北克又陷入了关于省内语言规范的"178 法案"的争论。该法案允许使用法语和其他语言做商店内部或公共建筑的标志标语，但强制规定建筑外部的标志只能使用法语。1989 年，博拉萨再次成功上台。1992 年，《夏洛敦协议》（Charlottetown Accord）相关的争论爆发。魁北克和加拿大的其他地区都否决了这个协议，但其理由却是完全不同的。1995 年，魁北克人党组织了第二次关于主权的全民

---

① 数据来自 Statistics Canada, *Federal Government Finances*, Catalogue 68 - 211, Ottawa：Ministry of Supply and Services, various years。

② 1987 年时，魁北克签署了加入加拿大宪法的协议。

公投，结果是 49.42% 的投票者支持独立，而 50.58% 的人反对，联邦主义者一方险胜。1998 年，加拿大最高法院做出裁决，称魁北克省无权单方面宣布独立，使分离主义遭遇了重大挫败。

## 结　语

加拿大曾有的三个国家政策大致都由经济贸易政策、基础设施建设和社会政策三个方面的内容组成。在每个历史时期，三部分政策都是互相促进、紧密联系的关系。三方面的重要性会随时间变化。例如，基础设施建设对于第一个国家政策来说是最关键的部分，而在第二个国家政策中却不是。20 世纪中期以后，随着联邦政府职能增加，国家政策的内容也变得越来越复杂和多样。第二个国家政策所包含的内容大大多于第一个。在第三个国家政策期间，虽然政府减少干预，但政策系统的复杂程度有增无减。

三个国家政策的根本目的都是国家建设（Nation Build），"形成一种北纬 49 度线以北的集体身份认同（Collective Identity）"[1]。前两个国家政策存续期间，总体趋势是政府不断加强对社会经济生活的干预，然而第三个国家政策扭转了这一趋势。自 20 世纪 80 年代早期开始，国家一直在退出它的一些政策领域，政策焦点狭窄化，联邦政府收缩并降低自身在经济中的角色，国家建设目标逐渐模糊化，并且缺乏内在一致的总体性国家建设规划。

市场自由主义国家政策存在两个严重的弱点。一是，保守党主导的联邦政府优先宪法和解（Accommodation）问题，一定程度上忽视了对加拿大经济竞争力的关注。加美自由贸易实现之后，长期存在的"南北"经济联系进一步加强，而加拿大却始终没有推出一个强有力的促进各地区经济联合的总体性政策。如果《夏洛敦协议》得以通过，很

---

① Peter M. Leslie. "the Peripheral Predicament: Federalism and Continentalism." In Peter M. Leslie and Ronald L. Watts eds. Canada: The State of the Federation 1987 – 88. Kingston: Queen's University, Institute of Intergovernmental Relations, 1988, p. 23.

多政府经济机制将被分散化（Decentralized），各省可以自由退出新的联邦项目，甚至还可以得到相应的补偿。自建国以来，加拿大联邦制发展的总趋势是"从高度集权的准联邦制向高度分权的联邦制演变"①，如果今后政策制定权进一步向地方分散，那么加拿大的经济和政治统一性有可能会受到严重削弱。二是，关于市场自由主义的作用和意义，还存在一些过于简单化的理解。市场自由主义建立在对市场的信仰之上，相信市场能在国家相对优势（National Comparative Advantage）的基础上有效地分配现有的资源。从静态意义上讲，要使从现有资源中得到的当前经济利益最大化，市场手段是有效的。但这种结果并不是唯一的，而是由路径决定的。如果竞争条件不完美，市场这只"看不见的手"可能会受到先前得利者垄断等因素的影响，无法达到理想的调控效果。而政府政策调控可以在一定程度上弥补这种缺陷。当科技发展，知识密集型工业在经济中的地位上升，政府的策略性主导地位就变得更加重要。信息和生物等核心技术的发展可以显著地影响一国的经济增长轨道和长期经济效率。市场自由主义过分关注静态经济效益，低估了技术对于各国经济增长的关键性影响，忽视了长期经济增长的发展方向。

进入 21 世纪，加拿大需要面对更多挑战。为了提升自身竞争力，增加在世界市场中的份额，加拿大需要一个比较强的联邦政府。如果继续向着权力分散的（Decentralized）、地区分裂的（Gragmented）方向发展，由各省引进各自独立的，甚至是相互矛盾的政策，没有统一的国家政策进行总体性指导，加拿大将很难适应不断变化着的全球经济。

要想改变现在市场自由主义国家政策，加拿大联邦政府或许可以尝试在以下几个方面努力：经济贸易方面，发展国际和省际自由贸易，加强国内经济联系；基础设施建设方面，建立国家电信网，发展信息技术；社会政策方面，加强教育投入，发展人力资源。其中信息技术的发展将有助于加拿大各地区之间的联系，以及对全球经济进行整合，促进工业向知识密集型、高附加值产业改造。而人力资源投入将为工业和信

---

① 徐再荣：《试论加拿大联邦制的历史演变》，《世界历史》1994 年第 6 期，第 24 页。

息技术的发展提供更多高水平的劳动者。而要发展新的国家政策，所面临的障碍也很明显：首先，联邦债务负担不断增长，限制了政府的支出能力；其次，当省际和国际贸易壁垒减少后，大的跨国公司可能会抢先受益，调整经济的过程中，一些小的、低效率的生产者可能会遭受损失；最后，现实政治仍在向联邦施加压力，加拿大联邦制向着权力分散的方向发展，这一历史趋势能否被逆转尚未有定论。

# On the Historical Evolution
# of Canadian National Policies

*Ge Yin*

**Abstract**: National Policy of Canada was defined as the conscious, nation-building policies of successive federal governments. There had been three national policies since the establishment of the Dominion of Canada: Defensive expansionism from 1867 to 1940s, compensatory liberalism from 1940s to 1970s, and market liberalism from 1980s until now. The evolution of Canadian national policies indicates the significant role that federal government had played during the history of the construction of the nation of canada. But in the third national policy, its role had been weakened.

**Keywords**: Canada; National Policy; Defensive Expansionism; Compensatory Liberalism; Market Liberalism

# 谈加拿大自由党的执政理念

## ——以难民接收为中心

王继庆[*]

**摘要：** 加拿大自由党组阁的联邦政府在 2015 年底宣布接收 2.5 万名叙利亚内战难民，到现在已经实现了这个政策目标，以和平方式承担了国际责任，体现了自由党主张和平、文化多元主义和民本主义的政治理念。

**关键词：** 加拿大自由党　理念　难民

## 一　引语

英国作家狄更斯在他的小说《双城记》的开头这样写道，"这是最好的时代，这是最坏的时代；这是智慧的年代，这是愚蠢的年代；这是信仰的时期，这是怀疑的时期；这是光明的季节，这是黑暗的季节；这是希望之春，这是绝望之冬；我们的前途拥有一切，我们的前途一无所有；我们正走向天堂，我们也正直下地狱……"我们当今的时代，与狄更斯描写的那个时代有很多的相似之处。

中东战火频仍、难民流离失所，生灵涂炭，甚至发生了很多逃离战火的不幸事件。欧洲不得安宁，恐怖袭击的阴霾不时地笼罩着欧洲，从法国到比利时再到德国，都不能独善其身。在这些危机和动荡之中，人

---

* 王继庆，哈尔滨师范大学历史文化学院教授。

们不但失去了耐心，也渐渐失去了信心和希望，各种各样的民粹主义在欧洲卷土重来。尽管如此，这个世界仍然存在着希望，加拿大 2015 年当选的自由党组阁政府，向叙利亚等中东地区的战争难民伸出了宝贵的援助之手。这与欧洲一些国家边界重新竖立起来的冰冷的铁丝网围墙相比，形成了鲜明的对比。水深火热中的叙利亚等国难民终于在无尽的痛苦中看到了一些希望。

2015 年 10 月，年轻的贾斯廷·特鲁多带领加拿大自由党登上了联邦政府的权力舞台，在台上已经有 10 年主政历史的哈珀及其保守党败选，沦为在野党一方。哈珀给人的印象是温和、稳重和务实，但回顾他的对华交往，可圈可点之处不算多，比较有成效的一件事是在他的任期内开放了对华旅游市场。但 2009 年以来的经济衰退，加上不景气的石油市场，迫使加拿大中下层收入群体的生活压力日益加大。

贾斯廷·特鲁多准确地回应了这部分民众的诉求，提出了一系列的惠民政策主张，从而赢得了联邦大选。这些惠民政策，例如对高收入家庭提高收入税、增多普通家庭的儿童福利金、加大公共基础设施建设上的投入、控制高房价等，正在具体地规划和实施，在很大程度上兑现了自由党竞选时的承诺。

印象中，过去人们把加拿大自由党贴上"垄断资产阶级政党"的标签，但斗转星移，它的政治代表性显然发生了变化。在加拿大，任何一个政党要想抓住选票，必须顺应多数阶层和族群的利益诉求。而内政的延伸是外交，外交政策也必须尊重和符合国内多数人的意愿。

## 二 自由党的价值观及施政报告

加拿大自由党主张的五个核心价值是正直心、尊严心、同情心、责任心和理性决策。正直心意味着根据价值观和原则来采取行动，行为要符合道德准则；尊严心包括自尊和尊重他人，尊重每个人的人身自由；在同情心上，强调给所有人公平合理的待遇，追求人人机会平等、发挥人的无限潜能，提倡多元化。在责任心上，自由党认为经济、社会和环境问题是互相联系在一起的，社会可持续发展需要着眼于国内和国外的长远的愿景；理性决策意味着政府的决策要充分调研，各项政策符合加拿大人民的需要。

2015 年 12 月 4 日，在渥太华的议会山，加拿大总督约翰斯顿（David Johnston）在议会大厦内，宣读了代表自由党价值取向的施政报告，这份简短的报告充分体现了自由党的五个核心价值。施政报告特别提到，加拿大承诺在 2016 年 2 月底前安置 2.5 万名叙利亚难民。

据施政报告，联邦政府的工作重点分为五大方面，分别是经济问题、政务公开透明化、环境问题、多元化和安全问题。工作重点包括：为中产阶级减税；减排和投资清洁能源；改善加拿大的养老金计划，建立新的儿童福利项目；改善和原住民的关系；改革参议院机制；控制枪支；对大麻销售制定法规并限制其使用范围，所谓大麻合法化，是由政府负责监管销售并征收税款。

贾斯廷·特鲁多领导的自由党主张为中产阶级谋福利，承诺要立法为中产阶层减税，具体来说，收入 4.474 万至 8.9401 万加元的国民，收入税将由 22% 减至 20.5%。而富人的收入税则增加，年收入超过 20 万加元的税率由 29% 提高至 33%。很多家庭所关心的儿童福利待遇也有所提高。

在未来 10 年，特鲁多政府还计划投资 1250 亿加元用于基础设施建设，来振兴加拿大国内经济。这个预算几乎是保守党竞选时所提出的投资额度的 2 倍，主要投资于公共交通系统、社会及环保基建；致力于安居房屋和老年人房屋，支持市政府推出廉租房屋来解决街头露宿问题。

外交方面，自由党主张修改联邦反恐法案（又名 C–51 法案），自由党执政后要终止加拿大在叙利亚和伊拉克的针对 ISIS 的军事行动，取消保守党执政时期的 F35 战机采购合同，并结束军事行动，从叙利亚战场撤兵，与此有关的是接收 2.5 万名难民。这是贾斯廷·特鲁多总理执政后，宣布的第一个重大的外事决定。

## 三 有计划的难民接收工作

实际上在 2014 年 1 月到 2015 年 11 月期间，加拿大已经接收了 3089 名叙利亚难民。加拿大政府计划 6 年内用于难民安置和社会融合的预算投入将达到 6.78 亿加元。为了确保难民融入新生活，加拿大全国的政府组织、非政府组织、各种合作方都付出了大量的努力。加拿大官方消息指出，叙利亚冲突以来，加拿大对中东地区的人道主义援助、安保和稳定援助等已经贡献了 8 亿多加元。

加拿大接收叙利亚难民的五个步骤为，海外的遴选、运送到加拿大、迎接、安置及社区融合，2015 年底完成抵达加拿大 1 万人的目标，其余的在 2016 年 2 月抵达。省、区、市级的相关机构都会参与这个计划，国外的合作方主要是约旦、黎巴嫩和土耳其的政府。加拿大与联合国的难民署紧密合作，遴选出最需要帮助的受到安全威胁最大的难民，健康和安保方面的数据都会在海外提取完成，在难民被安排在定居社区之前，他们首先会暂时落脚在蒙特利尔或者多伦多。

我们来看一看自由党官员们的表态，在安置难民这件事上，他们的确突出地表达了自由党的信念。贾斯廷·特鲁多总理在一次讲话中谈道，"我们有责任大力拓展（实现）难民的目标，让更多的战争受害者在加拿大找到安全的地方，安置难民是对此明确的宣示；我们的计划雄心勃勃，但反映了加拿大对承担责任和为需要者提供保护所做的承诺，加拿大一定会再一次被世人看作一个富有同情心的慷慨国家，而且我们一直是这样的国家。"

卫生部部长简·菲尔伯特说，在国际的舞台上，加拿大有占据人道主义领导地位的传统，这个传统既是悠久的也是令人骄傲的；我们准备好了欢迎那些遭受苦难的人，我们的计划既要保护难民的健康，也要持续地保护和维护所有加拿大人的健康。

移民局的领导麦卡伦谈到，我们是一个多元化的国家，我们源自世界的各个角落而和平共生，这本身构成了加拿大人的一部分，我们的对外接触要展示这种优势。像约旦、黎巴嫩和土耳其这些国家正在接收越来越多的难民，（联邦）政府要和加拿大人一起，与那些非政府组织、私人赞助方、省、区等地方政府合作，一起欢迎难民，为他们提供免予冲突、建立新生活的机会。

根据加拿大移民局官网的消息，截至 2016 年 7 月 24 日，加拿大共安置了 29413 名难民，其中 16073 名是由政府安置，10545 名为私人赞助方安置。难民申请的经办地主要在黎巴嫩、土耳其和约旦，土耳其政府负责联系和登记叙利亚难民；17697 份申请在办理过程中，完结了申请程序但还没有启程的难民有 2412 人，详细情况可参考下表。

**战争难民统计细目**

| 按类别安置的人数<br>（截至 2016 年 7 月 24 日） | 人数 |
| --- | --- |
| 政府救助者 | 16078 |
| 提交各类签证者 | 2790 |
| 私人担保类 | 10545 |
| 总计 | 29413 |

**战争难民申请进程统计**

| 难民安家申请件数<br>（截至 2016 年 7 月 24 日） | 约旦 | 黎巴嫩 | 土耳其 | 其他地点 | 总计 |
| --- | --- | --- | --- | --- | --- |
| 正在办理的申请 | 2712 | 8403 | 4221 | 2361 | 17697 |
| 申请办结,但难民未赴加拿大 | 207 | 1438 | 569 | 198 | 2412 |

资料来源：加拿大移民局官网。

可见，难民接收任务目前已经超额完成了，但当初难民接收政策在加拿大引起了轩然大波，担心者、反对者、抗议者迅速站在了贾斯廷·特鲁多的对立面，他们对接收难民的决定提出了尖锐而严厉的批评。虽然还没有足够的资料证明，加拿大伊斯兰族群背景的团体是否发挥了游说作用、发挥了多大作用，但伊斯兰团体在加拿大政商界的影响力是不容忽视的。

## 四 难民政策与自由党的执政理念

贾斯廷·特鲁多政府决定从中东地区撤军，和保守党政策相比，承担国际义务的方式和手段改弦更张了，自由党以接收战争难民的方式承担大国责任，这种人道主义援助行动后来得到了加拿大一些民众的理解，难民的接收政策总体上比较顺利地落实了。

应该注意的是，自由党所提出的中东政策并不是权宜之计，它的理念基础仍然是照顾弱势群体的利益，而战争难民无疑是世界上最弱势的群体之一。接收大量的叙利亚难民，加拿大自由党政府哪里来的勇气和把握呢？

笔者觉得主要的原因有两个，第一，加拿大独立建国以来一直提倡多民族、多元文化、和平共生，正所谓和而不同；族群之间的隔阂虽然没有完全消失，比如法语区魁北克人的闹独立问题曾困扰过联邦政府，但族群间的文化上、政治上的冲突被有效地管控住了。第二，加拿大的文化大融合政策、移民再社会化政策比较有效，为外来移民的自然化提供了社会基础和社会共识。从自由党领袖们关于难民问题的谈话表态上，也能看出来他们坚持多元主义和人道主义的立场。

当然多元主义在不同的地区和城市情况有所不同，在某一个大城市，如果一个族群的人口数量和经济实力占明显优势，也可能出现紧张的族群关系。

难民政策是牵一发而动全身的，在按计划稳步接收叙利亚难民的过程中，有移民局、皇家骑警、军队、卫生等多个部门参与合作，他们加强了移民背景和健康状况调查，加强了财力支持，对后续的安置工作做了多种准备，所以这不是权宜之计。笔者所理解的是，这些难民融合成长起来以后，预计会对加拿大的慈善援助充满感恩之情，这批人及其后代融入加拿大的"黏性"更高。

　　和美国相比，民族意识和族群政治在美加两国是有所不同的，根据美国的宪法，大家都是美国人，表面上不强调各自的族群特点，美国建国者想设计的是一个淡化民族身份的理想国家。而加拿大对族群的各自特点既承认又尊重，这种族群政治生态，用中国话语表达就是和而不同；文化的多元化恰恰是加拿大国家文化的特色。所以中东地区难民融入加拿大的路虽然艰难而漫长，但从族群关系的未来愿景来看，应该对此抱有比较乐观的态度。

　　从理想的状况来看，这批难民经过语言和技能培训之后，不但为加拿大带来了宝贵的劳动力资源，而且更加重要的是，他们将成为新兴的消费群体，对刺激加拿大疲软的经济会起到积极作用。一般来说，加拿大的富人群体习惯于去美国消费，无论是度假还是购买日常生活用品，加拿大富人是美国货物的忠实买家。难民再社会化的理想状况或者正面效应的出现，恐怕需要较长的过程，现在下结论还为时尚早。

　　中国国内的媒体在评论加拿大接收难民这件事的时候讲到，这不可能从根本上解决中东地区难民问题，笔者也承认，与规模如此庞大的难民群体相比，被接收的毕竟是很小的一部分，据报道，叙利亚的难民超过了 400 万。

　　最近一期的《多伦多星报》（2016 年 7 月 11 日）有篇文章，报道了参议院人权委员会关于蒙特利尔、多伦多、渥太华、哈利法克斯等地难民安置问题的调查意见，表达了对难民问题的很多担忧，就像文章中讲到的"成功不能仅仅从机票数量上来衡量"，政府要应对移民如何不被边缘化、如何解决财政上的压力、如何使难民适应全新的不同的社会环境、如何解决难民的培训和就业，这一系列的问题都不那么容易解决。

　　现实的情况是，关于难民问题的社会共识并不是铁板一块，换句话说，反对接收大量难民的民意仍然存在。MARU/VCR&C 公司的一份关于安大略省人对叙利亚难民和对伊斯兰态度的投票调查显示，74% 的人认为首先应该照顾到这里的人（当地人）而不是难民，55% 的安省人认为伊斯兰主张暴力，71% 的人说，进来更多的难民会令基础设施和公共服务不堪重负，53% 的人只支持接收与其价值观一致的移民，而 74% 的人主张限制移民来加拿大。

但是，从政策层面来说，加拿大对难民的人道主义的援助体现了朴素的民本思想和和平理念，这种难民政策为混乱和动荡的世界增添了希望。这种政策得到了卓有成效的实施，其后果和效果还有待观察。目前，加拿大国内的公共治安领域也明显加强了警力的部署，也是对恐怖袭击有担心和防范，但目前来看，公共安全压力仍然是可控的。

最后，从加拿大自由党联邦政府接收叙利亚等国难民这件事上，笔者想简略地再总结一下自由党的有关的执政理念：一是关怀底层民众的利益诉求；二是有限度地干预外部事务，避免直接使用武力；三是化危为机，坚定战略性的多元文化方向，吸收不同族群共建加拿大家园。这三条执政理念与自由党的五个价值观是完全一致的。

# Discussion on Canada Liberal Party's Ideology Concentrating on the Adoption of Refugees

*Wang Jiqing*

**Abstract**：Liberal Party of Canada and its federal government announced, in the end of 2015, they would adopt 25 thousand Syrian war refugees and so far they have fulfilled this humanitarian commitment and have taken the responsibilities by means of peace. The policy towards refugees reflects Liberal Party's political ideology of peace, multi-cultural orientation and human-centered doctrines.

**Keywords**：Liberal Party of Canada; Ideology; Refugee

# 让加中联合生产的轻型直升机在
# "一带一路"上飞翔的初步调研

李　诺[*]

**摘要：**在世界通用航空领域，加拿大拥有先进的轻型直升机的生产技术和专利。加拿大轻型直升机行业和中国有关高校及企业结成的合作伙伴关系可在社会经济、国际政治和教育等方面获得卓越成效。譬如，在中国建立以组装小型直升机为主的应用高科技、教学培训和生产一条龙的航空开发园区，加拿大和中国不仅可联合为丝绸之路经济带和 21 世纪海上丝绸之路（"一带一路"）沿线国家及地区批量生产优质价廉的通用轻型直升机，还可为中国等有关国家培养大批的中高级应用型人才，该合作同时可促进加拿大和中国等国家的多边社会经济发展，收到多赢的效果。本文包括：加拿大轻型直升机概况介绍，以该产品为主的项目拓展对中国和"一带一路"沿线国家的社会经济和应用市场的初步可行性探索调研结果，在中国建设该航空园的综合教学培训和应用学科的分类，连锁的多种经济发展，发展规划、策略步骤和一些具体建议。

**关键词：**轻型直升机　"一带一路"　调研

---

* 李诺博士，南昌航天科技集团副总裁、南昌理工学院副校长，中国国务院外国专家局连续 11 年认证的加拿大籍教育社会学家，卡尔加里大学哲学博士。

# 一 "一带一路"示意图和沿线国家概况

1. 东南亚十一国：印度尼西亚、马来西亚、菲律宾、新加坡、泰国、文莱、越南、老挝、缅甸、柬埔寨、东帝汶

2. 南亚十国：尼泊尔、不丹、印度、巴基斯坦、孟加拉国、斯里兰卡、马尔代夫

3. 中亚十国：哈萨克斯坦、土库曼斯坦、吉尔吉斯斯坦、乌兹别克斯坦、塔吉克斯坦、阿富汗

4. 西亚十八国：伊朗、伊拉克、格鲁吉亚、亚美尼亚、阿塞拜疆、土耳其、叙利亚、约旦、以色列、巴基斯坦、沙特阿拉伯、巴林、卡塔尔、也门、阿曼、阿拉伯联合酋长国、科威特、黎巴嫩

5. 中东欧十六国：阿尔巴尼亚、波斯尼亚和黑塞哥维那、保加利亚、克罗地亚、捷克、爱沙尼亚、匈牙利、拉脱维亚、立陶宛、马其顿、黑山、罗马尼亚、波兰、塞尔维亚、斯洛伐克、斯洛文尼亚

6. 独联体四国：俄罗斯、白俄罗斯、乌克兰、摩尔多瓦

7. 蒙古、埃及

"一带一路"沿线地区人口、经济规模等数据见下图。

## 二 加拿大超轻型单人直升机简介

根据笔者和同事们在加拿大东西部及美国的初步调研，加国制造的超轻型（蚊式）单人直升机是世界上最轻的载人直升机，这是计划了十年并以成熟的专利技术展现出来的应用成果，提供可靠又安全舒适的飞行。飞行家肯·阿姆斯壮在杂志中提到："蚊式直升机能让你更贴近真实的飞行，拥有如飞鸟一般的视野来俯瞰大地。"他还说："驾驶这种超轻型单人直升机大概是我一生中最有趣的一段航程吧！"加拿大制造的超轻型单人直升机完全符合美国和加拿大适航的要求，在美国和加拿大组装可以出适航证，北美价格在 3 万到 6 万美元（不同机型），中国市场价格 40 万元人民币左右，飞行操作很简单，通过 10 个小时的训练基本可单飞。

加拿大超轻型单人直升机可以成品售卖，买家也可购买配件自行组装，只需使用普通标准工具，比车库大一点的工棚就可以组装该机。平均需要 250 小时/人组装一架该机，如用组装流水线可大大提高效率。

组装零件从加拿大进口到中国可以减低甚至免去关税和进口税等。据悉，从 2014 年 6 月 1 日起，中国民航总局已开始放松了对超轻型飞行器的管制，开放低空飞行，部分超轻型飞行器将不需通过审定，飞行人员将来也不一定需要持有飞行执照（有待考证）。蚊式直升机是超轻型的运动型飞机。在美国不需要这种轻型直升机的飞行许可证。在加拿大驾驶这种直升机需要一张私人直升机许可证，而其他国家则需要查询有关航空飞行规章。目前在加拿大和美国开放的低空单人和双人直升机主要是用于飞行体验，娱乐运动，如同小型游艇。

中国民航总局可能会参照美国法规，出台行业性的相关规定，空中时速低于 200 公里、重量低于 200 千克的有动力飞行器，将可能不再需要通过民航部门的航空器审定；同时，民航部门也会取消对驾驶轻型飞行器人员的年龄和航空知识等限制，不再进行考核和颁发飞行执照。但出于安全考虑，民航总局对这些超轻型飞行器的运行还是有一些限制，比如，不能在夜间飞行，在和其他航空器共同飞行的时候不具有飞行优先权等。

## 三　超轻 XE 型单人直升机性能参数[①]

座　　位：1 座

航　　程：240 千米（可加备用油箱增加航程）

速　　度：160 千米/小时

用　　油：普通汽车用汽油（91 号或以上）

飞行高度：2743 米

机　　身：直升机一体结构的机身，完全以品质优良的玻璃纤维复合材料制造，能以最小的质量来发挥结构最大的效能。

引　　擎：XE 型直升机的动力是来自 Compact Radial Engine MZ202，60 - hp，一个二行程，两个汽缸和最高动力的引擎，这个引擎

---

① 只供参考，以英文说明为准。

采用 Reed 的进气系统，扭力/转速曲线平坦，在引擎操作范围输出的动力十分稳定，MZ202 工作转速为 6000RPM，较其他同级的引擎之 6500～7000RPM 为低转速，因此，MZ202 的负担相对较轻，也提高了此引擎的信赖度。这个引擎的总重量只有 69 磅（约 31.3 千克），包括 180 瓦的发电机，提供电力系统及电力起始系统运作。

动力系统：主减速齿直接固定在引擎上面。因为离心式离合器引擎启动时没有转子的负荷。动力由离合器透过 HTD 皮带组传送到减速盘，这是一个能发挥最高马力/重量比的传动系统。皮带轮覆盖着离合器使直升机做自转时能使引擎超转。动力通过万向接头和浮动传动轴传给机尾的齿轮箱。齿轮箱将动力透过尾管的传动轴传送到尾旋翼。另一传动轴通过第二条高负载 HTD 皮带传送动力给主旋翼桅杆上方之二级减速。

控制系统：控制系统对于这种直升机是独一无二的。主旋翼控制是由控制杆与及集提变距杆，经过桅杆座上之控制装置推拉管，传到主旋翼控制盘（Swash Plate），而尾旋翼是由脚踏板带动钢缆驱动。

旋翼系统：主旋翼是半刚性结构。由铝结构梁包覆一层铝外皮所构成。发泡材塞子塞在两端防止内部受到污染，尾旋翼也是半刚性结构，由铝管包覆一层铝外皮所构成，发泡材塞子塞在末端两处，一个 45°拖拉式铰链用来对正尾旋翼。

另外，根据最新调研，2015 年下半年加拿大厂家已试制出双人直升机样机，2017 年可批量投产。该机售价 12 万美金，约 70 万元人民币；从单人的运动娱乐机型开始向通用机型发展，可用于交通运输、出租、中短途旅游、快递、航拍、农用、抢险救援、医疗急救、上下班便利出行、私家用机，甚至军警安保巡逻使用等各方面。因此，该机的通用潜力非常巨大，商机无限，将给多种行业和千家万户提供史无前例的便捷出行方式。目前，该双人机的国内零售价格仅相当于一辆豪华进口汽车价。如今后该机在国内批量生产且大部分零部件国产化后，一般工薪阶层也能买得起这样的小直升机，绝对不是奢望。

## 四 中国引进加拿大小型直升机的综合优势和趋势

在政治、经济、外交、科技、双边贸易等方面，加拿大和中国合作良好，具有联合培养国际型通用航空人才的潜力和基础，为中国及"一带一路"国家和地区批量生产具有加中特色的小型直升机是时代赋予加拿大和中国的良好契机。

随着中国开放低空领域的步伐日渐加快，华南与华北空域试点已经开展，2016 年全国低空领域全面开放已拉开序幕，通用航空市场即将产生井喷式的爆炸性发展。在中国建立一个具有国际专业水准与大规模的现代通用航空产业总园，然后为"一带一路"沿线诸多国家和地区逐步建立连锁航空分园，将会是一个巨大的跨国新兴产业。该产业不仅可以促进加拿大和中国及多国的社会经济发展和国际合作关系，还可以造福于"一带一路"沿线诸多国家的人民。加拿大和中国联合生产的小型直升机将是该产业中重要的组成部分。同时，未来中国的通用航空产业将必须仰赖应用型的航空基础教育，为中国和"一带一路"沿线诸多国家和地区培训出大量的各类航空产业人才。

根据最新数据，加拿大和美国目前有超过 60 万名有执照的飞行员。中国有近美国 5 倍的人口，未来航空人才培训的市场将会十分巨大。以目前中国市场上飞行学校收费标准每学员平均为 15 万元人民币计算，如未来 20 年有 60 万学员报名参加飞行培训，仅仅在飞行员培训方面就有 900 亿元的商机。如果再加上后勤维修人才、组装生产人才等相关产业课程，未来整个的通用航空教育市场将会产生至少1600 亿元的经济规模（或是每年 80 亿元的商机）。开拓加拿大和中国联合生产的小型直升机的产业和相关的教育及培训，具有以下几点明显收益：

• 投资少、生产和维修成本低、起步快、回收期快，营运成本低，能产生利润比例高的多重经济效益；

• 具有在国内外领先的优越专利技术；

- 可拓展出巨大的社会效益和办学效益；
- 具有可持续性发展的多种应用潜力；
- 可带动中国和"一带一路"沿线国家及地区多项应用型人才的培养，结合市场需求，注重高等院校应用型学科的转型开发，从而形成以加拿大和中国为引领的综合航空产业，促进"一带一路"沿线国家及地区各国的发展。

**有关的应用型人才培养和学科建设**

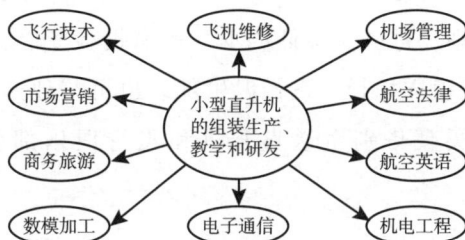

飞行技术　飞机维修　机场管理
市场营销　小型直升机的组装生产、教学和研发　航空法律
商务旅游　航空英语
数模加工　电子通信　机电工程

**连锁的多种经济行业发展领域**

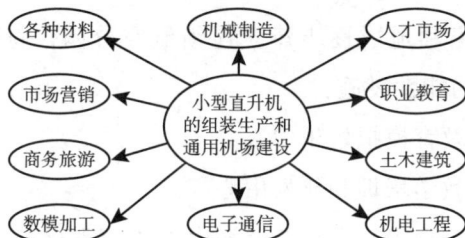

各种材料　机械制造　人才市场
市场营销　小型直升机的组装生产和通用机场建设　职业教育
商务旅游　土木建筑
数模加工　电子通信　机电工程

# 五　中国引进加拿大小型直升机的发展规划和策略

1. 以单人轻型直升机为先导，双人轻型直升机跟进；

2. 第一阶段装配厂和销售计划：每个月和每季度定量装配并销售直升机，逐步建立国内外销售渠道（包括二级代理）；

3. 每架单座和双座直升机将分别按照国内现市场价格核算成本和利润；

4. 逐步开拓国内外市场，包括"一带一路"区域的发达国家和发展中国家；

5. 如果有较多融资和集资，可以样板模式扩大投资；

6. 请加拿大厂家以技术入股形式，在中国合作设制造厂或组装生产线；

7. 申请专利或产权保护。各类配件国产化后可降低成本，带动国内地方企业发展；

8. 小型直升机的主要技术，关键零部件还需保持进口一段时间；

9. 为便于管理，进一步降低成本，考虑收购整个加拿大公司股份；

10. 发展飞机租赁托管、飞行俱乐部。也可与地产商合作开发直升机高级度假区，买豪华别墅送直升机和飞行俱乐部会员等各类销售活动。

按照规划，在中国建立一个具有国际专业水准与大规模的现代通用航空产业总园，该园将包括以下主要基础建设项目，随后为"一带一路"沿线诸多国家和地区逐步建立连锁航空分园，将根据需要为这些分园建立配套的功能性设施：

- 飞行普及教育模拟娱乐中心
- 飞行专业教学培训和研发中心
- 飞行学校，含飞行夏令营及海内外体验飞行
- 飞机销售保养中心，含飞机维修 4s 店
- 飞机制造装配生产线车间场区
- 飞行服务和塔台控制中心，含通信和气象信息
- 直升机旅游中心（辐射地区低空短途航线）
- 空中"TAXI"直升机服务中心（飞机"打的"）

为促进加拿大和中国联合生产的小型直升机在国内外市场的销售，包括"一带一路"区域的发达国家和发展中国家；应该逐步启动五个市场开拓阶段：

### （一）初始宣传阶段

- 动员国内沿海地区的中国人预订单座或双座轻型直升机，政府在条件成熟的前提下给予购机补贴；
- 为预订直升机的顾客提供优惠的国内飞行训练和国外（美国）飞行实习；
- 在安全和合法的前提下，组织顾客驾驶自己的座机，编队参加有影响力的社会公益活动，鼓励大家开飞机上下班、上学（邀请新闻媒体报道）。

### （二）发展初期阶段

- 在满足内需的前提下，积极开拓国内"一带一路"周边地区的小型直升机的销售和飞行培训市场；
- 优惠政策和促销策略同初始阶段。

### （三）发展中级阶段

在已开拓国内"一带一路"周边地区的基础上，积极开拓华东沿海和全国的小型直升机的销售和飞行培训市场，有更优惠政策和促销策略。

### （四）发展高级阶段

在已开拓华东沿海和全国市场的基础上，积极开拓"一带一路"沿线国家和地区的小型直升机的销售和飞行培训市场，有更优惠政策和促销策略。

### （五）发展超级阶段

在已开拓"一带一路"沿线国家和地区市场的基础上，积极拓展全球五大洲国家和地区的小型直升机的销售和飞行培训市场。

## 六　引进加拿大小型直升机的 20 条综合建议

　　①经有关专家和各级政府领导评议后决定是否立项；②立项后需完成严谨的可行性报告和实施方案；③及时组建特别项目小组，落实日常准备和实施方案的专业精干人员；④在 2016 年底或 2017 年春夏季组团赴加拿大和美国实地考察并洽谈；⑤在出国考察洽谈前落实基金和融资集资方案；⑥购买两架直升机的零部件，并邀请加方专家到国内来指导组装并试飞；⑦在选定地区筹建直升机组装样板生产线；⑧适时组建并培训直升机营销团队；⑨适时组建并培训直升机学员招生团队；⑩通过有资质的学校，适时招收飞行学员和中外留学生；⑪适时组建并培训直升机组装生产线的技术骨干团队；⑫选拔实习学生参与勤工俭学；⑬适时招聘飞行教官，组建有关管理团队；⑭及时获得美国、加拿大、中国的适航证；⑮逐步获取所有技术资料；⑯及时申请到中国民航的飞机型号销售许可；⑰指定专业人员密切关注并汇报国内外小飞机市场的动态，包括市场产销成本和价格、从业人员工资、学习和培训费用等；⑱适时申报地方和国家级有关基金，以获政府的大力支持和扶持；⑲在教学培训和科研方面，综合利用有关院校现有的模拟飞行器等设施配套；⑳和国内外航校及航空公司洽谈合作，定向批量招生，共同培养飞行员。

## 七　引进加拿大小型直升机的专业团队人员十项分工

　　①专人负责决策、人力和财务保障；②专人负责政府的保障支持、总督察；③专人负责教官团队和协调内外有关部门；④专人负责督察项目的具体实施进展、安保和质量；⑤专人负责设备保障维修；⑥专人负责招生和营销团队的组建、培训；⑦专人负责涉外洽谈协调、协助融资集资；⑧专人负责搜集调研国内外技术资料和市场；⑨专人负责落实勤工俭学和专业技工队伍人员建设；⑩专人负责人才培养所需的学科教材和教研。

## 八 结束语

人类的进化从爬行到直立行走、从使用简单的地面和水上代步交通工具向高空和低空发展。现代的自行车、电动车、汽车、火车和船舶将大规模地被人们在"一带一路"沿线各个国家和地区广泛使用,但更便捷、更环保的空中交通工具,包括直升机和其他通用飞机,将在相当程度上很快取代这些车船,在"一带一路"沿线各个国家和地区上空翱翔。美好的未来属于既敬业又懂趋势,还能与时俱进、不断创新的中国、加拿大和"一带一路"沿线各个国家和地区的人民!

# A Primary Survey on the Sino-Canadian Co-made Mimi-Heliocopters to Soar Above the Belt & Road

*Li Nuo*

**Abstract**：In the field of general civic aviation industry of the world, Canada masters advanced skills of producing mini-helicopters with registered patents. The development of cooperative partnership among Canadian mini-helicopterindustry, relevant Chinese higher educational institutions and enterprises may achieve a very significant result, economically, politically, and educationally, etc. For example, by the establishment of a proposed civic aviation development center, which mainly promotes the applied high-technology, teaching and training with a productive line for the mini-helicopters, Canada and China may not only jointly produce mini-helicopters in batch at low price and high quality for those countries and areas along the Silk Road Economic Belt and the 21st-Century Maritime Silk Road", i. e. the Belt and Road" (B&R)", but also can train a large amount of applied professionals at middle and higher skill levels for China and relevant countries. Meanwhile, the cooperation may promote the socio-economic development for Canada, China and other countries to realize a multi-win situation. This thesis includes the following major contents：General introduction of the Canadian mini-helicopters, a primary survey on the socio-economical and applied market of the countries along the B&R, the divisions and functions of general education and applied training in the civic aviation development center to be built in China, related multiple economic development, schemes, and strategies, as well as some suggestions in details.

**Keywords**：Mini-helicopter; the Belt and Road; Survey

# 译评先声构津梁

## ——《世界文学》和中加文化交流关系考[*]

### 赵庆庆[**]

**摘要：** 本文是国内外首篇探讨《世界文学》杂志如何率先促进中加文化交流的论文。

《世界文学》是一份拥有 80 多年历史、享誉海内外的翻译文学杂志，而且一度是新中国唯一一份译介外国文学的期刊。

本文梳理了该刊自 1935 年至今译评的加拿大作家和作品，通过原典实证的方法，论证了该刊不仅在译介和研究加拿大主流文学上有筚路蓝缕之功，在译评加拿大华裔文学上亦处于国内领先地位。另外，本文论证了《世界文学》前主编、著名翻译家李文俊先生位于中加文学交流的开拓者之列，他曾任中国加拿大研究会副会长，是最早翻译加拿大诗歌和诺贝尔奖得主艾丽丝·门罗作品，并结集出版的中国学者之一。

本文结论是《世界文学》是率先并坚持传播加拿大文学的重

[*] 本文是国家社科基金项目"中外文学交流史"（项目编号：06BZW019）的阶段性成果，得到了《世界文学》高兴主编、李文俊前主编、庄嘉宁编辑、《外国文学动态研究》匡咏梅副主编等老师，以及加拿大驻华使馆学术和文化交流处王荔女士的大力帮助，特此致谢。另，文中加拿大作家在首次提及时均标注原名拼写。

[**] 赵庆庆，南京大学外语部副教授，中国世界华文文学学会理事，加拿大华人文学学会委员，加华作协会员。南京大学英美文学硕士、加拿大艾伯塔大学比较文学硕士。出版《枫语心香：加拿大华裔作家访谈录》《讲台上的星空》《霍桑传》和《停止呼吸》等。曾参与国家社科项目"中外文学交流史"的撰写，主持教育部人文社科项目"加拿大华人文学史论"。曾获加拿大政府颁发的研究专项奖、项目发展奖和中加学者交换项目奖，以及中国年度最佳散文奖、高等教育司评估优秀奖、南京大学教学奖和人文社科成果奖等。

镇，为中加文学和文化交流做出了重要的贡献。

**关键词：** 《世界文学》 加拿大文学 中加文化交流
先声译评 李文俊

《世界文学》是一份历史悠久、享誉海内外的翻译文学杂志，而且
一度是新中国唯一一份译介外国文学的专业期刊。从 1953 年 7 月创刊
至今，《世界文学》已译介过近 120 个国家和地区的文学作品。该刊也
是率先和坚持传播加拿大文学的重镇，为中加文学和文化交流做出了彪
炳史册的贡献。

与英、美、法、德、俄罗斯等文学大国相比，以英语、法语文学为
主的加拿大文学被译介到中国是比较晚的，形成气候主要是在 20 世纪
80 年代后。但就国内的外国文学期刊而言，《世界文学》与加拿大的结
缘却可以一直追溯到 20 世纪 30 年代——鲁迅创办了该杂志的前身《译
文》。在《译文》第 1 卷第 6 期（1935 年 2 月 10 日发行）刊载了加拿
大艺术家 E·贺尔加忒的木刻《撑筏子的人》，表现了加拿大工人疏通
河流中伐木的情景。

加拿大 E. 贺尔加忒的木刻《撑筏子的人》
[《译文》第 1 卷第 6 期（1935 年 2 月 10 日）封面]*

* 该封面照片由《世界文学》庄嘉宁编辑提供。

# 一 《世界文学》率先译介加拿大红色作家
## 华莱斯和幽默作家里柯克

1949 年 10 月 1 日新中国成立后，在中央外国文学翻译政策的指导下，《世界文学》不久就开始了对加拿大文学的译介。

最早登上该刊并得到持续介绍的加拿大作家是共产主义工人诗人乔埃·华莱斯（Joe Wallace, 1890 – 1975）。他生于多伦多，自 1933 年起做记者，热心报道工人运动。1940 年因被认为是共产党人而入狱两年。重获自由后，给医院打扫卫生，生活清苦。华莱斯著有《黑夜完结了》《嗨，姊妹，嗨，兄弟》等诗集，在苏联、东欧颇有名气。1957 年 5 月，华莱斯应中国人民对外文化协会的邀请访华，欣喜地挥洒下了《在中国》组诗。

《世界文学》1955 年 12 月号（总第 30 期）登出华莱斯的七首诗作《我的兄弟们都很壮美》《加拿大独立至上》《黑夜的呼号》《无名士兵的遗嘱》《短诗》《在加勒斯特展览馆》和《玫瑰》（张奇译）。1956 年 5 月号（总第 35 期）再次刊登了他的三首诗《短诗》《嗨，姊妹，嗨，兄弟》（山屋译）和《诺尔曼·白求恩大夫的故事》（孙用译）。同年的 8 月和 11 月号杂志刊载了华莱斯热情洋溢、赞美中国的来信。一直到 1959 年 9 月号（总第 75 期）的"庆祝国庆十周年专辑"上，还刊登了他歌颂中国女性解放的诗简《小夏十年》（孙用译）。《世界文学》上的华莱斯诗作，连同他的其他诗歌，被集成《我的兄弟们》（作家出版社，1956 年）和《华莱斯诗选》（人民文学出版社，1958 年）出版。华莱斯是新中国成立后首位在华得到翻译并结集出版的加拿大诗人，此间，《世界文学》起到了不可替代的宣传作用。

《世界文学》重点译介的另一位加拿大作家，是曾被林语堂赞为"幽默大师"的斯蒂芬·里柯克（Stephen Leacock, 1869 – 1944）。里柯克不仅是第一个取得广泛国际声誉的加拿大作家，也是加拿大人的骄傲。加拿大人认为，在幽默方面"英国有狄更斯，美国有马克·吐温，而我们

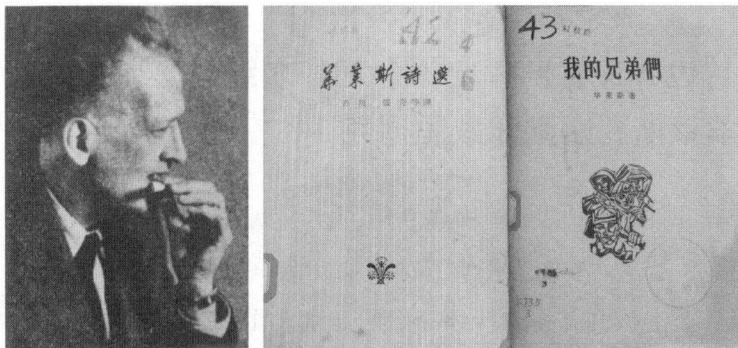

**加拿大共产主义工人诗人华莱斯（Joe S. Wallace）和**
**20 世纪 50 年代他在中国出版的两个译本**

有里柯克"。里柯克有几十部幽默作品集，取材家乡奥里利亚镇（Orillia）的《小镇艳阳录》被译成多种文字，该镇亦被易名为"艳阳镇"，建有里柯克纪念馆。里柯克学会自 1946 年起每年颁发"里柯克幽默奖"。

《世界文学》1957 年 6 月号刊登了翻译名家萧乾译的里柯克幽默小品七篇：《编杂志（一个投稿者的梦境）》《大西洋西岸的友谊（当美国把欧洲文物全部搬空以后）》《吃饼大王周·布朗氏访问记》《剧坛泰斗一席谭》《怎样发大财》《萨隆尼奥》和《纽立芝太太置古董》，深受读者喜爱，后由萧乾增译集成《里柯克小品选》（人民文学出版社，1963 年）出版。萧乾的《里柯克幽默小品选》（作家出版社，1990 年）再版时，厄尔·德雷克（Earl Drake）大使夫妇特地在加拿大驻华使馆举办招待会，邀请萧乾夫妇、时任《世界文学》总编的李文俊和文化部副部长英若诚出席。里柯克在华成为加拿大文学的亮点，出现多种译本和选集，促进了中加文学交流，《世界文学》最初的引介之功是不能忽略的。

除了华莱斯和里柯克外，《世界文学》在 20 世纪五六十年代还首次向中国读者介绍了红色诗人威尔逊·麦克唐纳（Wilson MacDonald）和路易斯·哈维（Louise Harvey）、土著公主诗人波琳·约翰逊（Pauline Johnson）、小说家戴森·卡特尔（Dyson Carter）和赫伯特·斯坦豪斯（Herbert Steinhouse）、民族戏剧家梅沃尔·穆尔（Mavor Moore）等加拿大作家，成为当时中国了解加拿大文化的重要窗口。

1990 年春，加拿大使馆为《里柯克幽默小品选》（萧乾译）出版召开招待会，出席者有萧乾（前排右三）、萧乾夫人文洁若（前排左二）、文化部副部长英若诚（前排左三）、加拿大驻华大使厄尔·德雷克及夫人（前排左四、左五）、加拿大使馆文化参赞许美德（后排右二）

## 二 《世界文学》推出七次"加拿大文学专辑"，谱写了中加交流的佳话

1977 年，在"文革"中停刊的《世界文学》复刊，率先于北京的《外国文学》、上海的《外国文艺》、南京的《译林》等同行杂志，刊载加拿大文学的翻译和研究作品：如布赖恩·穆尔（Brian Moore）的散文《写在一本复仇记的前面》（1978 年第 4 期，赵化知译）、里柯克赞美母爱的幽默小品《我们是怎样过母亲节的——一个家庭成员的自述》（1979 年第 3 期，凌山译）、《加拿大作家阿瑟·黑利（Arthur Hailey）的活动近况》（1979 年第 4 期，韩邦凯撰）、白求恩反映中国人民抗日战争的小说《沃田里的野草》（1979 年第 5 期，梅绍武译）。

从 20 世纪 80 年代开始，《世界文学》七次以专辑形式增加了对加拿大文学的译介力度——这是国内其他任何一种外国文学杂志都无法与之媲美的，包括"加拿大英语文学专辑"（1983 年第 6 期）、"加拿大文学专辑"（1988 年第 2 期）、"加拿大作家莫利·卡拉汉专辑"（1990 年第 5 期）、"魁北克文学专辑"（1992 年第 5 期）、"加拿大当代英语文学专辑"（1994 年第 5 期）、"加拿大散文、小小说专辑"（1997 年第 1 期）和"加拿大当代女作家作品专辑"（1998 年第 6 期）。下面按照期号先后对这七次专辑做一简介。

### （一）《世界文学》"加拿大英语文学专辑"（1983 年第 6 期）

"加拿大英语文学专辑"（1983 年第 6 期）是《世界文学》第一次以专辑形式推出加拿大英语文学，除了山姆·索莱基（Sam Solecki）的特约稿《加拿大英语文学介绍》外，还收录了查·乔·道·罗伯茨（C. G. D. Roberts）、休·胡德（Hugh Hood）、玛·加兰（Marvis Gallant）、玛格丽特·劳伦斯（Margaret Lawrence）和玛格丽特·阿特伍德（Margaret Atwood）的五部短篇小说。其中，劳伦斯和阿特伍德均为加拿大当代女作家中的佼佼者，劳伦斯的《阿比鸟》和阿特伍德的《从火星上来的人》都配以优美的插图。诗歌译作则包括加拿大土著公主波琳·约翰逊、埃·约·普拉特（E. J. Pratt）和阿特伍德的作品共十首。该专辑重在介绍阿特伍德，在其小说和诗歌译作之外，还包括了戈哈写的《玛格丽特·阿特伍德》小传。

### （二）《世界文学》"加拿大文学专辑"（1988 年第 2 期）

五年后，《世界文学》杂志第二次组织"加拿大文学专辑"（1988 年第 2 期），内容非常丰富，包括加拿大英语文学和法语文学的不少名家名作。加拿大英语文学的译作包括琼·沃克（Joan Walker）、安·汉戈（Angeline Hango）和著名历史学家皮埃尔·伯顿（Pierre Burton）的三篇幽默小品，莫利·卡拉汉（Morley Calaghan）、休·麦克伦南（Hugh MacLennan）和玛格丽特·劳伦斯的三篇散文，肯·米歇尔（Ken Mitchell）以白求恩为原型的剧本《骄阳已逝》（曾由剧作者带团两次来华表演）、文艺理论大家诺思洛普·弗莱（Northrop Frye）的两篇文论以及申慧辉为其写的小传。加拿大法语文学方面，既有阿兰·格朗布瓦（Alan Grandbois）、埃·圣德尼－加尔诺（Saint-Denys Garneau）、丽塔·拉尼埃（Rita Lasnier）、安娜·埃贝尔（Anne Hébert）、加斯东·米隆（Gaston Miron）和海迪·波劳依（Hedi Bouraoui）的美妙诗作，也有堂·贝利（Don Bailey）的小说《奥尔甫斯的音调》，以及国际知名的魁北克女作家加·鲁瓦（Gabrielle Roy）的两篇小说《水塘的呼唤》和《暴风雨》。

### （三）《世界文学》"加拿大作家莫利·卡拉汉专辑"（1990年第5期）

"加拿大作家莫利·卡拉汉专辑"（1990年第5期）是《世界文学》杂志推出的第三次加拿大文学专辑。卡拉汉是加拿大20世纪现实主义大师，其创作生涯长达六十余年，获过加拿大最高文学奖总督奖以及加拿大勋章，深受本国人民爱戴。该期封面是卡拉汉坐在沙发上沉思抽烟斗的画像，为《世界文学》编委高莽所作。高莽也是俄罗斯文学专家，以擅画肖像画闻名遐迩。专辑则包括卡拉汉回忆自己和美国著名作家海明威交往的《在巴黎的那个夏天》《最快乐的圣诞节》等13篇短篇小说和《世界文学》副主编申慧辉写的作家小传。

### （四）《世界文学》"魁北克文学专辑"（1992年第5期）

《世界文学》的"魁北克文学专辑"（1992年第5期）是该杂志的第四次加拿大文学专辑，重在介绍加拿大法语文学。加拿大法语文学，有时也称魁北克文学，是加拿大文学极具特色的组成部分，反映了加拿大两大立国民族之一法裔的历史和文化。该专辑包括让－克·哥丹（Jean-cléo Godin）作的《魁北克文学概览——致中国读者》、加·鲁瓦的长篇选译《转手的幸福》和回忆录选译《悲伤与欣悦》、安娜·埃贝尔的中篇选译《激流》和评论《就连命名生活这样一个简单的问题，我们也只能支支吾吾》、雅克·费龙（Jacques Ferron）和丽·高万（Lise Gauvin）的短篇小说、埃·内利刚（Émile Nelligan）、阿兰·格朗布瓦、加斯东·米隆、保－马·拉班特（Paul-Marie Lapointe）、罗·吉盖尔（Roland Giguère）和雅·布罗特（Jacques Brault）的诗作，以及吉·马科特（Gilles Marcotte）的两篇评论《加拿大法语小说中的眩晕体验》和《流放之诗》。

## （五）《世界文学》"加拿大当代英语文学专辑"（1994 年第 5 期）：当年中加文化交流盛事

"加拿大当代英语文学专辑"（1994 年第 5 期）是《世界文学》的第五次加拿大文学专辑，影响较大。该专辑是 1994 年中加文化交流的重要活动，编选工作得到了北京大学加拿大研究中心、加拿大使馆文化处、加美出版机构和作家本人的慷慨支持。加拿大牛津大学出版社、英国剑桥大学出版社、美国大苹果版权代理公司、加拿大 M&S 出版公司等数十家出版社提供了版权帮助。

该期《世界文学》从图片到内容，都体现了浓郁的加拿大风情。封面是加拿大著名女作家阿特伍德彩色套红的肖像，封二、封三和封底都是加拿大美术名作，由加拿大国家美术馆提供。专辑包括了加拿大使馆文化参赞王仁强（Richard King）博士写的《一扇了解加拿大的窗子》，迈·昂达吉（Michael Ondaatje）获得布克奖的长篇《英国病人》[①] 选译，罗辛顿·米斯垂（Robinton Mistry）、丹·戴·摩西（Daniel David Moses）、奥·科拉克（Austin Clarke）、希·班奈尔吉（Himani Bannerji）、凯·符拉西（Katherine Viassie）和狄·布兰德（Dionne Brand）的短篇小说，加拿大最著名女作家阿特伍德的散文《女性身体》，诗人苏·马斯格雷夫（Susan Musgrave）《25 加元及一张四号税单》，阿·珀迪（Al Purdy）、帕·莱恩（Patrick Lane）、劳·克劳吉尔（Lorna Crozier）、帕·扬（Patrcia Young）、苏珊·马斯格雷夫（Susan Musgrave）、罗·布林赫斯特（Robert Bringhurst）、安·朱米盖尔斯基（Anne Szumigalski）和安·帕金（Andrew Parkin）的诗歌荟萃，以及 3 篇份量不轻的评论——加拿大后现代主义重要人物琳达·哈钦（Linda Hutchen）的《另外的孤独》、美国哈·亚当斯

---

① 1996 年，同名电影《英国病人》由美国制成播映，后被引进中国。

（H. Adams）的《诺思洛普·弗莱的成就》和申慧辉的《寻回被盗走的声音——当代加拿大英语文学中的后殖民意识》。而译者多是梅绍武、屠珍、张冠尧、陶洁、王逢振、盛宁、王家湘这样的英语文学界名流。

正如加拿大文化参赞王仁强博士所讲：

> 加拿大的英语文学反映了 20 世纪末的加拿大社会日益增长的多样性……专辑为中国读者打开了一扇了解加拿大的窗子。通过这个窗口，可以看到的不仅是加拿大的生活，而且还有加拿大艺术家和知识分子的创造力和想象力。[①]

1994 年 10 月 7 日，世界文学杂志社在中国社会科学院隆重举办了"加拿大当代英语文学专辑"发刊式。中加双方都派出了代表，加拿大方面派出了驻华特命全权大使碧福（Fred Bild）、大使馆文化参赞王仁强等，中方有中国社科院副院长汝信、社科院外国文学研究所副所长王宝生、《世界文学》杂志主编金志平和副主编申慧辉、北京大学加研中心主任张冠尧、北京外国语学院教授王家湘及学者盛宁、李明德、陈启能、黄会林等，北京和全国十多家新闻单位记者到场，共 60 多人济济一堂。发刊式上，负责组织专辑的申慧辉、大使碧福、汝信、王宝生、张冠尧、王家湘、主编金志平等先后做出热情洋溢的发言，肯定了专辑在促成中加文化交流上的重大意义。发刊式在《中国日报》《光明日报》《新闻出版报》《北京晚报》《中华读书报》《北京青年报》等国内几十家重要报刊上都得到了报道，产生了广泛的影响。

## （六）《世界文学》"加拿大散文、小小说专辑"（1997 年第 1 期）

《世界文学》"加拿大散文、小小说专辑"（1997 年第 1 期）是该杂志第六次集中译介加拿大文学。包括贝特朗的《无名女人》、玛·波

---

① 王仁强（Richard King）：《一扇了解加拿大的窗子》，《世界文学》1994 年第 5 期，第 6～7 页。

德利的《拉大提琴的女人》和丹·罗歇的《悲剧的痕迹》三部短篇小说①、白蒂（Patricia Keeney）的十首诗及玛格丽特·阿特伍德的《女人的小说》、迈·昂达奇的《求婚》两篇散文。

## （七）《世界文学》"加拿大当代女作家作品专辑"（1998 年第 6 期）

《世界文学》第七次举办的加拿大文学专辑是"加拿大当代女作家作品专辑"（1998 年第 6 期）。该期封面是加拿大著名短篇小说女作家艾丽丝·门罗（Alice Munro）的肖像，封二是加拿大邮票上的作家，有幽默大师里柯克、闻名世界的《绿山墙的安妮》作者蒙哥马利（L. M. Montgomery）、德裔加籍小说家格罗夫（F. P. Grove）、诗人罗伯特·塞维斯（Robert Service）、魁北克著名的象征主义诗人内利冈（Émile Neligan）、魁北克女小说家热尔曼·盖弗勒蒙（Germaine Guèvrement），封底是加拿大画家麦克唐纳的风景画作《溪流中的落叶》。专辑包括了加拿大使馆时任文化参赞何琳达（Linda Hershkovitz）博士为"加拿大当代女作家作品专辑"撰写的文，艾丽丝·门罗、卡罗尔·希尔兹（Carol Shields）、玛·加农－马奥内（Madeleine Gagnon-Mahoney）、玛·马莱（Marilú Mallet）的短篇小说各一篇，玛·阿特伍德、帕·凯·佩奇（P. K. Page）、菲·韦伯（Phyllis Webb）三人的诗歌共七首，以及北京大学陶洁教授的精到评论《讲故事的大师——卡罗尔·希尔兹》。

进入 21 世纪后，《世界文学》依旧站在译介加拿大文学的前沿，跟踪报道加拿大名家新作，填补中国加拿大文学译介的空白。"世界文艺动态"栏目时见"加拿大文学女王"阿特伍德的身影："阿特伍德的《珀涅罗珀记》——一部女书"（2006 年第 1 期）、"阿特伍德出版故事集《帐篷》"（2006 年第 3 期）、"阿特伍德出版新作《道德混乱》（2007 年第 1 期）"等，其新作《帐篷》选译也迅速得以译介（2008 年第 2 期）。有"我们时代契诃夫"之誉的加拿大女小说家门罗也备受关

---

① 贝特朗、玛·波德利和丹·罗歇的姓名拼写不见于该期《世界文学》，暂付阙如。

《世界文学》封面上的加拿大作家莫利·卡拉汉、
玛格丽特·阿特伍德和艾丽丝·门罗

注，除在"世界文艺动态"中有"艾·门罗获 2004 年吉勒奖"（2005
年第 1 期）、"艾·门罗出版《石城远望》"（2007 年第 2 期）之类的最
新报道，《世界文学》还时不时发表了她的小说，如《逃离》《激情》
和门罗访谈录（2007 年 1 期），以及翻译名家、《世界文学》前主编李
文俊中译的《熊从山那边来》（2010 年第 1 期）等。其他著名加拿大作
家的译作还包括：加拿大"动物文学之父"之称的查尔斯·罗伯茨的
《动物小说三篇》（张陟译，2010 年第 2 期）、当代总督奖诗人蒂姆·利
尔本（Tim Lilburn）的诗剧《阿西尼博亚》（2014 年第 5 期）等。

## 三 《世界文学》率先译评加拿大华裔文学

对于国内关注不够却成绩斐然的加拿大华裔文学，《世界文学》也
能先声译介和评论。如 1985 年获加拿大最高文学奖总督奖的弗雷德·
华（Fred Wah，中文名关富烈），是加拿大第一位获此殊荣的华裔作
家。《世界文学》（2007 年 5 期）早于国内同行期刊，登出了其诗歌专
辑近 20 首诗作，由南京著名诗人黄梵和加拿大汉学家石峻山（Josh
Stenberg）翻译，附有译后札记，为中国广大读者接触加拿大华裔文学

提供了津梁之便。2010 年弗雷德·华参加上海国际文学节，来南京访问演讲，与译者黄梵以及南京大学、南京师范大学的加拿大研究学者交流，谱写了中加文化交流的又一段佳话。

2006 年，加拿大华裔作家兼医生林浩聪（Vincent Lam），以英语小说《放血和奇疗》荣获吉勒大奖（Giller Award，奖金高达 2.5 万加元），成为加拿大首位问鼎此奖的华裔作家。《世界文学》在国内所有外国文学杂志中，首家刊登该小说中译本节选（2012 年第 5 期，赵庆庆译）。然后，在《外国文学动态研究》匡咏梅副主编的推荐下，该小说的中译本在 2014 年由知名的新星出版社出版，为把加拿大华裔英语文学介绍到中国做了一些实事。

《世界文学》还是国内最早刊出加拿大华裔文学研究的杂志。该刊曾登出加拿大艾伯塔大学东亚系教授梁丽芳的《打破百年沉默：加拿大华人英文小说初探》（2008 年第 4 期），这是国内期刊首次发表加拿大华裔英语文学的论文，此后国内外国文学和华裔文学研究的权威杂志，如《外国文学研究》《当代外国文学》《外国文学评论》《华文文学》《世界华文文学研究论坛》等，才陆续刊载加拿大华裔文学的研究文章。

《世界文学》常务副主编申慧辉，还和北京外国语学院孙桂荣教授主编出版了加拿大女作家作品集《房中鸟》（河北教育出版社，1995 年），收录了两位加拿大华裔女作家的英语短篇小说，安妮·居（Anne Jew）的《喧闹的唐人街》和刘绮芬（Evelyn Lau）的《玻璃》。这两位作家都经历了加拿大华裔英语文学在 20 世纪八九十年代的崛起。刘绮芬更有名些，记录自身街头流浪的《逃跑：流浪儿日记》（*Runaway: Diaries of a Streetkid*, 1989），曾获加拿大总督文学奖非虚构类作品提名，时年 21 岁，是获得该大奖提名的最年轻作家。

## 四　《世界文学》前主编、翻译家李文俊对译介加拿大文学的贡献

翻查《世界文学》上所有的加拿大文学译作和评论，就会发现该

杂志的不少编辑都为之付出了心血,如已移居加拿大的刘慧琴、申慧辉,退休的庄嘉宁,仍在杂志社耕耘的高兴、沈睿、邹海仑,曾任《世界文学》主编的李文俊等。他们当中,若论起翻译加拿大文学的数量及种类,李文俊应该是首屈一指的。

李文俊1952年复旦大学新闻系毕业,历任《译文》及《世界文学》助理编辑、编辑、主编、副编审,编审。他是英美文学专家、翻译家,尤以翻译诺贝尔文学奖得主、美国作家威廉·福克纳(William Faulkner)而受人敬重。现任中国社会科学院外国文学研究所编审,中国翻译工作者协会副会长兼文学艺术翻译委员会主任、中国作协中外文学交流会委员。

1957年《世界文学》首发萧乾翻译的里柯克小品时,李文俊即任译作编辑。80年代初他参加组建了中国加拿大研究会,任副会长。三次受邀访问加拿大。除翻译和评论过加拿大几位最有名女作家蒙哥马利、玛格丽特·阿特伍德、艾丽丝·门罗外,李文俊还翻译出版了两本加拿大文学的重要著作:一是和汤潮、王泰来合译了《比眼泪更美:加拿大现代诗选》(上海译文出版社,1992年);二是独译了艾丽丝·门罗获2009年国际布克奖的短篇小说集《逃离》(*Runaway*)(北京十月文艺出版社,2009年)。

和笔者谈起自己与加拿大文学的结缘时,李文俊兴致勃勃地回忆道,自己少年曾在上海龙门书店里见过加拿大儿童名著《绿山墙的安妮》的盗印本。在《寻访露西·莫德·蒙哥马利》一文中,他也写道:"笔者本人就见过中国出版的一种'海盗'影印本,上面没有任何说明。从版式、纸张、封面推测,大约是20世纪40年代上海印制的。"[①]1989年6月,李文俊探访了加拿大东陲爱德华王子岛上蒙哥马利的故居,还向其赠送了马爱农翻译的《绿山墙的安妮》(中国文联出版公

---

① 李文俊:《寻访露西·莫德·蒙哥马利》,《寻找与寻见》,湖北教育出版社,2002,第43页。根据《民国时期总书目1912~1949》外国文学卷和《中国新文学大系1927~1937》第20集史料索引二记载,上海商务印书馆1937年7月出版过李葆贞译的《绿山墙的安妮》,译名为《绿庐小孤女》,共425页。

司，1987 年），使蒙氏故居收藏的该书译本增加到 37 种。

在李文俊的加拿大文学译著中，《比眼泪更美：加拿大现代诗选》在加拿大现代诗歌的中译过程中起到了开辟性的作用。该书很可能是大陆第一本收录加拿大现代诗的译诗选，共收录了加拿大 25 位诗人的近百首诗作，不仅有普拉特、A. J. M. 史密斯（A. J. M. Smith）、厄尔·伯尼（Earl Birney）、利夫赛（Dorothy Liversay）、阿特伍德等 14 位加拿大著名英语诗人的代表作，也有阿兰·格朗布瓦、埃·圣德尼－加尔诺、丽娜·拉尼埃、安娜·埃贝尔、保－马·拉班特、罗兰·吉盖尔、海迪·波劳依等 11 位加拿大著名法语诗人的名篇。书末李文俊的"后记"介绍了该诗集的出版背景和经过。

李文俊还是国内翻译艾丽丝·门罗的第一人。门罗以短篇小说闻名全球，入选美国《时代周刊》"世界 100 名最有影响力的人物"。1981 年曾随首批加拿大作家代表团来华，在著名作家丁玲的北京家中作客，在广州度过了中方为她举办的 50 岁惊喜生日晚会。门罗将此次中国之行写成题为"透过玉帘"（*Through the Jade Curtain*）的散文，收录在

《世界文学》前主编李文俊向蒙哥马利故居赠送
《绿山墙的安妮》中译本（1989 年 6 月）

《加华大：七人帮中国游》（*Chinada：Memoirs of the Gang of Seven*）一书中。国内所有的加拿大短篇小说集，逢门罗必收，台湾也有张让翻译的门罗短篇小说集《感情游戏》（2003 年）。但大陆第一部门罗小说集《逃离》却是出自李文俊笔下。译家以炉火纯青的译技、亲切有味的笔法，出色地传递了门罗作品的细腻优雅、简洁精致，以及凡人琐事中隐隐相随无处不在的悲剧感。李文俊的译后记不仅可作为门罗之美的绝佳导读，也让读者分享了译家独特的加拿大经历，给了读者以感性和知性的双重享受。在门罗 2013 年获得诺贝尔奖成为首位捧此桂冠的加拿大作家时，李文俊翻译的《逃离》是当时大陆唯一的门罗小说集，一时间洛阳纸贵。

## 结语

1987 年，中国加拿大研究会首任会长蓝仁哲教授在参加《世界文学》组织的"中国作家读外国文学"笔谈栏目时，强调了加拿大文学及其享有国际声誉的加拿大作家，希望予之以更多的关注。现在看来，《世界文学》的确是为译介加拿大文学做出了不遗余力的贡献，它筚路蓝缕，勇于开拓，善于抓住加拿大文学的热点和亮点，是中国刊登加拿大文学作品最多的文学杂志。据统计，《世界文学》自创刊迄今，推出各种加拿大文学专辑 7 次，译介的加拿大作家和文艺批评家超过 100人，译介加拿大各类文学作品近 300 篇，译介加拿大文学评论约 20 篇，刊登中国学者撰写的作家介绍和评论约 30 篇。在同行刊物中，居于领先地位。

"却顾所来径，苍茫横翠微。"作为加拿大文学和中加交流的研究者，笔者衷心感谢《世界文学》数代译者和编辑的慧眼、恒心和苦干，使得加拿大文学渐为中国及世界各地的读者所知晓，架起了中加人民友好往来的桥梁，在中加交往史上书写了独特的不可替代的华章。

谨以此文献给《世界文学》，并庆贺中国与加拿大建交 45 周年！

# World Literature, Pioneer to Promote the Sino-Canada Literary and Cultural Exchanges

*Zhao Qingqing*

**Abstract**: The essay is the first of its kind to analyze how the magazine *World Literature* has become a pioneer to promote the Sino-Canada literary and cultural exchanges.

With over 80 years of history, *World Literature* is renowned home and abroad, having once been the only magazine in the P. R. China to publish the translation of foreign literature.

The essay, based on a full collection of the translated Canadian works in *World Literature* from 1935 to now, argues that the magazine is not only a pioneer in translating and studying Canadian literature but also in introducing Chinese Canadian literature. Besides, the essay attempts to prove that Prof. Li Wenjun, a well-known translator and the magazine's former editor-in-chief, is one of the pioneers to promote the literary exchanges between China and Canada. Once serving as the Vice President of the Association for Canadian Studies in China, he is among the first to publish the anthology of translated Canadian poems and Chinese translation of the book by Alice Munro, the first Canadian Nobel-winning writer.

To conclude, *World Literature* is a pioneer to promote Canadian literature and has thus made a historically vital contribution to the Sino-Canadian literary and cultural exchanges.

**Keywords**: *World Literature*; Canadian Literature; Sino-Canada Cultural Exchange; Pioneer; Li Wenjun

# 加拿大高等教育管理体制特点及启示

耿　琰[*]

**摘要：** 加拿大高等教育发展很快，为加拿大经济发展提供了各种高素质人才。加拿大高等教育从本国的国情出发，在教育方面不断进行改革和发展，取得了很大的成功。加拿大高等教育的发展走出了一条符合本国国情的发展之路，发展了差异性和多样性的高等教育形式，形成了成功有效的高等教育管理体系。

本文通过对中国与加拿大高等教育管理体制的研究，比较讨论，找出对中国高等教育有益的模式及理念，更好地促进中国高等教育管理体制的完善与发展。

**关键词：** 中国　加拿大　高等教育　管理体制

## 一　中国高等教育管理体制

### （一）中国高等院校招生制度概述

#### 1. 全国普通高等学校入学招生考试

全国普通高等学校入学招生考试，是整个教育系统中最为重要的一

---

\* 耿琰，河北师范大学教育学院教育经济与管理专业硕士研究生。

次考试。它是考生接受高等教育的重要途径，是由中等教育到高等教育的升学考试，因此，高考是国家性的选拔考试，分为成人高考和普通高考。高校选拔新生的重要标准就是高考。通常说的高考就是指全国普通高等学校入学考试。

中国首次设立高考是在 1955 年，因文化大革命高考从 1966 年到 1972 年被停止了 6 年，在这六年高校不招生，给中国造成了一个重大问题——人才断层。自 1972 年到 1976 年，中国高校的主要生源来自保送工农兵大学生，即自愿报名、群众推荐、领导批准以及学校复审的方式。1977 年中国恢复高考是一次重大的改革，为之后的高考改革以及教育改革奠定了重要的基础。

高考试题不是全国统一，以省为单位。到 2007 年已经实施独立命题的省、市有 18 个，其余地区全国统一命题。考试方式采取笔试的形式，考试内容除了外语（150 分）、数学（150 分）和语文（150 分）三科必考之外，文科综合（300 分）以及理科综合（300 分）根据考生个人具体情况进行选择。

除了高考的分数外，中国高考还有加分政策，加分途径比较多，如竞赛获一等奖、省级优秀学生干部、少数民族子女、烈士子女等。一般加分为 10 ~ 20 分。

**2. 高等教育自学考试**

1981 年经国务院批准创立了高等教育自学考试，这一考试主要以学历考试为主，结合自学者个人自学、社会助学以及国家考试的一种高等教育考试制度，是一种开放式的社会教育形式。参加自学考试的考生不受年龄、性别、民族、职业和已受教育程度的限制。近年来，高等教育自学考试已为英国、法国、美国、日本、德国、加拿大等众多国家认可和承认。

高等教育自学考试分为两个学历层次：专科和本科。

## （二）中国高等教育质量保证机制

### 1. 中国高等教育教学评估指标

表 1　中国高等教育评估内容

|  | 一级指标 | 二级指标 |
|---|---|---|
| 1 | 办学指导思想 | 办学思路、办学定位 |
| 2 | 师资队伍 | 师资队伍结构与数量、主讲教师 |
| 3 | 教学条件与利用 | 教学经费、教学基本设施 |
| 4 | 专业建设与改革 | 专业、课程、实践教学 |
| 5 | 教学管理 | 管理队伍、质量控制 |
| 6 | 学风 | 教师风范、学习风气 |
| 7 | 教学效果 | 基本理论与基本技能<br>思想道德修养、社会声誉<br>毕业论文或毕业设计<br>体育、就业 |
| 8 | 特色项目 |  |

评估结论的标准为：

优秀：$A \geq 15$，$C \leq 3$，$D = 0$，有特色：其中重要性项目 $A \geq 9$ 个，$C \leq 1$；

良好：$A + B \geq 15$，$D \leq 1$；其中重要性项目 $A + B \geq 9$，$D = 0$；

合格：$D \leq 3$ 个，其中重要性项目 $D \leq 1$；

不合格：低于"合格"标准的为"不合格"。

### 2. 教学评估的特点

中国教育评估将微观和宏观相结合，以评促改、重在建设，内部和外部相结合，以评促建、以评促管，建立政府、高校和社会相结合的质量保证体系。

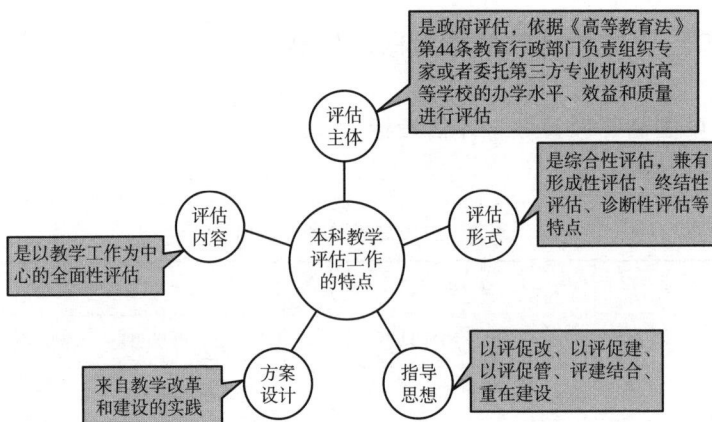

图1  中国教学评估特点

# 二  加拿大高等教育管理体制

## （一）加拿大高校招生制度概述

加拿大中学生不用参加专门的入学考试就可以上大学。加拿大高校采取宽进严出的体制，入学后的考核比较严格，有两个学分不及格就要被退学。加拿大高校招生具有高度的自主权，各个大学也有自主选拔制度。加拿大对于各地学生的录取也有不同的要求。

加拿大高校设有招生办公室，专门负责制定研究生教育的相关规定和程序，利于学生向高校申请和注册。招生办公室需要在学期开学或结束时提供包括申请时间、招生规定、生活服务、奖助学金政策和学术资料等的相关信息。学生类别包括：①应届高中毕业生和往届高中毕业生；②国际学生；③交换项目的学生；④进修项目学生和访问学者；⑤成人学生；⑥未接受过高等中学教育的学生。研究生招生由研究生院、招生办公室和专业院系共同决定。申请研究生大致分为两类：一是已经获得学生学位或可以提供同等学力证明的大学毕业生；二是已经毕业三年的大学毕业生，这类学生在提供学位证书的基础上，本科阶段最后两年学习成绩必须在平均成绩之上，同时必须提供相关工作经历的证明材料。此外，有些学生的第一语言不是英语的，需要同时提供语言熟练程度的相关证明。

### （二） 加拿大教育质量保证体系

高等教学质量涉及高等教育的全部活动，是一个多维的概念，包括办学宗旨、培养目标、教学与教学计划、研究与学术成就、教职员队伍、办学条件、学生、学术环境等。

教师的工作情况和学生的学习成就体现了高等教学质量。高校办学目标的达成情况也是教学质量的体现。教学质量的保证体系由一系列的内部和外部政策、工作程序和机构构成。教育质量评价体系由学校外部质量保证体系和内部质量保证体系共同构成。

内部质量保证体系包括校园文化、学校管理等内容，以现代质量管理理论作为指导。内部质量保证体系包括多个环节，如专业培养计划的制订、学生成绩评价、教师课堂教学和实践教学、学位的授予，每个环节都相当重要。此外，相应的各项配套条件也是保证内部质量的重要方面。

外部质量评估体系是质量保证中不可或缺的一部分，它是对内部质量保证体系的监控、督促、认证和支援。

## 三　中国高等教育管理体制存在的主要问题

### （一） 教育公平问题

中国古代教育发展历程中，高等教育是少数特权阶级享有的权利，受教育权的不公平造成了社会地位的不公平。在当今市场经济的社会条件下，是否接受过良好的高等教育是影响财富分配的主要因素之一。教育公平是社会公平的重要体现，对一些贫困家庭的孩子而言，如果想要改变自己的生活环境和生活状态，教育就是他们实现理想的一条重要途径。因此，努力保障教育公平，促进教育均衡，关注困难群体的受教育权利就显得尤为重要。

教育公平的最大问题是很多经济落后地区或家庭收入低的孩子因无力负担学费而不能读书。华南师大高等教育研究所在 2008 年进行的一项调查显示，每年 5000 元以上的高校收费标准只有 7.5% 的被调查者可以接受。高等教育收费标准过高，阻挡了社会低收入阶层子女的大学之路。低收入群体是社会的主体，学费过高导致了大部分人上不起大学，被挡在了大学门外。高等教育的收费制度应根据居民所在地区的经济发展状况合理制定。此外，健全贫困生的资助体系也是保障教育公平的一条重要途径。

### （二） 教师队伍建设问题

教师队伍的建设是保证高等教育发展的重要条件，教师的数量和质量是教师队伍建设的关键。随着高等学校招生人数的增长教师数量也相应地逐年上升，1998 年，全国高校专职教师是 40 多万人，到 2005 年高校教师的人数增长了一倍有余。尽管如此，由于学生的逐年增长，教师数量仍不能满足需要。许多大学教师还同时担任着非学历教育和成人教育的工作。近几年，每年高校新招聘的教师有将近 10 万人，大约占高等学校教师人数的 36%。新教师逐渐成为高等学校教师队伍中的中坚力量，很多新教师虽然具有高学历，但是教学经验相对比较缺乏。同时，每年退休的老教师有 6%。三年内教师减少 11 万人，新教师占教师总数的 47%。在师生比逐年增高的情况下，新教师在完成基本的教学任务的情况下很难抽出时间研究教育问题、思考教学问题。此外，国内各高校的整体教师队伍中缺乏拔尖人才，教师的教学理念有些比较陈旧，教师队伍缺乏国际性。此外，在一定范围内还存在教师的学术精神倒退、学术风气不正、学术道德失范的现象，导致教学和学术水平的下降。

### （三） 高等教育结构问题

我国高等教育的结构在大众化进程中取得了重大进展，但同时也存在一些问题。主要是两个方面：一是，不同地区间的高校在学科结构上存在一种严重的趋同性。高等教育大众化是某种意义上的质变而不是单纯的数量上的变化。大众化体现为高等教育类型和层次的多样化。高等职业教育近年来迅速发展，约占了高等教育的一半。但是对于发展高等职业教育，目前我国在这一方面没有成熟经验，没有成熟的师资队伍，相关的配套教材和实习基地也没有建设好，没有成熟的教学计划和培养模式。二是不同学科之间的关系并没有发生显著变化，现有的学科结构复制了精英教育阶段的学科结构，即如果学科现有的存量（该学科所保有的数量）越大，其学科门类在校生数占全国在校生总数的比例越高，增量也越大，那么该学科的招生人数在扩招过程中的增量也就越大；反之亦然。这是一种"存量决定增量"的发展模式。

### （四）大学毕业生就业问题

我国高校毕业生的就业问题自高校扩招以来就日益成为我国高等教育大众化进程中尤为突出的问题，大学生就业难的问题逐渐受到关注，成为经济和社会问题。直接影响到家庭与社会的稳定，影响到高等学校的改革与发展。根据教育部高等学校学生司主持的"中国高等学校毕业生就业形势的分析与预测"课题组的划分标准：就业率在30%以下表示可能产生就业危机；就业率在30%～50%表示就业有一定困难；就业率在50%～70%表示就业有一定压力；就业率达到90%以上表示毕业生供不应求。

表2 2001～2008年大学生就业情况

| 年份 | 2001 | 2002 | 2003 | 2004 | 2005 | 2006 | 2007 | 2008 |
|------|------|------|------|------|------|------|------|------|
| 毕业生数（万人） | 114 | 145 | 212 | 280 | 338 | 413 | 495 | 559 |
| 就业率（%） | 80 | 80 | 75 | 73 | 72.6 | 72.6 | 70 | 70 |

### （五）高等教育国际化问题

高等教育国际化是指在全球范围内的高等教育的合作与交流，即一个国家的高等教育的国际化活动、思想理论以及与其他国家开展的合作与交流应是面向世界发展的。高等教育的国际化包括多个方面，如教育内容、教育目标、教育方式等。

中国高等教育国际化程度相比世界一些发达国家的高等教育程度要低，只有树立经济全球化的教育观念，通过不断加深与国际知名大学的交流与合作，才能加快我国高校融入国际社会的进程，才能在大学管理机制方面更好地与国际接轨，从而更好地促进高等教育的可持续发展。中国的大学在保持中国教育特点、中国文化特点、社会主义特色的基础上，要有足够的国际竞争力和高度的开放性，扩大对外交流，与国际接轨。在教学质量上对教材建设、教学大纲、课程设计、教学方法、师资水平等方面也要进一步开放，尽可能多地与国际知名大学进行交流，同时根据中国经济发展的需要和国情，更好地培养熟悉全球经济、了解国际市场的高素质人才。

### （六）教育管理体制与运行机制问题

我国在长期的计划经济体制下形成了权力高度集中的教育管理体制。办学和管理的权力都集中在政府或者教学行政部门。国家和地方政府除对高校进行计划、指挥、监督和监控的管理外，还几乎包揽了划拨教育经费（包括基建投资费、教育行政费、教师工资福利、助学金、奖学金等）、制定教育方针、统筹并设置专业、制订和执行学生毕业分配方案、核定招生计划以及教学质量评估等的管理，这几乎管理了高校的一切事物，大学失去了独立办学的自主权，没有独立的法人资格，造成高校的运行围绕政府的计划转的情况，学校不是在为社会服务而是在为政府服务，学校的办学模式发生了很大的变化，形成"要、靠、等"的模式，这样的办学模式无法满足学校为社会培养人才的需求。

中国高等院校的管理机构与行政机构趋于一致，在人才聘任方面承袭了行政机关的选人机制，在行政管理方面采取了政府机构高度集权的管理方式。中国高校的教师评价指标套用了行政指标，在对教师学术进行评价时难免出现不合理之处。此外，在运行机制方面，中国高校以行政约束为主，大学成为行政机关附属物。组织机构的设置以党和政府为蓝本，实行与政府部门相似或相同的运行机制。一些大学的部门作用和行政地位过分显赫，权力凌驾于学术之上，高校的科研和教学也不再处于中心地位，在这样的管理体制下，高校的学术氛围不够浓厚，很多学术活动受到压制。学校工作人员及行政部门没有形成为教师、学生服务的意识，难以贯彻大学精神，对大学的发展思考不足。

加拿大高校一直保持着"自治"的传统，大学与政府的关系处理得较好。高校独立自主地管理学校事务，联邦政府不干预学校内部事务只为其提供所需经费。学校对高校管理中的一些重要问题有自主决定的权力，如教师聘任、招生、管理、课程和专业设置、教育内容等。自主原则在加拿大高校办学中体现得尤为突出。政府与大学通过签订合同来进行协调和引导；政府在尊重大学办学自主权的基础上，也要对高校履行相应的协调和引导的职责。

一所大学的发展涉及方方面面的问题，不仅在于基础设施、设备、资金投入等的外部条件，还在于要有一套适用于大学发展的运行机制和管理体制，在此基础上如何处理好政府与学校的关系就显得尤为重要。

中国高等教育要发展，首先要在办学的自主权上做出一些改革，在学校自主办学的基础上与政府的宏观调控相结合，建立以学校自主办学为主，政府监督引导为辅的运行机制。

## 四　加拿大对中国高等教育管理体制的启示

### （一）逐步更新教育理念

加拿大高等教育的重要理念是"以人为本""以市场为导向""教育公平""教育优先发展"，将促进教育公平、坚持教育优先发展放在突出的中心地位。促进教育公平、坚持教育优先发展是构建社会主义和谐社会的迫切需要，我国正处于并将长期处于社会主义初级阶段，各地经济社会发展不平衡，区域、城乡之间的教育水平存在一定程度上的不均衡。不同社会群体获得高等教育的机会存在较大的差别。中国教育公平的实现需要不断更新教育理念，吸取国外先进办学经验，这是一个长期的持续性的历史过程。

### （二）高等教育改革

教育是现代化建设的基础，是国家发展的基石。发展与改革是中国教育面临的两项重大问题。教育发展方面，政府已经给出了明确的指导方向，就是大力普及基础（义务）教育、提高高等教育质量、发展职业教育。但是对于教育改革而言，这是一个长期的探索与实践的过程。改革开放 30 多年来，我国的高等教育在改革与发展方面一直经历不断的探索、发展和突破，但是比较缓慢，与世界水平相比，我国的高校管理体制、运行机制、教育观念、教学方法和教学内容等方面还比较陈旧。

#### 1. 学生收费差异化

中国贫富悬殊，地区性发展不平衡，城市居民的收入普遍高于农村。高校在制定学费标准的过程中客观上忽视了经济发展水平差异所带来的居民收入差异问题，经济发展相对落后地区的居民在支付能力上存在困难。对于城镇居民来说，学费占家庭收入比重的 56% 左右，而对于农村居民而言，高校的收费占据了家庭收入的 164.6%。

我国经济发展不均衡，东西部、农村、城市经济存在一定程度上的差异，而高校仍然实行统一的收费标准，高校学费一般在 4000～8000 元/年，这样的标准对于经济良好地区的家庭居民而言压力比较小，所占家庭收入的比重也比较小，支付起来的困难也较小，但是对于生活在经济相对落后的学生而言，这笔费用需要几年才可以凑足。这种情况必然导致一些经济相对落后地区的学生因为学费问题而失去接受高等教育的机会，有些学生虽然没有放弃，但在选择专业或者学校时尽量选择那些收费相对低的专业或学校，这样也造成了一些热门专业中农村学生所占比重较低的现象。国家的助学贷款制度还不是很完善，有些学生无法通过助学贷款来解决自己的学费问题。收费标准相同，学生的家庭收入不同，这就造成了一定程度上的教育不公平。

此外，在招生分数上，一些高校密集的城市与其他地区相比有很大的优势，如上海、北京等城市高校云集，因此，上海、北京的学生在入学分数上与其他地区的学生相比占有一定的优势。入学分数可以根据地区不同而有所不同，学费也应根据地区经济差异做出适当的调整。

加拿大人均收入较高且差距不大，在高校收费方面主要通过助学方式帮助收入较低家庭的学生支付学费，因此，没有实施根据家庭收入差异收取学费的方式，这是根据加拿大本国的国情决定的。

中国经济发展不均衡，存在较大的贫富差异，按照不同地区经济水平实施学费差异化有利于保证教育公平的顺利进行，例如，可以制定一个统一的收费标准，再根据各个地区经济水平的不同，按照当地平均收入水平分配权重系数。

### 2. 高等教育国际化

当今社会，高等教育国际化是经济全球化的重要组成部分，中国要顺应教育国际化的大潮流，在办学方面就应朝着面向世界办学的方向发展，在扩大高校办学规模的基础上，大力提高办学质量。

高等教育国际化有着丰富的内涵，联合国教科文组织（UNESCO）所属的国际大学联合会（IAU）对高等教育国际化给予了以下定义："高等教育国际化是把跨国界和跨文化的观点和氛围与大学的教学、科研和社会服务等主要功能相结合的过程，这是一个包罗万象的变化过程，既有学校内部的变化，又有学校外部的变化；既有自下而上的，又有自上而下的；还有学校自身的政策导向变化。"在这一定义中主要强调了以下几方面：首先，在高等教育的国际化进程中，各国大力提高自己国家的高等教育发展水平，提高教育教学质量，使之能与国际接轨，被国际社会承认和接受；其次，教育国际化即教育资源国际化，各国之间能够不断地开展国际交流与合作，资源共享；再次，各国加强空间上的开放性，在发展本国高等教育的同时也能容纳外国在本国办学，这是教育市场的开放；最后，在教育内容和教育理念上，各国应不断发展改革，积极主动地调整使之与国际发展接轨。

办学理念、思想和策略的国际化是实现高等教育向国际化发展的必要途径，高等教育的国际化之间的交流应是多层次的，正如上文提到的多层次交流不仅要体现在内部教学管理体制的层面上，还应在学术、思想、信息等各个层面进行广泛的交流。加拿大值得借鉴的不仅仅只有发展模式上的经验，还有在教育国际化上的经验。

自改革开放以来，中国社会在各个方面都经历了一个由封闭到开放的过程，高等教育国际化在这一过程中也在不断地发展，在这30多年中，人们的意识、环境、能力都有了很大的提高，但是与加拿大的国际化水平相比还存在一定程度上的差距，教育国际化仍是我国高等教育发展的必经之路。

## （三）努力加强中国与加拿大的交流与合作

中国与加拿大在高等教育方面都有各自的优势特点，两国之间应加强各种合作与交流。在学术、思想、教学方面，两国之间进行了各种形式的互动与交流，对两国的高等教育发展都起到了不可忽视的作用。两国高校之间的互访与合作都为本国高校办学质量的提高起到了实质性的作用。但是在高校的管理体制方面，中加两国的互动与交流较少，应加强两国在运行机制和管理体制方面的交流，促进两国的高等教育共同发展。

## 参考文献

DECD, Higher Education and Regions, 2007.

周光礼：《高等教育大众化与研究型大学质量困境——加拿大经验》，《现代大学教育》2007年第6期。

陈岩：《加拿大高校内部管理体制的特点及启示》，《江苏高教》2007年第5期。

宋毅：《我国高等教育发展与政策》，教育部高等教育司综合处，2007。

黄嘉：《我国高等职业教育人才培养目标变迁及其意义》，2008。

刘一彬：《本土化与国际化的融合：加拿大高等教育发展的特点及其启示》，《学术论坛》2010年第6期。

李中国、皮国萃：《加拿大高等教育质量保障体系及其改革走向》，《黑龙江高教研究》2013 年第 2 期。

王东江：《美国、加拿大高等教育质量监控与评价系统及其启示》，《世界教育信息》2003 年第 5 期。

Glen A. Jones、乐毅：《加拿大高等教育国际化政策面临的三个挑战》，《复旦教育论坛》2010 年第 6 期。

武艳茹：《中国高等教育改革与发展的思考》，2008。

张莎莎：《中国与加拿大高等教育管理体制比较研究》，吉林大学，2009。

The Decd Perspective, "Education Today", 2007.

Charles Edward Phillips, Public secondary education in Canada, 2008.

Charles Ungerleider, The Canadian Council on Learning, 2007.

Alan P. Blanchard; Brooke Harms, Transforming The High School Experience: The Practitioner's Guide to Small Learning Communities, Aug 30, 2006.

Libraries And Adult Education by Various , Paperback, Mar 15, 2007.

Cathy H. c. Hsu, Global Tourism Higher Education: Past, Present, And Future, Sep 18, 2006.

# The Characteristics and Enlightenment of Canadian Higher Education Management System

*Geng Yan*

**Abstract**: Canada has the world's leading higher education level, the economic development of Canada offers a variety of high-quality personnel. Canada is Canada's success in higher education from their own national conditions, reforms in education and get sharp, out of the context of the development requirements in line with the national character of the road, the development of the diversity and differences in the form of higher education to create a successful and effective higher education management system.

Through the study of Chinese and Canadian higher education management system, find beneficial to China's higher education model and philosophy, to better promote the improvement and development of China's higher education system.

**Keywords**: China; Canada; Higher Education; Management System

# 加拿大批判性思维教育发展综述

## 吴　妍[*]

**摘要**：批判性思维课程在加拿大发展得非常成熟，很大程度上得益于希契柯克从理论层面将批判性思维全过程归纳为"七要素"：识别问题、澄清意义、搜集证据、推导结论、考虑其他相关信息、挖掘隐含假设、综合判断。这些要素规范了加拿大批判性思维课程的形式，拓展了批判性思维课程的范畴，区分了批判性思维课程与一般的逻辑性思维训练的关系。其中，基础教育阶段的启发式科学写作、高等教育阶段的如何在现实社会生活中运用批判性思维技能的通识课程成为近年来加拿大批判性思维教育发展的研究热点。

**关键词**：批判性思维　对话　写作　探究

批判性思维是关乎判断能力、实证方法和学术探究的一种思维形态，信息时代时刻需要人们通过思维活动进行认识、分析、判断、选择和决定，对人的思考能力和认知能力考验的困难程度有增无减。批判性思维被国际教育界广泛认定为人才培养的基本目标，早在 1972 年美国教育委员会的调查研究就显示，在 4 万名从事教学的成员中，97% 的人认为"大学本科教育最重要的目的，是培养学生的批判性思维能力"。加拿大各级教育机构也将批判性思维作为人才培养和授予学位前进行学

---

\* 吴妍，副教授，教育学博士，四川外国语大学加拿大研究中心成员。

项目基金：该成果为重庆市研究生教改项目《多学科背景下文科院校研究生批判性思维模式的课程构建》（项目编号：yjg133069）阶段性成果。

习成果评估的重要指标。例如，以"全加本科教育质量第一""宽进严出""高淘汰率"等而闻名的圭尔夫大学（University of Guelph）就把批判与创造性思维作为评估学生学习成果的首要指标，学生必须具备独立的问题质疑和分析能力、解决能力、具有深度和广度的理解能力等方可达到毕业要求。

相比之下，我国国内的批判性思维教育起步较晚，从华中科技大学启明学院成立"批判性思维"教师成长中心，至召开具有较大影响力的国际性批判性思维教育研讨会，至今不超过十年时间。2012年，由华中科技大学组织的全国批判性思维课程建设研讨会邀请了在批判性思维领域具有世界影响力的加拿大麦克马斯特大学（McMaster University）教授戴维·希契柯克（David Hitchcock）、加拿大籍华人教授董毓等，为国内批判性思维教育提供了概念发展、不同定义的共性与个性、批判性思维教育理念、批判性思维课程设计原则、网络资源、误解辨析等前沿研究成果。

# 一 批判性思维理论及其在加拿大教育中的发展概况

受西方教育传统理念影响，2500年前苏格拉底的思想和教学方法标志着批判性思维的正式开端。苏格拉底问题法（Socratic Questioning）至今仍然是一种被公认为楷模的批判性思维教学方法，倡导深入进行推理和假设，反思自我，反对依赖于权威和流行的观点，以认知过程中的证据与逻辑为导向。批判性思维从概念的提出至贯穿北美地区各级各类教育体系，经历了从西方思想史源头的起源、概念演化、专家论证、实证研究等一系列过程，然而当其最终形成一门专门学科时，批判性思维教育却发生了根本变化。传统的作为思想方法训练的批判性思维课程一直以逻辑课程为主，类似于"人都是会死的，苏格拉底是人，所以苏格拉底是会死的"这样的三段论，但这样的课程被认为在训练学生的认知能力和问题解决能力方面已远远不能满足现代社会对人们提出的辨别、思考和解决问题的要求。

20 世纪是批判性思维理论发展的重要时间节点。20 世纪初受传统经验主义哲学影响，批判性思维被认为是基于经验、归纳和逻辑推理的纯粹经验和逻辑的方法论，1910 年杜威在《反思性思维》中最早提出批判性思维概念，认为它是"根据信仰或假定的知识背后的依据及可能的推论来对它们进行主动、持续和缜密的思考"。简单来说，就是对解决问题的假设方案进行经验性反思，并指出一切真正的教育都是从经验中产生的，且必须以反省思维作为教育的目的。而后，随着科学技术的几何式突破，科学主义哲学家波普尔（Karl Popper）对经验主义批判性思维方法论进行了反思，认为科学的认识本质是理性与批判性的结合，而不仅仅是基于经验和逻辑判断，从而将批判性思维教育引导至非形式逻辑的方向，希望为分析和理解思想、认识及论证提供一套符合实际的方法和标准。1946 年，第一本以批判性思维命名的教材面世，其副标题为"逻辑与科学方法导论"，对认识和实践的批判性原则和方法进行了总结，随后陆续出版的贝德内（Monroe Beardsley）的《实践的逻辑》、图尔明（Stephen Toulmin）的《论证的用途》等论证理论，综合了逻辑、科学方法论、论证理论、语言分析、交流理论等内容，发展至 20 世纪 70 年代，在北美地区形成了以"非形式逻辑和批判性思维运动"（Informal Logic and Critical Thinking Movement）命名的思维能力教育改革，从古希腊时期开始的对思维、认知方法、解决问题能力等的思考逐步走上了专门的学科化道路。1990 年，46 位由北美地区的心理学家、哲学家、教育研究者组成的批判性思维专家组共同研究制定了一份共识声明报告，一致认为批判性思维的特点是"有目的的、自律性的判断，通过这种判断得到针对它所依据的那些证据性、观念性、方法性、标准性或情境性思考的阐释、分析、评估、推导及解释"。而后，希契柯克进一步从理论层面为批判性思维的全过程归纳的"七要素"：识别问题、澄清意义、搜集证据、推导结论、考虑其他相关信息、挖掘隐含假设、综合判断。批判性思维的概念打破了之前由非形式逻辑垄断的格局，观察、交流、处理信息、有效地进行评价、提出替代性解决方案、对批判性思维能力进行评估等技能被纳入批判性思维教育的各个方面。

此外，人们逐渐认识到除了发展理性思考能力外，批判性思维的培养首先是内向的，反求诸己的，是摒弃偏见和感情喜好的精神成长过程。目前被加拿大批判性思维理论界广泛公认的"批判性思维"的定义主要采用罗伯特·恩尼斯（Robert Ennis）的观点，即合理的、反思性的思维，其目的在于决定我们的信念和行动，在对科学假说进行主动、持续和细致的理性探究之前，先不要决定是接受还是反对，而是做延迟判断。其中不仅包含对批判性思维技能的训练，更重要的是对学生批判性思维性格倾向的养成过程，这两方面贯穿于加拿大教育的各个阶段，主要通过两种方式来实现。

其一，开设旨在训练批判性思维技能的专门课程。主要体现在加拿大高等教育阶段，普遍开设以分析论证、批判性写作、非形式逻辑、科学方法论、研究方法与学术规范等命名的课程，集中训练学生的批判性思维技能。其二，将批判性思维态度及实践融合到教育的各个阶段和不同专业的教学过程中，任何一门学科的教师都可能结合自己的专业教授批判性思维。例如，学生在社会科学的学习中，被引导进入人与社会的历史和环境中来思考；在自然科学的学习中，被引导进入科学试验和推理的过程，来温习、追踪当时知识形成的历史或逻辑过程。

由于加拿大已经形成对批判性思维的共识，相应地，教师的责任在于引导、刺激、培养学生形成对知识的思考，教学内容和教学方法由如何获得知识、如何形成解决问题的技巧来实现，小组活动和项目式学习等教学手段旨在激发学生兴趣、启动学生的思考和反思，教材以启发学生思考为原则来编写。总体来看，批判性思维教育并不是加拿大高等教育阶段的特殊任务，而是自中小学起贯穿于教育全过程，批判性思维教学呈现多样化特征。

## 二 通识教育中的批判性思维课程：探究社会热点问题

2009 年，英属哥伦比亚批判性思维研究与教学协会创始人马克·

巴特斯比（Mark Battersby）和北美批判性思维协会前任主席莎伦·白琳（Sharon Bailin）在卡毕兰诺大学以"探究"为主旨开启了以现实生活热点问题为对象的批判性思维教育，打破了常规的以逻辑、方法、写作、规范等为主体的批判性思维教育，"探究"与"社会热点问题"成为加拿大批判性思维教育界的全新突破点。很快，这种旨在展示如何在现实社会生活中运用批判性思维技能的课程在加拿大各高校受到广泛关注，圭尔夫大学、英属哥伦比亚大学、女王大学、昆特兰大学、阿尔哥玛大学、麦克马斯特大学等几十所大学都将通识教育课程中的批判性思维教育投向该领域。

所谓探究，是指在面临复杂的实际问题时，能清楚地界定问题、澄清定义、充分了解与这个问题相关的背景，并在此基础上综合考虑各方观点以及支持它们的论据和理由，审慎地权衡，最终做出一个平衡、合理，同时又是开放性的判断。围绕探究的原则，以下几点值得借鉴。

其一，把加拿大社会人们最为关心、讨论最热烈的话题作为探究对象。课程以堕胎、大麻合法化、废除死刑、最低工资制度、婚姻伦理等问题来组织教学，不仅可以拉近学生与话题之间的心理距离，还为帮助学生形成日常生活中的批判性思维习惯创造了条件。长期以来，批判性思维教学都存在专注于方法和技巧，忽视精神、态度和习性培养的现象，凡西昂（Peter Facione）在其实验研究中发现，批判性思维技巧教学导致习性养成的假设关系并不明显，仅4%的学生显示出相关性，而就学生们关心的社会问题进行深入讨论，不仅可以更为亲切的方式传达批判性思维的技巧和态度，也使得学生们在实际生活中能更有效地模仿和运用他们在课堂上学到的这些技巧和知识。

其二，以对话为探究的主要形式，引导学生进行抽丝剥茧式的分析。课堂上，教师通过引导对话来为探究过程树立模型，展示一个具备批判性思维精神与技能的人究竟在实际生活中应该怎么处理问题，以及他可能遭遇的困难、可能犯的错误和合理的应对之法。例如，在"吃肉的道德性"问题上，围绕"PETA 残杀动物""鸡在野外的生活是田园诗般的""动物的福祉究竟意味着什么"等方面展开对话，学生们通过考察信息来源的可靠性、专业性，辨识带有情绪化的结论，进一步对证实观点、理由和论证过程等方法进行批判性的对话与评价。在对话的过程中，学生们可以意识到辨析不同观点背后的假设的重要性，这正是探究性对话的基本特征。在探究和对话的关系上，并非所有对话都是探究性对话，日常的大多数对话仅限于闲聊、交流，有的对话的内容仅包含观点之间的对抗，也不符合探究的性质。探究性对话的目的在于得出一个有充分理由支持的判断，需要考察一个问题的多方立场，苏格拉底的"产婆术"就以对话形式开创了批判性探究的先河，助产师本身并不是生孩子的人，她只是帮助接生而已，而教师的工作就是通过对话帮助人们"生出"正确的思想，真正的知识来源于人的内心，而不是得自别人的传授。

其三，强调批判性思维的辩证维度。在批判性思维的诸多维度中，辩证是学生在社会热点问题的各种争议中去获得有充分理由支持的判断的最佳途径。例如，在马毕兰诺大学开设的批判性思维课程中，诸如对"一夫多妻制度""大陆漂移理论""大麻合法化"等问题进行辩证的目的并不是为了得出一个结论，而是对相互竞争的各种理论的优势和劣势做出比较性评价，尤其是对争辩的历史背景给予适当关注，以此来了解各种立场和支持它们的证据。因此，加拿大的批判性思维教育符合培养学生独立思考的预期，可以在现有条件下帮助学生得到更具合理性的结论。

## 三 基础教育阶段的批判性思维启蒙：科学写作

科学写作（Science Writing）是指在科学教育中，学生用自己的语言将获得的各种信息转化为文字呈现出来，这是以内容空间维度训练学生批判性思维的主要模式。吉丝（C. M. Keys）将科学写作分为五种类型：实验性科学写作、解释性科学写作、报告性科学写作、传记性科学写作、说明性科学写作；其常用写作文体包括记叙文、辩论或演讲稿、游记、科学引文、科学报告、宣传手册、学习日志、概念图等。不同类型的科学写作在加拿大各级教育被广泛采用，基础教育阶段则主要采用实验性科学写作和解释性科学写作模式，其中解释性科学写作模式主要针对中小学生批判性思维进行训练。安大略省 1 ~ 8 年级的《科学与技术》课对中小学生科学课程的写作能力做了如下要求：科学课程中的批判性写作与传统的关注平等、社会正义等批判性思维教育不同，它不仅要让学生能够评估哪些是客观公正的科学事实，哪些可能隐含偏见，还要让学生掌握科学与技术领域的概念、事实的表达取决于哪些要素、怎么进行表达、哪些是失实的、为什么会出现失实性表述，最终由学生通过写作对这些问题进行重释。这与加拿大基础教育阶段对学生的科学素养培养目标是一致的，具备科学素养的学生，除了应了解基本的科学知识之外，还需要具备科学阅读、科学写作以及传达信息给他人的能力。

1987 年由伯雷特（C. Bereiter）和斯卡达玛丽亚（M. Scardamalia）在写作理论研究中提出了两种写作模型：知识告知模型（Knowledge-telling Model）和知识转换模型（Knowledge-transforming Model，KTM）。前者以线性的、信息提取的方式对知识进行描述，传统意义上的纸笔测试是其典型应用，旨在重现知识本身，达到简单描述的作用。而基于知识转换模型的写作，因其内涵与外延的丰富性呈现两个维度的特征：修辞空间（Rhetorical Space）与内容空间（Content Space）。修辞空间是传统写作训练着重强调的领域，在拼写、语法、修辞、联想等要素基础上与读者进行意义沟通。内容空间则强调在写作过程中，对信息进行加工处理后的重构与评价，写作者在此过程中将重心放在信息处理、反思、互动等方面，通过解释与表达来达到知识习得与思维迁移的目的。基于知识转化的写作过程被加拿大普遍作为启发式科学写作（The Science Writing Heuristic，SWH）：学生在老师指导下运用思维的反思性特征进行探究，在此过程中学生将输入的信息通过自己的理解，用自己的话语，将信息通过文字进行再加工表达出来，形成学生自己对科学概念的理解，从而培养学生独立的批判性思维性格倾向，论证逻辑严密地进行表达和写作。

在进行启发式科学写作之前，学生先提出核心观点，再由老师引导组织讨论，主要围绕 4 个方面的问题进行：你的观点是什么，支撑该观点的证据有哪些，你观察到了什么，收集到了哪些数据。从实施步骤来看，分为教师的教学设计和学生的讨论、反思与写作两大板块。

**1. 教师的教学设计环节**

教师先引出学生的先备知识；组织学生讨论，围绕主题形成相关问题；学生就问题进行针对性实验；组织学生进行讨论与反思；设计并指导学生完成科学写作。具体的写作内容包括：基于学生的观察与实验进行的个别写作；基于小组讨论结果进行的分享写作；基于与教科书、参考文献、老师做比较进行的写作；基于个人反思基础进行个人观点表达的写作。

**2. 学生的讨论、反思与写作**

学生讨论或组织写作内容的具体步骤为：

①初始的想法：我的问题是什么？

②设计假设我要怎么做？

③观察：我看到了什么？

④推论：我的主张是什么？

⑤证明：我怎么知道？为什么我做这些主张？

⑥阅读：我的想法与科学的想法差距在哪？

⑦反思：我的想法有哪些改变？

# 四 小结

批判性思维并不是万能的，它不能保证学生获得知识，但却是获得知识的最佳途径。为了让学生清晰地认识到课程的重点与局限，加拿大批判性思维界对课程目标进行了分类界定，主要分为应对性批判性思维课程和建设性批判性思维课程两大类。应对性批判性思维主要用来学习评价他人观点和论证过程，例如麦克马斯特大学人文学院开设的《论证理论与时事分析》课程，以"批判性思维与恐怖主义"为专题，以美国"9·11"恐怖袭击作为时事分析背景，从发展应对性批判性思维能力的维度来引导学生辨别、分析、评估袭击事件发生后出现在媒体上的各种评论。建设性批判性思维主要用来培养学生面对复杂多样局面时的问题解决能力，主要通过科学写作、信息搜索与处理、对技巧性行业进行观察（手工业和体育竞技类）、基于项目的问题解决、模拟决策制定等途径进行。

正如希契柯克所述，与其制订一个涵盖广泛的课程计划，还不如选择一个涵盖量相对较小但学生可以学好的课程教学目标。如前所述，无论是着眼于在现实生活有效运用批判性思维技能，还是立足于科学课程、在写作环节利用思维的反思性特征进行知识重构，批判性思维的多向度特征决定，任何一门批判性思维课程都绝非批判性思维的全部，加拿大批判性思维教育发展动向从某种程度上为我们提供了时代变化下社会对思维教育的全新要求。

## 参考文献

Gardiner, Lion. 1994. Redesigning Higher Education: Producing Dramatic Gains in Student Learning. ASHE – ERIC Higher Education Report series, 94 – 7, (Volume23 – 7).

University of Guelph 2013 Learning Outcomes GraduateDegree, http://www. uoguelph. ca/vpacademic/avpa/outcomes/pdfs/Graduate% 20Learning% 20Outcomes. pdf.

〔加〕David Hitchcock:《批判性思维教育理念》,《高等教育研究》2012 年第 11 期, 第 54 ~ 63 页。

〔加〕董毓:《批判性思维三大误解辨析》,《高等教育研究》2012 年第 11 期, 第 64 ~ 70 页。

A Brief History of the Idea of Critical Thinking, http://www. criticalthinking. org/about CT/brief History CT. cfm.

Dewey J. How WeThink. Boston, New York and Chicago: D. C. Heath, 1910: 6.

杜威:《我们怎么思维》, 人民教育出版社, 2015, 第 23 页。

Black M. *Critical Thinking*：*An Introduction to Logic and ScientificMethod*，New York：Prentice Hall，1946.

Facione P. Critical Thinking：A Statement of Expert Consensus for Purposes of Educational Assessment and Instruction. Research findings and recommendations prepared for the Committee on Pre-College Philosophy of the American Philosophical Association，ERIC Document ED315，1990.

Hitchcock D. *Evidence-Based Practice*：*Logic and Critical Thinking in Medicine*，Chicago：AMA Press，2005.

ENNIS R. A Concept of Critical Thinking：a Proposed Basis for Research in the Teaching and Evaluation of Critical Thinking Ability，*Harvard Educational Review*，1962，32：81.

〔加〕董毓：《批判性思维原理和方法——走向新的认知和实践》，高等教育出版社，2015，第19页。

Facione P. The Disposition toward Critical Thinking：Its Character，Measurement and Relationship to Critical Thinking Skill，Information Logic，2000，20（1）：61–84.

〔加〕莎伦·白琳、马克·巴特斯比：《权衡：批判性思维之探究途径》，仲海霞译，中国人民大学出版社，2014，第516，14页。

Reason in the Balance，http：//mcgrawhill. ca/olc/bailin.

Key，C. M. . The development of scientific reasoning skills in conjunction with collaborative writing as signments：An interpretive study of six ninth grade students，*Journal of Research in Science Education*，1994（9）：1003–1022.

The OntarioCurriculum，Grade1–8，Science and Technology，http：//www. edu. gov. on. ca/eng/curriculum/elementary/scientec18currb. pdf.

蔡铁权、陈丽华：《科学教育中的科学写作》，《全球教育展望》2010年第4期，第85~89页。

Critical Thinking and Terrorism，http：//www. humanities. mcmaster. ca/~hitchckd/terrorism. htm.

SWARTZ R，PERKINS D. *Teaching Thinking*：*Issues and Approaches*，Pacific Grove. CA：Midwest Publication，1990：119.

# The Developmentand Hotpot of
# Canada Critical Thinking Education

*Wu Yan*

**Abstract**：Critical thinking curriculum developed very mature in Canada and Hitchcock summarized as "seven elements" from the theoretical level for the whole process of critical thinking. Recently, the hotpots of critical thinking research include heuristic science writing in basic education, the general courses aimed at how to use critical thinking skills in the real social life.

**Keywords**：Critical Thinking；Conversation；Writing；Inquiry

# 中加高校通识教育的对比研究

彭贝贝<sup>*</sup>

彭贝贝[*]

**摘要：** 通识教育相比于专业教育最大的区别在于，通识教育在专业教育的基础上还能为学生提供更为宽广的知识教育。专业教育的发展有其合理性，但是也存在一些局限，因此通识教育不是否定专业教育，而是弥补专业教育的不足，实现良性互补，通过这种教育，才可能让学生更加充分认识到自己在大学喜欢哪个专业，选择哪个专业，让自己的爱好、兴趣和能力与工作达到完美的结合。因此，大学的通识教育对学生的发展有极其重要的作用。一直以来，加拿大无论是政府还是高校在通识教育的发展方面都很重视，并取得了很好的成效。本文通过介绍加拿大通识教育的理念与实践，比较分析它与中国大学通识教育的异同，并以此对中国高校通识教育的改革提供一些借鉴。

**关键词：** 中国高校　加拿大高校　通识教育　对比研究

## 引　言

在全球化的今天，教育理念不断变化，大学结构也在发生着变化。在一定程度上，大学是人类文明秩序的一个共同的知识基础，这是走向

* 彭贝贝，河北师范大学教育学院教育经济与管理专业在读硕士研究生。

"同一个地球，同一个梦想"的思想与文化平台。因此，大学应高举人文主义的大旗，体现人文理想和人文精神，培养优秀人才。

通识教育本身起源于19世纪，当时有不少欧美学者有感于现代大学的学术分科太过专门、知识被严重割裂，于是创造出通识教育，目的是培养学生能独立思考且对不同的学科有所认识，能将不同的知识融会贯通，最终目的是培养出完全、完整的人。自20世纪起，通识教育就已广泛成为欧美大学的必修科目。20世纪80年代中期，中文"通识教育"一词由台湾学者根据general education、liberal education的思想翻译转换而来，翻译借鉴了中国传统文化对于"通"和"识"的解释。

# 一 通识教育的内涵

## （一）通识教育的概念

通识教育又称普通教育、一般教育。到目前为止，通识教育并没有特别权威的定义，许多学者有不一样的理解。笔者比较认可的是，刘旭在《我国大学通识教育：内涵及实施研究述评》中的阐述，他认为通识教育有广义和狭义之分，"广义的通识教育指办学思想和理念，它贯穿在大学教育全过程中，为学生提供全面的教育和训练，狭义的通识教育指'不直接为学生将来的职业活动做准备的那部分教育'"。

## （二）通识教育的价值

人是万物之灵，是宇宙中最珍贵的存在。大学教育中的以人为本，包括两层含义：一是以学生为本，没有学生就没有大学；二是以学生个体为本，实现每个人的自由发展。通识教育的价值就在于，让学生不仅成为人才，也成为一个完整的人，来迎接瞬息万变的社会。通识教育教学生识科学、识社会、识人类，使学生具有强烈的社会责任感，敏捷的思维能力。通识教育着重于人的培养，而不是知识或技能的传授，推进通识教育，从某种意义上来说，就是在全面推进素质教育，是我们实施全面素质教育的一个重要举措。

## 二 通识教育在加拿大

高等教育的专门化导致了人的功利化和发展的片面化，大学生的视野越来越狭窄。随着社会生产力和科学技术的发展，高等教育与社会的联系日益突出，因此，推行通识教育的呼声越来越强烈。加拿大注重通识教育的发展，它是大学教育中的重要组成部分，也是本科教育的核心。通识课程的设计和开展，在本科教育中也是一项重大的任务，通识课程在本科课程中也占有很重要的地位。因此，加拿大高校普遍将通识教育课程的设置作为本科教育的重中之重。

通识教育方式灵活多样。加拿大实施通识教育的途径主要分为：分类必修型、核心课程型和自由选修型。分类必修型是"对学生必须修习的学科领域，以及在各领域内至少应修习的课程门数做出规定的通识教育课程计划。"这是最主要的途径。通识教育最主要的是知识领域的广博，向学生提供各个学科领域的知识，扩大学生的认知视野，并且学科与学科之间的联系紧密，不断沟通。例如，成立于 19 世纪 60 年代的约克大学通识教育的课程分为人文、社会和自然三个领域，需从中各选择一门作为通识教育的课程，其中人文和社会学分各为 9 分，自然学分为 6 分，共计 24 学分。学生可以在本科教育中的任何一年中选择通识课程学习。核心课程型的重点不在于一定的知识量，而在于思维的训练以及不同学科的研究方法。自由选修型是指由学校提供许多领域的课程，学生可根据自己的兴趣自由选择，学校对此也没有限制，只有一个学分量的规定。

加拿大高校通识课程浅显，强调知识的普及性、整合性、融通性，实施小班上课，他们平常注重训练基本能力，如交往能力、写作能力、正确表达能力、国际理解能力等。师生交流互动效果好，教授可以为学生一对一指导。另外，通识课程的种类和学分要求不是太严格，但考核要求严格。通识教育的目的，是通过教育理念的创新以及教育内容、教育方式的变革，更好地培育学生的主体意识，增进学生对于自我、社会和整个世界的理解，把学生培养成合格的大学生。当代大学生将来走进社会，应该有学习创造意识，爱国奉献意识，应该具有创新思维，创新能力，并且具备良好的素养和职业道德，传承中华民族传统美德。要想实现这些，必须将通识教育与专业教育相结合，仅仅进行专业教育是达不到的，所以说通识教育不仅要全面开展，还要注重成效，加拿大对通识教育考核这方面就足以说明他们的重视程度及实施程度。

加拿大高校重视通识课程的组织和管理。通识教育是一项复杂的组织活动，必须有科学的管理方法和有效的组织措施，才能有效地实施。加拿大魁北克省的组织经验值得我们借鉴，他们成立通识教育工作委员会，宏观指导通识教育的开展，高校也成立通识教育委员会，专门组织和管理通识教育，使之有序进行，比如教材的选择与制定、学分的设置、学时的安排、师资力量的培养等。通识教育涉及校园文化和教学活动的很多方面，所以一个有效的组织管理才能保证学校活动的协调开展。

加拿大高校建立了以知识、世界观及伦理道德为核心的通识教育课程体系。教育首先是知识的传授，通识教育的"识"应是更多、更"通"的识，它包含"关于物质世界与人类世界的理由、原理与根据"。但是传授知识只是其中的一部分，学生还必须学会知识中所存在的内在逻辑，内在的逻辑也被统称为思维，思维是教育的关键。通识教育也是人文教育，必须树立正确的人生观与世界观，做到"正确做事""正确做人"，具备良好的伦理道德，学会能以伦理道德约束"做事的方法与方式"，只有更多的识才能把科学教育与人文教育相融合。魁北克从通识教育的内涵出发，要求每个 CEGEP 学校必须开设 3 个学期的人文教育，不低于 150 课时的学习，课程体系包括世界观、专业教育与知识等相关的伦理道德，体系的学习应在 45 小时以上。同时，确定人文教育必须以提高学生思维分析能力为核心。

## 三　通识教育在中国

### （一）通识教育实施概况

改革开放以后，通识教育在中国虽然没有被正式提出，但是在一些高校的改革中已经被有意无意地实行着。1995 年 7 月，原国家教委发出《关于开展大学生文化素质教育试点工作的通知》，并确定了北京大学、清华大学、华中理工大学等 52 所高校为加强大学生文化素质教育试点院校。这个与通识教育有着相通理念的教育实践被轰轰烈烈地展开了。这些年来，深受外国教育理念的启迪，中国高校一直在不断探索自己学校的发展模式，不断改革，关注通识教育的人越来越多，通识教育的概念也被使用开来。北京大学实施的"元培计划"，就是大学通识教育的一个试点。

随着教育改革探索的多元化和素质教育理念的不断发展，进入 21世纪，越来越多的大学开始关注通识教育。近年来，无论是大学还是中学，都开始对教育教学进行改革，尤其是本科重点大学，他们的改革尤其迅速，以北京大学、浙江大学、清华大学、复旦大学这些发展前沿的大学为例，在汇报办学理念和培养计划的阐述中，都无一例外地把通识教育作为重点。清华用"通识教育基础上的宽口径专业教育"当作各自本科教育的定位。北大则是在学生学习课程的前期把通识教育完整地介绍给所有学生，让他们加以了解。重视程度最好的莫过于上海复旦大学，他们通过建立复旦学院，在学校全面推广通识教育，以使通识教育在大学教育中占据基础性地位，实现并保证了通识教育在大学教育共同体中的机构性和制度性基础地位，效果也是显而易见的。此后，越来越多的学校纷纷开始建立以通识教育为基础的学院。可见，在改革开放的新时代，一个新的愿景被纳入各大学的计划和目标中。

以清华大学为例，清华大学于 2006 年秋季学期正式启动旨在提高素质教育，落实通识教育的"文化素质教育核心课程"计划。新计划明确规定学生除选修一般文化素质教育通识课程之外，还必须选修两门文化素质教育核心课程。核心课程覆盖八大课组：哲学与人生、历史与文化、文学与语言、科学与社会、艺术与审美、当代中国与世界、基础社会科学、数学与自然科学。为加强课堂学习的效果，改变通识课含金量不足的状况，清华大学提出名师上课、助教导修、接触原典、小班讨论的教学模式，努力营造实施通识教育的氛围，加大人财物的投入，并辅以形式多样的自主学习和素质拓展的活动。比如，2005 年开始学校常年举行"清华大学新人文讲座"，聘请国内外知名学者发表演讲，开阔学生的视野。后来，该系列讲座改为必修课程，要求所有本科生选听8 讲，获得 1 个必修学分。除此之外，清华大学还有许多活动和项目，旨在提供更广的学习空间。

### （二）中国高校实施通识教育存在的问题

虽然中国各高校一直在努力探索自己的通识教育之路，也取得了一些成就，但是与国外相比，还存在一些问题。由于中国大学通识教育实践的时间短，教育管理体制不完善，对通识教育的实践还处于探索阶段。现实生活中，通识课程也多是文化素质教育的内容，只是开设选修课，让学生有个自由选择的机会。另外，通识教育的推进实际上对教师和教学提出了比目前更高的要求，目前我国高校名师拥有量或可获取名师资源的能力在很大程度上影响着通识课程的有效开展，我们现在虽有很多著名的教师，他们在特定领域都是非常优秀的专家，但是还不是理想中的大师，对于开展高水平的通识教育还不适应。因此，通识教育要求教师不应仅仅是某个领域的专家，而应是具有广阔知识背景的通才，所以加强名师工程也是通识教育的内在要求。

## 四 中加高校通识教育的对比分析与启示

### （一）转变教育理念，提高对通识教育的认识

加拿大高校设有完整的通识教育课程体系，几乎涵盖了所有的知识

领域。高校重视通识教育的发展，极力弥补素质教育的缺陷，给学生更充足的选择和学习空间，有力地贯彻执行通识教育方针与政策，通识教育的发展得到了很好的保障。学校领导也高度重视通识教育的开展，比如高校成立"大学通识教育委员会"，制订通识教育的计划，监督通识教育的执行，不断完善选课制度，使得通识教育能顺利开展。

中国高校对通知教育认识不足，很少有真正付出努力来实践通识教育的。缺少完整的机制保障，在中国大学，学校没有统一的规划，必修课程和选修课程由教务处制定和安排，通识教育课程由各学院制定，并且即使有专门的机构来负责，也只是徒有虚名，没有实际存在的价值。

所以，各高校应转变教育理念，在推进通识教育的过程中，必须正确处理好通识教育与专业教育的关系。一些专业在制订培养方案时，往往强调专业能力的培养，而忽视通识教育的训练和学生潜力的培养。高校必须加大通识教育的宣传力度，让更多的教师和学生切实转变观念，充分认识到通识教育的必要性和重要性，更好更快地贯彻全人教育的理念。

### （二）优化课程定位与建设

加拿大通识课程体系是由学科课程、基础技能课程和选修课程组成。其中，学科课程相当于专业课程；选修课程是全校范围的学生可以自由选择的课程，基础技能课程主要侧重于英语、哲学、人文三方面，占全部学分的1/10左右。比如渥太华大学的四门基础技能课分别是：推理和批判性思考、道德思考、基本哲学问题、伟大的哲学家介绍。他们看重的是各类课程的有机结合，融会贯通。

加拿大的通识课程门类齐全，种类繁多，课时虽少，但是每门课的要求很高，不是随便听听就能了事，学生必须阅读大量的文献和书籍，查阅大量的资料。最后的考核方式也很严格，必须达到一定的学分。他们的课程不仅仅是传授知识，更多的是激发学生追求科学的动力，启迪智慧，培养学生的思维，提高学生科学研究的能力，这是目前很多中国高校所不能及的，将来也应成为努力的方向。

中国大学的通识课程主要是由公共必修课和公共选修课组成的。比如复旦大学，公共必修课包括思政、体育、军事理论、大学英语和计算机等。思政课基本不受学生的欢迎，加上老师机械化的授课方式，学习效果很差，英语和计算机的学习是有相应的等级考试，也可以说成为应试教育，剩下的公共选修课包括了人文科学与艺术、社会科学与行为科学、自然科学医学与药学等。我国通识教育的课程基本上是各专业所开设的一些课程，没有综合性。此外，我国高校通识课程的种类少，常常供不应求，很多大学出现了"选课难"的现象，学生有时候选不到自己喜欢的，只能为了学分去选那些热度不高但不太感兴趣的课，并且开设的通识课程专业性不强，考核简单，只是为了传授知识而开课，为了学分而开课，并不能让学生通过这门课提升见识的层次。

我国大学的通识课程结构还不合理，课程设置没有整体性，因此，必须改革现有的课程体系，在课程的设置上应偏实用性和实践性，培养学生更广阔的视野。还应改革选课程序，如规定修课领域的学分，各个领域都规定最少学分，明订各年级选课之优先级，即依照年级，排定大一、大二、大三、大四通识课程，并设定各年级排课时段，确保各年级均得优先选课机会。

## （三）创新教育方式

通识教育要求师生的充分互动，要求重视培育学生的主体性和创造性，推进通识教育实际上是要创造教与学互动的新境界，因此，教师的创新方式很重要。加拿大高校小班授课，教师能实现一对一指导，教师的教学理念和教学方式也很独特，并且专业性活动及讲座很多，而在我国，目前一些教师在创新教学方式上的动力还不足，效果很有限。他们习惯于课堂教授、习惯于满堂灌、习惯于讲概论，习惯于学生被动学习。甚至一些教师认为教学方式的创新会给自己增加负担，是自找苦吃，因此偏离了通识教育的初衷。

### （四）增加名师投入，强化师生主体意识

加拿大实行名师授课，小班制，师生能够做到充分研讨。加拿大大学的通识教育一般由知名教授开设或是主讲，同时配以优秀的博士、硕士生担任助教。而在中国，由于教学观念的落后，一直偏重于培养学科专家型的教师，一些人把通识教育简单地理解为增加公共课程，而在长期重视专业教育的背景下，一些人对从事公共课教师的看法是不恰当的。例如认为教师不专业，没水平，只会教学，从事公共课的教师地位低，因此很难吸引优秀教师，师资不足，也很难实现小班授课，所以高校应完善对于承担通识教育任务的教师的激励机制，在一些具体的制度安排上，应起到激励的作用，以此来引进雄厚的师资。此外，还应重视潜在课程的作用，举办各种讲座，鼓励学生参加，增长见识，形成素养。

目前，很多学生在高中阶段的学习是分文科、理科的，由此导致他们的知识结构是有区别的、多样化的。与加拿大相比，我国高校无论是教师还是学生都没有强烈的通识教育观念，学校实施通识教育的主动性不强。所以学校应进行先进教育理念的宣传，使教师和学生增强主体意识，而不再是单纯被动地传授与接受。通识教育的开展需要的是全校成员的共同努力，我们应树立主人翁意识，具有强烈的使命感、责任感。教师也应是参与学校管理的一员，投入其中，为学校的发展建言献策。通识教育的形成不是简单地拿来，也不是单纯地复旧，需要全校师生与时俱进，不断创新。

## 总　结

近年来教育改革的实践使我们体会到对通识教育的认识需要一个在实践中不断深化的过程。在实施通识教育取得一些成效的同时，我们也能深深地感受到实施过程中出现的种种困难，所以我们必须吸取外国通识教育的经验，结合中国的国情，营造出中国特色的通识教育氛围，培

育具有广博的知识背景、能独立思考并解决问题的人。在全球化竞争不断加剧的今天，市场经济的发展需要专业人才，但也需要大量的复合型人才，所以对创新型人才也提出了新的要求。另外，通识教育追求人的协调和科学发展，也为学生今后在交叉学科发展打下基础。因此，在本科开展通识教育对大学生是非常有益的。

今之大学之道，在于明理性，在于研究与创造新知识，在于追求真理。大学使成千上万的教师，除了教学外，成为全职的、在专业基础上做知识的探索者。大学的教学要培育"做人"，在竞争越来越激烈的环境下，如何在国外通识教育发展的基础上创新，如何能培养出有专业知识又有通识的全方位的"知识人"，是我国高校未来的一项紧迫的任务。

## 参考文献

刘旭、梁婷：《我国大学通识教育：内涵及实施研究述评》，《大学教育科学》2011 年第 4 期，第 15～19 页。

马超侠：《浅析高职院校通识教育对学生就业的影响》，《职业时空》2015 年第 7 期，第 85～87 页。

田敬诚：《美国加拿大学术评价与通识教育的考察报告》，《重庆大学学报》社会科学版，2008 年第 1 期，第 131～134 页。

郭琛晖：《大学通识教育研究综述》，《现代经济：现代物业》（中旬刊）2012 年第 3 期，第 94～97 页。

杨叔子等：《文化素质教育与通识教育之比较》，《高等教育研究》2007 年第 6 期。

李佳、黄建滨：《中加大学通识教育的比较与分析——以渥太华大学为重点个案》，《高等理科教育》2009 年第 5 期，第 19～23 页。

钱小龙、汪霞：《加拿大通识教育课程改革：以基本就业技能培养为导向》，《现代大学教育》2013 年第 3 期，第 34～40 页。

孟源北：《加拿大魁北克社区学院通识教育的实践与启示——以维尼尔学院为例》，《中国高教研究》2015 年第 3 期，第 89～92 页。

李曼丽：《"通识教育"——一种大学教育观》，清华大学出版社，1992，第 15～17 页。

# Comparative Study of General Education
# in China and Canada

*Peng Beibei*

**Abstract**: The biggest difference between general education and professional education is that general education can provide students broader knowledge on the strength of professional education. The development of professional education has its own reationality, but limitations do exist. Therefore general educaion is not to deny professional education but to make up for the deficiency of professional education in order to achieve benign complementary. Students are more likely to fully understand which major in university they prefer and choose in order to combine perfectly their penchant, interests, ability and work through general education. Thus, general education in universities plays a vital important role in students´development. All along, the development of general education received attention from governments and colleges in Canada, and gained some achievements as well. This paper analyses and compares the similairties and differences in general education between Chinese universities and Canadian universities by introducing the concepts and practices of general education in Canada, so as to provide references for the reform of general education in Chinese universities.

**Keywords**: Chinese Universities; Canadian Universities; General Education; Comparative Study

# 加拿大班芙国家公园原住民的生态搬迁及其影响*

## 杜发春　包函可　孙秀清　胡天南 译

**摘要：** 本文从加拿大班芙公园原住民迁移问题谈起，分析了生态搬迁所带来的影响。笔者首先介绍了公园地区与原住民生态搬迁问题的历史，从 1873 年斯多尼人在弓河沿岸保留地定居，到 1885 年班芙温泉保留地的建立，再到 1890 年覆盖整个地区的狩猎禁令，这一禁令最终导致了原住民被迁出公园。在此基础之上，本文探讨了加拿大官方做出搬迁决定的原因，并从原住民捕猎与锦标捕猎的差异、自然资源保存论者的影响、印第安事务部对原住民进行开化与同化政策的失败与旅游观光业等多个方面进行了分析。此外，笔者也反驳了迁离原住民是为了制造无人区或"荒野"的论点。最后，笔者总结了班芙公园原住民迁离问题的影响，并认为生态搬迁虽然可以保护环境，却存在给弱势群体带来沉重打击、将收益集中于富有阶层或有权势者手中的风险，故发展中国家政府做出类似决定时应保持谨慎。

**关键词：** 班芙公园　原住民　生态搬迁

---

\* 本文的作者是西奥多·宾尼马（Theodore Binnema），加拿大北不列颠哥伦比亚大学历史系教授；梅勒妮·尼米（Melanie Ann Niemi），加拿大阿尔伯塔大学历史系博士。本文由云南农业大学加拿大研究中心杜发春、包函可、孙秀清、胡天南翻译。本文的较长版本已经刊登于美国《环境史》第 11 期，2006 年 10 月（*Environmental History 11*，October 2006：PP. 724 – 50），其标题如下 "'Let the Line be Drawn Now'：Wilderness，Conservation，and the Exclusion of Aboriginal People from Banff National Park in Canada." 压缩版本缺乏加拿大图书与存档的注解。落基山脉公园在 1930 年被正式重新命名为班芙国家公园，在这之前它常常被称作"班芙国家公园"或"班芙公园"，这是因为在 1930 年之前有好几个国家公园位于加拿大落基山脉地区。因此，这两个称号皆会被本文采用。

# 一 引言

许多发展中国家的政府都面临这样一个挑战，那就是修复并保持健康的生态系统和为民众提供机会两者之间的关系如何平衡。在亚洲和非洲，制定关于人们在国家公园和自然保护区中应扮演何种角色的决策尤其困难。在许多案例中，为了保护环境，政府必须决定穷困居民是否必须从某些特定地区被强制搬出。更为复杂的是，出于善意的西方环境保护论者、野生动植物保护者和自然资源保护主义者经常游说政府将整个社区从脆弱的生态系统中迁出，以此来保护野生动植物及环境。在一些案例中，这样的迁居也许是必要的，但是这里有一些需要严肃思考的重要问题，值得发展中国家的政府认真、慎重考虑。此时，对加拿大的个案研究也许能够使我们更好地理解强制性"生态移民"的复杂性及其蕴含的意义。加拿大落基山公园（班芙国家公园）的例子阐明了土著居民是如何在猎物管理和保存、锦标狩猎、旅游观光和印第安人同化的利益前提下被拒于公园门外。

土著居民被迫从加拿大和美国的许多国家公园中搬出。该加拿大的个案研究或许尤为有价值，因为管理者设想，对于国家公园来说，拥有永久居民是可以接受的，而土著居民则不准进入班芙国家公园。事实上，1887 年至 1911 年，公园里的非土著永久居民已经从 650 人上升为 2000 人①。即使是在今天，管理严格的班芙、杰士伯、瓦特顿仍然是公园旅行者热衷的目的地；加拿大落基山国家公园仍有几千名永久居民。尽管如此，自 19 世纪 90 年代初以来，班芙公园和加拿大许多其他公园仍禁止印第安人在其中打猎。

与班芙国家公园联系最为密切的土著居民是斯多尼人（那考达）。

---

① Eleanor Georgina Luxton, Banff, Canada's First National Park: A History and a Memory of Rocky Mountains Park (Banff, 1975), 64.

从 1873 年起，许多斯多尼人就在弓河沿岸的保留地定居下来，也就是现在的阿尔伯塔。保留地有部分地区适合放牧，但是没有适合耕作的农田。另外，邻近的山麓小丘和落基山上有许多野生猎物，许多斯多尼人并不住在印第安保留地内。大多数人继续在山中狩猎并设置陷阱捕获猎物。甚至在 1914 年，阿尔伯塔森林保护区的巡视员注意到许多斯多尼人沿落基山东部斜坡旅行，尤其是在莫利和萨斯喀彻温河之间的地带，在这儿他们几乎完全依靠在东部斜坡上猎取野生猎物来维持生计[①]。

1883 年秋，加拿大太平洋铁路公司建立之后，斯多尼人的生活发生了翻天覆地的变化。山脉地带猎物本就不丰盛，但是机车余渣以及来修铁路的新移民引起的野火横扫了附近的山谷，使得野生动物数量受到了更严重的削弱[②]。另外，非土著猎民和渔民也给水生动物和野生动物带来了更大的压力[③]。在 1886 年，印第安事务部的年度报告中已经注意到这样一个问题，"这些印第安人为了猎取动物毛皮和野生动物的狩猎活动已经不能与铁路修建以来所取得的成绩相提并论。后者所起到的作用是迫使动物逃到更远更偏僻的地方……有时事务部为使猎民重返回保留地，也会向他们提供救济[④]。"在 1888 年之前，斯多尼人已不得不到离他们保留地更远的地方打猎。加拿大太平洋铁路（公司）也是非常重要的，因为它促成了加拿大第一个国家公园的建立。

加拿大太平洋铁路（公司）的测量员对洞穴和盆地温泉的"发现"促成了 1885 年班芙温泉保留地的建立，面积为 26 平方公里（约合 10 平方英里），以此来保护这一场所免遭掠夺和破坏（见图 1）。1887 年，该保护区扩大到 673 平方公里（约合 260 平方英里），包括了明尼旺卡

---

① W. N. Millar, Game Preservation in the Rocky Mountains Forest Reserve (Ottawa, 1915), 20.

② A. Roger Byrne, Man and Landscape Change in the Banff National Park Area before 1911 (Calgary, 1968), 87, 95 – 96.

③ Robert J. Burns with Mike Schintz, Guardians of the Wild: A History of the Warden Service of Canada's National Parks (Calgary, 2000), 2.

④ John A. Macdonald, Report of the Superintendent General of Indians Affairs, *Annual Report of the Department of Indian Affairs*, (ARDIA) 1887, lii.

湖；到1902年，保留地进行进一步的扩张之后，已经能够与斯多尼保留地毗连，并包含了大多数斯多尼人的狩猎场所①。

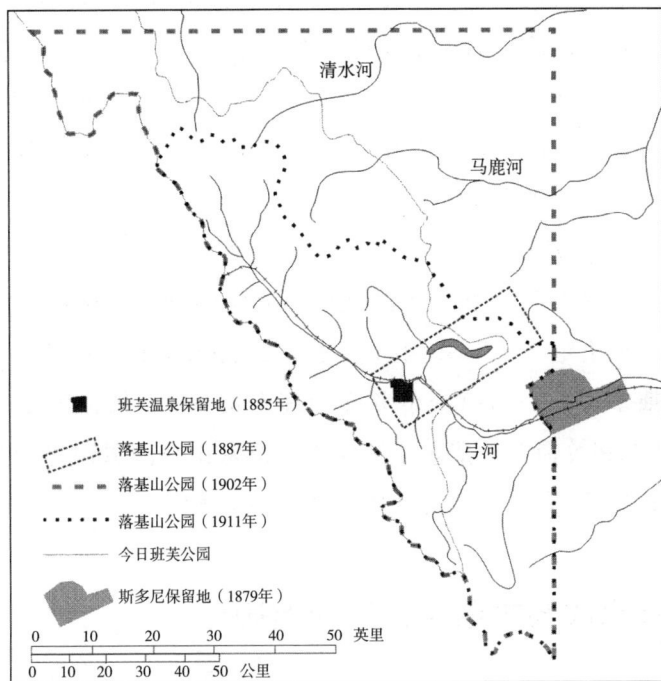

图1　落基山公园和斯多尼保留地（1879～1920年）

　　加拿大的国家公园不是为了保护环境的目的而建立的，而是通过为美国东部和欧洲的富裕游客提供便利这样一种方式来调节发展。但是，这些相关立法还是提供了"大致上保全和保护猎物，鱼类或野生鸟类"的条款②。尽管事实上环境的恶化至少有一部分是铁路和新来的移民所致，但土著居民还是很快被公园管理者锁定为目标。

　　1886年，顾问威廉·F.威彻介绍了他反对在公园中限制狩猎的相关条款："在美国议会通过批准的章程中，例如《黄石国家公园管理条例》，仅仅在为获得娱乐和实际消费时才能得到许可，其余为了狩猎等

---

①　Luxton，Banff，Canada's First National Park，54.

②　令人好奇的是，此文句也提供了"牛只被允许在公园牧放的权力"的保护和保全。

活动的项目是不被允许的。我认为否认合理自由，尤其是在加拿大保留地的边界内否认这种自由是不明智的"。① 但是威彻补充说，"没有任何有利于印第安人的例外应当被允许……任何错置的放任都可能只会诱使他们离开已定居的家园而频繁地进行肉类交易……这和其他道德败坏的行为构成了土著居民的致命伤②。"在他的第一份年度报告中，公园首位负责人乔治·斯图尔特这样写道："如果可能的话，印第安人应被驱逐出公园，这是非常重要的。"③

1890 年，班芙公园禁止了所有的狩猎活动，但是由于法律执行中的疏漏，斯多尼人和非土著居民继续在公园中狩猎。1894 年 5 月，印第安事务专员决定，从 1895 年 1 月起，西北部领土的狩猎法应当适用于莫利的斯多尼人。印第安事务部助理专员 A. E. 佛格特给事务官写道，"要发布相关命令，禁止印第安人在落基山公园界限之内狩猎或设陷阱猎捕动物。"官员为何要做出这样的决定呢？

## 二 锦标猎民与土著居民的被迫搬迁

猎取大型猎物的猎民从 1800 年中期以来陆续地来到西部平原和落基山脉，自落基山脉公园的设立以来他们就已经非常藐视以取猎来维持生计的猎民。然而，加拿大太平洋铁路完工后，锦标猎民、其他旅游者和运动员/冒险家协会的数量激增，他们对于经济发展的意义也日益重要。锦标猎民势力逐渐强大，成为有影响、有组织的行动主义分子，而且他们的游说直接导致了对于土著居民狩猎权利的限制。

土著居民狩猎的实践至少在三个方面违反了运动员/冒险家的规约。首先，土著居民是为了生计而狩猎的。锦标猎民则是为了娱乐和战利品，而不仅仅是为食物而狩猎，并且他们以此为荣。所以，在运动家的

---

① W. F. Whitcher, Report, *Annual Report of the Department of the Interior* (ARDI), 1886, Part 1, p. 92.

② Whitcher, Report, ARDI, 1886, Part 1, p. 92.

③ George Stewart, ARDI, 1887, Part 6, p. 10.

规约中，他们蔑视那些只吃猎物的肉而留下可作为战利品的鹿茸和角类腐烂在田地里的人。[1] 不过这些运动家对于众多印第安人出售他们的猎物——头颅和肉的商业行为心有余悸。尤其是使内务部官员忧虑的事实是，据报道，班芙至少有两人雇用斯多尼人给他们提供猎物头颅以出售给旅游者。

内务部副部长在给印第安事务部主管的信中写道"在这个相对狭窄、有限的区域界限内阻止他们猎杀野生动物——对此我很难想象，如此安排事情竟然不在贵部权力范围之内。考虑到公园建立的目的，也就是作为一片保留地，为加拿大所有人民提供服务；我确信，你们将会同意我的强烈愿望，那就是为了公众利益，尽可能快地结束对掠夺和破坏的抱怨。"保护野生动物的人员也在抱怨，斯多尼人捕获的猎物肉有时会出现在屠夫的店里，出售给非印第安定居者。

印第安人的狩猎方法也会冒犯到了锦标猎民。锦标猎民发展了一套规章制度，意在保卫狩猎的公众合法性及其受尊敬的地位。他们提倡应该"公平、公正"地猎杀动物。鱼是应当被钓钩钓上来的，而不是用矛或网来捕获；鸟是应当在飞翔的时候被射中的；猎物是应当被追踪的，这样它才会有一个合理的机会来躲避猎民。对此，猎民的道德规范中也有强调，要求猎民学会克制和抑制。例如，只能猎杀成年雄性动物，而且只能在猎捕期猎杀。[2] 许多为了食物而猎取的猎者，包括印第安人和少数民族却并不遵守这样的规则。因此遵守规则的人们就会经常抱怨，一个斯多尼猎民每天可能杀掉好几头大型猎物，这样下来，一年就会杀掉好多。1905 年，班芙旅行用品商兼导游吉姆·布鲁斯特抱怨道："他们射杀起来根本就青红不分，公羊、母羊和小羊对印第安人来说都是一样的；如果整个兽群都被围困，那么它们的下场肯定是全军覆

---

[1]  Tina Loo, Of Moose and Men: Hunting for Masculinities in British Columbia, 1880 – 1939 *Western Historical Quarterly*32 (2001), 308.

[2]  Gillespie, "I Was Well Pleased," especially 557 – 9; Loo, "Of Moose and Men," 307; Nancy B. Bouchier and Ken Cruikshank, "Sportsmen and Pothunters": Environment, Conservation, and Class in the Fishery of Hamilton Harbour, 1858 – 1914, *Sport History Review* 28 (1997): 1 – 18.

没……当他们动身去狩猎时，所有的行头只是一点儿面粉，然后靠他们射杀的猎物来获取肉。"1914 年，阿尔伯塔森林保护区的巡视员 W. N. 米尔拉写道："这些印第安人不仅如此不顾法律限制，大规模地捕杀猎物，给该地区的猎物供应带来了极大的损害，而且他们还无所顾忌地射杀，不考虑成年与否和公母雌雄。"他补充说："斯多尼人对只能捕杀雄性猎物的限制绝对无法理解。"①

由于土著猎民在诸多方面冒犯了锦标猎民的价值观，而且后者在政治和经济方面已经较有影响力并积极主动，所以锦标猎民和政府官员成为反对土著居民狩猎权的重要因素并不奇怪，不仅反对他们在公园中狩猎，就算在其他地方也不赞成。② 锦标猎民坚持认为，任何人，不仅仅是土著居民，都没有为了维持生计而狩猎的权利。锦标猎民伦理规约中规定："猎取野生猎物为食物的价值观已不应该被当作一个猎取猎物的重要因素"；"在这落定和文明的北美地区，我们已经没有必要为食物而消耗野生猎物"；而且 "印第安人与同一地区的白人相比，并没有更多权利来捕杀野生猎物，或者一年到头都依靠野生猎物来维持生计。对于北美的猎物，印第安人并不拥有与生俱来或神授的所有权；而且他们应该与白人遵循同样的猎物相关法律。"③ 19 世纪末至 20 世纪初的这段时间里，颇具影响力的锦标猎民呼吁政府强迫印第安人遵守本省和本地区的狩猎法。他们的游说是具有决定性作用的。1893 年 2 月，在经历了枪炮俱乐部和报业联合会向政府的多次不成功的呼吁后，卡尔加里钓竿和枪炮俱乐部领导了一次运动，尝试促使政府 "只要有可能，在处理狩猎法的实行和推进的一事上，极为必要的以与白人同等的资格来安置印第安人。"这一运动导致的直接结果是做出了一项决定，那就是在加拿大西部，向四十个印第安人群体推行本省及本地区的狩猎法，并强

---

① Millar, Game Preservation, 20.

② Tina Loo, Making a Modern Wilderness: Conserving Wildlife in Twentieth-Century Canada, *Canadian Historical Review*82 (2001): 112.

③ Hewitt, Conservation of the Wild Life of Canada, 299, 298. This is discussed in Tina Loo, "Of Moose and Men," especially page 308.

制执行禁止在班芙公园狩猎的命令。①

促使法律通过的举动初见成效后，锦标猎民继续施加压力以加强这些法律的实施，并更加严格地限制印第安人的狩猎权。例如，一些有影响力的美国人士，如威廉·T. 豪恩戴和德克萨斯的 C. J "水牛/布法罗" 琼斯向加拿大权力机构提出请求，要求终止土著居民在加拿大的狩猎自由权。② 然而，在此事中最具决定意义的是一封发于 1903 年十二月的信，这封信出自纽约动物学协会秘书长麦迪逊·格兰特之手。若不是他寄给内务部这封信，这一请求也不会因同情而被接受。印第安事务部的官员经常这样嘲讽似的回应，以此来批评 "来自一些会引起偏见且自我本位意识的信息源"。加拿大西北骑警队的佛瑞德·怀特质疑地回应格兰特的信，他写道："科学家倾向于夸大情形；他们始终想为自己得到可作标本的头部材料，并毫不犹豫地利用印第安人来实现他们的目标——但是他们却极少不从他们的狩猎旅行归来后又投诉关于那些可怜的印第安人是如何滥杀猎物，而这些印第安人并没有回家便可享用多不胜数的供应品和比落基山大角羊更可口的食物的优势。"但是内务部部长命令印第安事务部主管调查此事，并在调查结束之后进一步加强执行力度。

在班芙公园的早期历史中，官员们是为了锦标猎民的利益而开始经营并管理公园的。早在 1894 年，在提倡为阻止斯多尼人在落基山公园狩猎而采取更有力措施时，西北区域的副总督就已经预言说，如果执行合适、恰当的政策，"一段时间之后的自然增长将会为处于禁猎区以外的外围地区进行补给，那时锦标猎民也许会走运。"1914 年，W. N. 米尔拉设想，国家公园和森林保护区发挥这项功能。③ 昆

---

① 官方决定延迟向超过 40 个部族（村落社）发放此宣告，以此让代理们有机会让部落为此通告做准备。这宣告成立于 1893 年 12 月 31 日。但是关于斯多尼人的宣告并没有在 1895 年 1 月 1 日之前成立，这是因为官方人员觉得斯多尼人需要更多时间来适应。这猎物条约在 1903 年 7 月 1 日被应用于另外 21 个部落。

② George Colpitts, Game in the Garden: A Human History of Wildlife in Western Canada to 1940 (Vancouver: UBC Press), 128 - 9. 班芙旅行用品商和猎物管理员有好几次甚至建议把斯多尼人给移植到更加远离国家公园的保留区去。

③ Millar, Game Preservation.

虫学者、动物学家戈登·赫威特也于 20 世纪 20 年代早期清楚地表达了这一看法。在描述了国家公园中野生动物数量的大致增长情况后，他写到，班芙国家公园"与杰士伯和瓦特顿湖畔公园一起将成为落基山地区绝无竞争对手的大型猎物的繁殖场；而且过剩的野生动植物应该能够为邻近的未保护地区提供持续的大型猎物和毛皮供给。这是这种自然保留地最显著的优势之一"。① 游说者经常指出锦标猎民经济方面的重要性。1905 年，一位班芙居民估计，在过去的三年中，锦标猎民平均每人在班芙消费 1500 加元；尽管印第安在莫利的代理霍华德·西巴尔德注意到美国的锦标猎民有时甚至会花费两千到三千加元来捕获一到两头猎物，一份报纸这样估计，外国锦标猎民每猎杀一头大角绵羊要花费约五百元。

## 三　自然资源管理和保存论者和土著居民

锦标猎民是自然资源管理和保存论者，然而许多非猎民，包括官僚主义者和科学家，也是自然资源管理和保存论者。他们所关注的是 19 世纪 80 年代西部地区猎物的急速毁灭。1887 年，一封写给《麦克劳德公报》的信中这样写道，"良种野牛已经灭绝了，麋鹿、驯鹿和绵羊也难逃此厄运。我们大多都清楚地记得，曾几何时，草原上随处可见野牛奔跑，河水清澈见底……还有大量的麋鹿和驯鹿。"② 就像锦标猎民那样，自然资源管理和保存论者也攻击土著居民的狩猎权，但他们的主要信条是建立在土著居民比其他任何群体都过度捕杀野生动物上。许多自然资源管理和保存论者并不像锦标猎民那样强硬地反对土著居民为了维持生计而狩猎。19 世纪 80 年代至 90 年代，加拿大西部猎物法令的通过，更多是为了保存食物供给，而不仅仅是为锦标猎民保护猎物。③ 尽

① Hewitt, Conservation of the Wild life of Canada, 238.
② Macleod Gazette, 24 May 1887, as quoted in Colpitts, Game in the Garden, 64. For references to even earlier complaints see ARDIA. 1877, 39.
③ George Colpitts, Game in the Garden, chapter 3.

管从那时以后，法律条款普遍严格限制为了维持生计的狩猎，尤其是对土著居民的狩猎做出了明确规定。

一些官员，尤其是印第安事务部的官员，有时会守卫土著居民的狩猎权。特别是在偏远地区，这种情况尤为严重；不过，随着时间的流逝，他们逐渐变得不大可能继续这样做下去。[1] 1907 年，当斯多尼人抱怨阿尔伯塔的狩猎法时，印第安事务专员这样写道："对于印第安人来说，对野生动物的保护是至关重要的事情。"同时警告说，"他们并不需要指望事务部为了他们的利益而横加干涉。"一些基督教传教士也支持土著居民的狩猎权。约翰·麦克杜格尔是莫利卫理公会教派传教士，他告知斯多尼人他们可以在公园之外拥有合法的权利继续为了生计而狩猎，这一举动惹恼了印第安事务部的官员。1920 年，戈登·赫威特写道："应该采取措施来保证他们有足够的食物供给和潜在的收入来源，我们对于印第安人道义上的职责使这一要求成为必然。"[2]

反对土著居民狩猎的人士抓住了一个真正的问题。虽然平原野牛的毁灭令人印象深刻，但其他猎物也渐渐消失。据 W. N. 米尔拉所讲："年代久远的鹿角散落在山麓小丘，从它们的数量来看，很明显，这里曾经有非常丰富的麋鹿群。"[3] 然而，19 世纪 80 年代起，它们的数量就已经开始急剧下降了。到 1900 年，麋鹿在落基山公园已彻底灭绝。如今公园中的麋鹿是 1917 年至 1920 年从黄石国家公园进口的数百只麋鹿的后代。[4]

显而易见，直至 1895 年中期，观察家和政府官员都认为印第安人比非本地居民更应对公园里"猎物的非法毁灭"负责任。西北骑警队

---

[1] Jean Friesen, "Grant Me Wherewith to Make My Living," in Kerry Abel and Jean Friesen, eds., Aboriginal Resource Use in Canada: Historical and legal Aspects, (Winnipeg, 1991), 141 – 155.

[2] Hewitt, Conservation of the Wild Life of Canada, 12.

[3] Millar, Game Preservation, 31.

[4] Jack Ward Thomas and Dale E. Toweill, Elk of North America: Ecology and Management (Harrisburg, Pa: Stockpole Books, 1982), 36. James B. Harkin estimated that there were 27 elk in Rocky Mountains Park in 1919. See Hewitt, Conservation of the Wild Life of Canada, 34. Also see Millar, Game Preservation, 30 – 33.

的审计员 L. W. 赫敕莫向内务部提交的报告中指出，"规章制度存在期间，公园中没有大型猎物被白人捕杀，这一点我几乎可以确定；要更好地保护野生动物，公园必须扩大占地面积，禁止印第安人进入，同时，对任何携带火器枪支进入公园的人都要进行严厉惩罚。"

这里的猎物被经常路过公园的斯多尼印第安人所消灭，他们也经常光顾白人不常光顾的地段；毫无疑问，他们会捕杀任何他们可以找到的猎物，不管它们是否合时令，印第安人正在消除落基山上几乎所有种类的猎物，致使它们濒临灭绝；除非他们被一起赶出公园，在禁猎期仍待在他们的保留地，否则，保护猎物简直就是天方夜谭。

赫敕莫提出的为了保护猎物，公园需要扩大占地面积的建议得到了其他人的认可，公园负责人霍华德·道格拉斯就很提倡。1902 年，公园面积戏剧性地扩大到 11400 平方千米（约合 4900 平方英里）——比今天的面积还要大。公园东部的边界围包斯多尼保留地西部边界。

印第安人在保留地的代理霍华德·E. 西巴尔德写到，斯多尼人"对于班芙国家公园的扩建被受到重大的打击，因为此公园的扩建几乎涵盖了他们所有的狩猎场"[1] 一年以后，他补充说，"我认为这些印第安人在处理他们在国家公园狩猎被诸多限制的问题时已经表现得非常好了；这对于一些一辈子都在这片土地上从事狩猎的老猎人来说无疑是沉重的一击，但是大多数人还是看到了未来几年中这片保留地会带来的益处。"[2] 很显然，公园负责人比较不高兴。1903 年时，霍华德·道格拉斯这样写道：

> 人们经常能见到驼鹿，而且麋鹿、黑尾鹿、鹿茸和山羊的数量也很多；可是现在有些物种已经完全消失了……（而且）对于这一问题只有唯一的判断。斯多尼印第安人对于这样的结果负有主要责任。他们热衷于狩猎，一如既往，而且他们是印第安人中唯一在

---

[1] Howard Sibbald, Indian Agent's annual report in ARDIA, 1902, 173.

[2] H. E. Sibbald, Indian Agent's annual report in ARDIA, 1903, 192.

大山的这个区域进行狩猎的群落。多年以来，他们在山谷和丘陵有系统地猎杀了大量猎物。他们的屋子里堆满了动物的毛皮和肉。从九月一号到圣诞节这三个月的时间里，大山里猎人的小屋从三十座接连不断地增加到五十座……以前的老房子已经荒废不用，大牧羊场也渐渐废弃，而且最大的野生动物场也很快就要成为过去的记忆。诚然，在过去的几年中，本来在禁猎期时，印第安人是不能打扰野生动物生活的，但是狩猎法中也并没有注意到，山地如此广阔的地域用不了多久将会荒芜，这里有野生动物维持生计所需的一切；除非强迫印第安人依靠他们的印第安保留区来生活。除非强制执行，否则法律是没有任何效力的。看起来似乎有种感觉，就是在印第安人中施加任何激进的法律特质都是于事无补的。我的感觉是，我们已经到了这样的时刻了，就是可以提前采取措施，可以比以前更加强制地应用和执行法律，而不制造任何敌对的观点和事端。从现在就要划清界限；如果我们等待得越久，那么野生动物就会消失得越早。①

1904 年，道格拉斯重申了他的看法。具有讽刺意义的是，他注意到旨在保护野生动物的公园扩建工程事实上在执行中竟然增加了难度："由于公园面积太大，阻止违反野生动物法的行为变得异常困难。我现在唯一可以提出的建议就是建立严格、完善的猎物保护人员系统来支持立法，对于违法行为进行更严格的处罚。"② 道格拉斯需要再等待几年，但是政府 1909 年 6 月确实规定，在国家公园雇用野生动物看护人。③ 道格拉斯仍然把斯多尼人看作是对公园中野生动物最严重的威胁，对此问题的态度可以从他对首任猎物看护人的选择中看出来：他的选择是霍华

---

① Howard Douglas, "Report of the Superintendent of Rocky Mountains Park, 1903," ARDI, 1903, Part VII, p. 6.
② Howard Douglas, "Report of the Superintendent of Rocky Mountains Park, 1904," ARDI, 1904 Part VII, p. 6.
③ Burns with Schintz, Guardians of the Wild, 6.

德 E. 西巴尔德，印第安人在斯多尼保留地的前任印第安人代理。① 道格拉斯雇用印第安人在斯多尼保留地的前任执法官这一决定，也显示出他要安排并处理公园里斯多尼猎民的决心。

1911 年，加拿大政府通过了《加拿大自治森林保护区和公园领土法》，该法案的通过促成了世界上首家国家公园服务机构加拿大自治公园分部的建立，并有助于使国家公园的看护人服务制度化。② 同时，它也改变了国家公园的边界，这样，原属于非重要游览地的区域就可以从国家公园中划拨开。这样所导致的结果是，班芙公园中的大部分土地重新划归为森林保护区。斯多尼人仅仅是暂时振作了一下。1911 年 8 月，内务部部长助理给印第安事务部部长写了一封措辞严厉的信，宣称将执行一项新的规定旨在保证任何人在没有林业部特许的情况下不得进入森林保护区。

显然，政府官员仍然非常关注野生动物的损耗。1914 年，W. N. 米尔拉在阿尔伯塔谈到"野生动物保护法的主要违反者"时指出了三类人群。他们是"暂住居民"，这类人的影响"几乎可以忽略不计"；"常住矿工"，这是"一个比较重要而且危险的群体"，他们"很大范围上是外地人，他们当中有很多人有着一些国籍，这促使他们猎杀各种各样的野生猎物，就好像这是他们的职责一样。"但是，他补充说，"在对于大型猎物的掠夺和猎杀，没有任何一个群体能比得过斯多尼人，事实上，即使把其他群体的责任都加在一起，也没有斯多尼人应付的责任重大。"他解释说，"这不是危言耸听，这是我与斯多尼人频繁交往，仔细观察后发现的事实。我一年四季都在和生活在东部斜坡区域的斯多尼人打交道……我敢说，斯多尼部落每年在落基山脉，位于 Crownest Pass 和 Brazeau 河之间的地段，至少会猎杀两千头大型猎物……"。③

但是斯多尼人也在抱怨。随着班芙公园的扩建和国家公园猎物管理法规权限的增加，斯多尼人发现他们对猎物的享用权越来越少。1907 年，他

---

① Burns with Schintz, Guardians of the Wild, 8.

② Burns with Schintz Guardians of the Wild, 7.

③ Millar, Game Preservation, The last passage is from p. 20, the previous from 18.

们向政府重申，用书面回应他们对一个新区域猎物法令的看法，他们写道：

> 他们告诉我们说我们不得在山中捕获山羊和绵羊；……我们猎杀驼鹿、驯鹿和鹿时不得超过一只；而且要必须先支付 2.5 加元才可以进行狩猎活动。现在，当我们与你们的首领达成协议时，我们明白，森林和大山里始终总是有野生动物的。但是白人每年都会来，而且越来越多，我们的狩猎场地被白人的房子和围墙所占领。我们是穷人。我们不知道如何像白人一样得到钱财……哦，白人领袖，就请你宽容地对待我们吧。让我们像父辈们那样可以在秋天狩猎吧。我们会努力工作挣钱，我们可以买白人吃的东西，但是对我们来说，野味儿比其他任何食物都美味……给我们自由吧，让我们可以在孩子们想吃野味儿的时候，到大山里去，到森林里去，给他们寻找食物。

尽管斯多尼人如此不满和委屈，但禁令依然在执行，而且奉行者不久就报道猎物的数量在增加。20 世纪 20 年代早期，戈登·赫威特指出，"南部山脉区域（大角羊/加拿大盘羊活动区域）已经惨遭斯多尼印第安人过度狩猎之苦，但是现在许多事实不仅趋向于阻止盘羊数量的进一步减少，而且要保证数量增加，物种繁衍。印第安人必须遵守省立猎物法……然而，保护盘羊并确保数量增加的最重要因素还是在于要保证它们在加拿大自治公园的安全。"[①]

## 四　印第安人政策与土著居民狩猎

土著居民为维持生计而进行的狩猎在当时看来，使印第安事务部的中心目标之一落空了，那就是对土著居民的开化和同化。19 世纪 80 年

---

① Hewitt, Conservation of the Wild Life of Canada, 80.

代至 19 世纪 90 年代早期，印第安人的执法官容忍甚至鼓励印第安人为了维持生计而进行狩猎，随后甚至允许他们在更偏远的区域狩猎，但是他们认为当定居的农业生活方式对于某个特定群体来说是切实可行的时候，该群体就应该停止狩猎。因此，印第安官员认为对土著居民狩猎权利的限制和约束是塞翁失马，祸中得福。魁北克于 1895 年建立洛朗区国家公园时也禁止了公园中的一切狩猎活动。五年以后，副监管在报告中指出，取消印第安人在其保留地附近的公园中狩猎权利这一举动恰恰鼓励他们将精力投入农业生产。[①] 1903 年，印第安人在莫利的执法官霍华德·西巴尔德发表意见说，"只要他们还会狩猎，就不能开化他们。我已经在他们身旁生活了二十六年，只有个别年轻人例外，和我第一次认识他们的时候一样不开化，我认为这都是狩猎的缘故。1902 年，西巴尔德在其反映班芙国家公园扩建的年度报告中写道："我希望这扩建是出于好意，因为只要在保留地附近有猎物出现，那么他们就很难静下心来干活。"一年以后，他补充说，尽管对于狩猎的限制"对一些老猎人来说是沉重的打击，……大多数人还是意识到了保留地不久就会给他们带来益处。"那个时候，越来越多的斯多尼人已经开始在国家公园当领薪的导游。到 20 世纪 30 年代时，几乎没有人再依靠整天打猎来维持生计了。[②]

## 五　旅游观光业与土著居民狩猎

依据莱斯利·贝拉的说法，加拿大的国家公园是以赢利为主的。[③]这一事实也与禁止在国家公园中狩猎有关。在他的一份年度报告中，首任专员 J. B. 哈尔金注意到国家公园"吸引了大量的旅游贸易，而旅游贸易是国家创收最重要、最有效的手段之一……旅游贸易

---

①　James A. Smart, ARDIA, 1900, xxx.

②　Tolly Bradford, A Useful Institution: William Twin, "Indianess," and Banff National Park, c. 1860 – 1940, *Native Studies Review* 16 (2) (2005): 86.

③　Bella, Parks for Profit (Montréal, 1987).

的商业潜力几乎令人瞠目结舌……有证据显示，人们都希望欣赏大自然的美景，与大自然亲密接触，对此，人们有着普遍强烈的愿望，并且愿意为此付费，这就涉及地理位置的经济利益问题。"① 所以，当许多爱好运动的人/冒险家为了获得战利品而狩猎时，还有很多游客只是希望能够看到那些大型猎物，并给它们拍些照片，仅此而已。公园管理人员收录了他们的喜乐，他们喜欢看到温驯的驯鹿和麋鹿悠闲地在小镇里徜徉，游客们享受着观看海狸/河狸表演的乐趣。② 控制食肉动物是一项被广泛认可的猎物管理策略，国家公园内外都是如此，③ 而且在食肉动物缺乏的情况下，大型猎物变得更加具有共性而且容易驯服；控制狩猎者这一策略在国家公园有了其他优势。因此，与狩猎者从国家公园撤出相对应的是一项减少所有肉食动物活动的政策，以此来保证食草动物的繁衍扩散，而且更易驯服。④

## 六　荒野与土著居民狩猎

没有任何文件建议说印第安人被拒于班芙国家公园门外的目的是以此来形成"荒野"或制造无人居住的景象。事实上，1930 年以前，不管在加拿大还是美国，几乎没有人以为"荒野"的定义就是无人居住。而且，似乎当时的官员也能够理解，国家公园和猎物保护区都是人造景区，那里的猎物"比自然条件下更为丰富、繁多。"⑤ 但是自从第二次世界大战后，荒野提倡者就开始积极奔走于世界各地，游说政府建立荒野区。

---

① "Report of the Commissioner of Dominion Parks", by J. B. Harkin in ARDI, 1913, p. 5.

② Colpitts, Game in the Garden, 160 – 161.

③ 政府科学家 Gordon Hewitt 写道 "任何合理的野生（动物）保护系统必须要把控制肉食类的普哺乳动物和鸟类（这理念）考虑进去。参见 Hewitt, 193。

④ Alan MacEachern, "Rationality and Rationalization in Canadian National Parks Predator Policy," in Chad Gaffield and Pam Gaffield, eds. Consuming Canada: Readings in Environmental History (Toronto, 1995), 197 – 212, and Alan MacEachern, Natural Selections for Canada.

⑤ Millar, Game Preservation, 27. Byrne, Man and Landscape Change, 34, 65 – 69, 建议说猎物在这地域，从至少在公园建立之前的最后半个世纪以来，就相对稀少。

在人口密度较大的发展中国家，保留无人居住的荒野区域的要求成为支持被迫撤离的最具争议的原因之一。1989 年，著名的印度环境史学家罗摩占陀罗·古哈指出："（美国人）强调荒野应用于第三世界国家时是一定有害而无益的。"① 最近，美国环境史学家威廉·克罗农说"荒野"区域根本不能算是自然环境，因为数千年来，事实上人类已经在世界上每一种生态系统中居住和生存过。所以他认为荒野"不是一个在地球上与人类相分离的区域，（相反地荒野）是一个意味深长的人类的创造物。"② 人类的撤离不可避免地会造成环境变化，有些变化甚至会威胁到环境的健康状态，而不是稳定和巩固其状态。根据马克·斯彭斯的看法，土著居民从美国公园中撤离的历史具有全球性的影响，因为"作为美国荒野化的重大标志，这些公园中保存下来的无人居住的景象已经为保护主义者提供了努力的模型，以及本土掠夺和世界范围内掠夺的模型"。③

## 七 结论

国家公园和荒野区的居民在许多因素下被迫撤出国家公园和保护区。虽然在一些情况下一些对于居住权和使用公园和保护区的限制可以进行辩护，但是保护环境的代价是会给社会弱势群体和贫苦、易受攻击的成员带来沉重的负担，而收益则往往聚集到拥有财富和影响力的有权

---

① Ramachandra Guha, "Radical American Environmentalism and Wilderness Preservation: A Third World Critique," Environmental Ethics 11 (1989): 75; Bruce W. Hodgins and Jonathan Bordo, "Wilderness, Aboriginal Presence and the Land Claim," in Bruce W. Hodgins, Shawn Heard, John S. Milloy, eds. Co-existence? Studies in Ontario-First Nations Relations (Peterborough, 1992), 67 – 80.

② Cronon, Uncommon Ground, 69.

③ Spence, Dispossessing the Wilderness, 5. Recent literature on American Indians and national parks also includes Robert H. Keller and Michael F. Turek, American Indians & National Parks (Tuscon, 1998) and Philip Burnham, Indian Country: God's Country: Native Americans and the National Parks (Washington, DC, 2000). A useful study of the issue outside North America can be found in Patrick C. West and Steven R. Brechin, Resident Peoples and National Parks: Social Dilemmas and Strategies in International Conservation (Tucson, 1991).

势的人们手中。那些如今在发展中国家操控公园和保护区的人们，也许
会从该个案研究中受益。

# Ecological Resettlement and its Impacts on Aboriginal in Banff National Park of Canada

*Du Fachun, Bao Hanke, Sun Xiuqing and Hu Tiannan*

**Abstract:** This article seeks to discuss the influence of environmental migrations by analyzing the Aboriginal migration from Canada's Banff National Park. The author began with an introduction of the park's history, covering the Stoney people's settlement in the area in 1873, the establishment of the Banff Hot Springs Reserve in 1885, and the hunting ban of 1890, which eventually drove the Aboriginals away from their homes. Then, the author analyzed the reasons behind the Canadian government's decision to enact the ban from several perspectives, including the differences between sports hunting and hunting activity by Aboriginals, the influences of environmental preservationists, failure of the Bureau of Indian Affairs' assimilation policy, and the tourism industry, while rejecting the idea that the Banff migration was to create a so called "wilderness", or uninhabited area. Finally, he concluded that developing countries should be careful when making policy decisions regarding environmental migrations, as such policies often achieve environmental protection at the risk of vulnerable groups, while the benefits usually end up in the pockets of rich or powerful individuals.

**Keywords:** Banff National Park; Aboriginals; Environmental Migration

# 加拿大参与全球卫生治理

徐文姣[*]

**摘要：**随着全球化的不断深入，全球卫生的重要性和复杂性与日俱增，维护全球卫生安全，促进全球卫生发展已成为全球卫生治理的两大核心目标。作为中等强国的典型代表，加拿大在全球卫生治理中发挥了举足轻重的作用。通过大力支持全球卫生相关的多边组织和卫生倡议、积极参与抗击全球性传染病和提供国际卫生援助等路径，加拿大力图将卫生作为其维护国家安全、提升软实力和实现全球卫生公平的重要手段，实现促进国家利益和推动全球卫生发展的双赢。

**关键词：**加拿大　全球卫生治理　安全　卫生公平

在过去的二十年里，全球化使各国联系日益密切，相互依赖加深。这种转变使得全球卫生的重要性和复杂性与日俱增。公共卫生问题已经不再仅仅是一国内部事务，一地疾病的暴发很可能会迅速发展成为全球卫生威胁。这加强了国际社会的共同利益与共同意识，促使各国进行国际卫生合作，开展全球卫生治理。全球卫生治理是指在全世界范围内为促进健康和卫生公平而采取的集体行动。[①] 加拿大作为中等强国，尽管

---

[*] 徐文姣，上海外国语大学国际关系与公共事务学院助理研究员，上海外国语大学加拿大研究中心博士生。

① Robert Beaglehole, Ruth Bonita, "Global Public Health: A Scorecard," *The Lancet*, Vol. 372, No. 9654, 2008, p. 1988.

受制于有限的军事、经济和外交实力，但通过大力支持全球卫生相关的多边组织和卫生倡议、积极参与抗击全球性传染病和提供国际卫生援助等途径，在全球卫生治理中发挥了关键的作用。因此，对加拿大参与全球卫生治理的研究将具有重要的现实意义。本文基于加拿大官方、联合国和世界卫生组织等近年来所发布的相关报告和文件，对加拿大在全球卫生治理方面的努力进行全面梳理和分析，重点探究加拿大参与全球卫生治理的路径、特点、动因及其对全球卫生治理所带来的影响。

## 一　加拿大参与全球卫生治理的主要路径

卫生和外交本来是属于两个不同的领域。然而随着全球卫生危机的发展和全球卫生治理的兴起，卫生议题也逐渐进入外交政策领域。加拿大是最早提出要将卫生纳入外交政策的国家之一。2001 年加拿大国际开发署（CIDA）发起的"健康和营养行动计划"中就强调"在发展中国家促进更好的健康与改善加拿大人的健康同等重要"。[①] 加拿大国际开发署的网站上写着："在当今世界，传染病没有国界，在一个地区的紧张局势和冲突可以引发世界各地的不安，投资于全球卫生有助于确保加拿大人自己的健康和安全。" 2003 年《加拿大卫生保健的未来》政策报告中明确提出应把卫生作为一项外交政策之重（Health as a Canadian Foreign Policy Priority），并认为加拿大拥有各项优势可以在卫生领域扮演更重要的国际领导者角色，帮助世界人民改善卫生，"我们有机会确保获得卫生保健不仅只是国内政策，同时也是我们外交政策的主要目标之一。""是时候让加拿大利用与发展中国家的良好关系以及在卫生保健领域相当的专业知识来帮助改善世界各地人民的健康和卫生保健。"[②]

---

[①]　Romanow, Roy. J, "Building on Values: the Future of Health Care in Canada," Final Report of Commission on the Future of Health Care in Canada, 2002, pp. 240, http://publications. gc. ca/collections/Collection/CP32 - 85 - 2002E. pd, 2016 年 7 月 18 日。

[②]　Romanow, Roy. J, "Building on Values: the Future of Health Care in Canada," Final Report of Commission on the Future of Health Care in Canada, 2002, pp. 244, http://publications. gc. ca/collections/Collection/CP32 - 85 - 2002E. pdf, 2016 年 7 月 18 日。

外交政策中对卫生的重视给加拿大参与全球卫生治理提供了良好的制度保障。加拿大在多个多边组织和卫生倡议中的成员国身份、国际领先的援助和研究创新能力，抗击全球性传染病的成功实战经验等都是其参与全球卫生治理的优势所在，也构成了其主要路径。通过积极参与全球卫生治理，加拿大力图实现促进国家利益和推动全球卫生发展的双赢。

加拿大每年对全球卫生行动的投入大约 5.5 亿美元。[①] 联邦、省级、地区部门和机构都投入了大量的资源来制定和实施战略以解决具体的全球卫生挑战。加拿大参与全球卫生治理主要通过以下三种途径。支持与全球卫生相关的多边组织和卫生倡议、参与抗击全球性传染病等卫生行动和提供国际发展援助。

第一，支持与全球卫生相关的多边组织和卫生倡议，推动条例的修订。加拿大作为与全球卫生相关的国际组织的成员国，一直致力于推进各项重要的全球卫生行动，并善于通过发起倡议、协商和执行倡议等参与全球卫生治理。目前加拿大在多个涉及全球卫生的多边、诸边和区域组织中扮演了重要的角色（见表 1）。

**表 1  加拿大主要参与的与卫生相关的区域和国际组织（按拼音的首字母排序）**

| 国际多边组织 | 国际诸边组织 | 区域性组织 |
| --- | --- | --- |
| 联合国艾滋病联合规划署（UNAIDS） | 八国集团（G8） | 北极理事会 |
| 联合国大会（UNGA） | 二十国集团（G20） | 北美领导人峰会 |
| 联合国粮食和农业组织（UNFAO） | 法语国家组织 | 北美环境合作委员会（CEC） |
| 联合国难民事务高级专员公署（UNHCR） | 全球公共卫生情报网络（GPHIN） | 泛美卫生组织（PAHO） |
| 世界贸易组织（WTO） | 亚太经济合作组织（APEC） | |
| 世界卫生组织（WHO） | 英联邦 | |
| 世界知识产权组织（WIPO） | | |

资料来源：John Kirton, James Orbinski and Jenilee Guebert. The Case for a Global Health Strategy for Canada. Prepared for the Strategic Policy Branch in the International Affairs Directorate of Health Canada。

---

[①] Canadians Making a difference：THE EXPERT PANEL ON CANADA'S STRATEGIC ROLE IN GLOBAL HEALTH. p. 14, http：//cahs － acss. ca/wp － content/uploads/2015/07/CofCA _ globalHealthReport_ E_ WEB_ FINAL1. pdf, 2016 年 8 月 15 日。

　　世界卫生组织作为联合国系统内卫生问题的指导和协调机构，是全球卫生治理中最重要的国际机制之一。加拿大是世界卫生组织的创立国。加拿大前卫生部副部长、精神病学家布罗克·奇泽姆（Brock Chisholm）博士是技术筹备委员会（Technical Preparatory Committee）的16名专家之一，在为新组织命名、定义健康、界定会员资格、协调WHO临时委员会和起草《世界卫生组织法》等工作方面起到了关键性作用。[①] 鉴于其在磋商创建世界卫生组织过程中的突出贡献，布罗克·奇泽姆博士被任命为世界卫生组织第一任总干事。此后，加拿大一直继续在国家、地区和国际各个层面积极参与和支持世界卫生组织和其他国际组织的各项卫生倡议（见表2）。

表2　加拿大主要参与的部分全球卫生倡议（按年份排序）

| 卫生行动和倡议 | 发起年份 |
| --- | --- |
| 全球根除脊髓灰质炎行动（GPEI） | 1988 年 |
| 全球疫苗免疫联盟（GAVI） | 1999 年 |
| 千年发展目标（MDG） | 2000 年 |
| 全球卫生安全倡议（GHSI） | 2001 年 |
| 抗击艾滋病、结核病和疟疾全球基金（GFATM） | 2002 年 |
| 烟草控制框架公约（FCTC） | 2003 年 |
| 国际卫生条例修订（IHR） | 2005 年 |
| 肺炎球菌疫苗的预先市场承诺计划（AMC） | 2009 年 |
| 母婴和儿童健康马斯科卡倡议（MNCH） | 2010 年 |
| 健康问题社会决定因素：里约政治宣言（MNCH） | 2011 年 |

　　资料来源：Global Polio Eradication Initiative（2016）；Global Fund to Fight AIDS, Tuberculosis and Malaria（2016）；GAVI Alliance（2016）；Global Health Security Initiative（2016）；Canada International Development Agency（2016）；Organization for Economic Cooperation and Development（2016）；Canada, Department of Finance（2016）. World Health Organization（2016）。

　　2003 年由加拿大和其他世卫组织成员国大力支持推动制定的《烟草控制框架公约》是第一个具有国际法约束力的全球性公约，也是第

---

① S. W. A. Gunn, "The Canadian Contribution to the World Health Organization," *Canadian Medical Association journal*, 7 December 1968, Vol. 99, No. 22, p. 1081.

一个旨在限制全球烟草和烟草制品的公约，具有历史性意义。[1] 烟草消费是高收入国家可预防死亡的主要原因之一，也越来越成为中低收入国家的公共健康威胁。到 2020 年，烟草消费预计将每年夺取约 10 万人的生命。[2] 无论是在国内还是在外，加拿大都是控烟卫生行动的大力倡导者和坚定的全球合作伙伴。在 1996 年第 44 届世界卫生大会上，加拿大政府就提出，控烟工作应从起草一个管制烟草的协议入手，并在之后成立的政府间谈判机构和框架协议工作组中参与制定烟草控制框架协议及相关议定书。[3] 长期以来，加拿大一直遵循和促进了《烟草控制框架公约》中所设定的最佳做法，配合跨境行动制止非法烟草制品的走私，参与多边谈判制定相关国际准则，分享控烟专长帮助其他国家应对控烟挑战。[4] 在国内层面上，加拿大是世界上禁烟最严格的国家之一，也是吸烟率最低的国家之一。其成功的国内控烟经验可以为全球控烟行动提供借鉴。2001 年加拿大政府出台的《联邦烟草控制战略》为加拿大的控烟行动奠定了坚实的战略基础和指导方针。2012 年新出台的《联邦烟草控制战略 2012～2017》又再次重申对烟草控制活动的重视以保持现有控烟水平和继续减少吸烟的流行。加拿大总理贾斯汀·特鲁多也多次公开表示政府还应该进一步修订控烟法案，实施更加严格的控烟措施，以保护消费者，尤其是未成年人的身体健康。[5]

加拿大在参与《国际卫生条例（1969）》修订中也发挥了关键的推

---

[1] 沈敏荣：《论〈烟草控制框架公约〉的特点和性质》，《法学论坛》2007 年第 3 期，第 3 页。

[2] Roemer, R., Taylor, A., & Lariviere, J., "Origins of the WHO Framework Convention on Tobacco Control," *American Journal of Public Health*, Vol. 95, No. 6, 2005, p. 937.

[3] Lavack, Anne M.; Clark, Gina, "Responding to the global tobacco industry: Canada and the Framework Convention on Tobacco Control," *Canadian Public Administration*, Vol. 50, No. 1, 2007, pp. 113.

[4] Government of Canada, "Strong Foundation, Renewed Focus – An Overview of Canada's Federal Tobacco Control Strategy 2012 – 17," http://healthycanadians. gc. ca/publications/healthy – living – vie – saine/tobacco – strategy – 2012 – 2017 – strategie – tabagisme/index – eng. php? _ga = 1. 186674728. 1661507824. 1464439282, 2016 年 7 月 19 日。

[5] 《加拿大总理称要实施更加严格的控烟法案》，中国烟草科教网，2015 年 11 月 18 日，http://www.tobaccoinfo. com. cn/zhxx/gwxx/2015/011/206431. shtml, 2016 年 7 月 20 日。

动作用。修订后的《国际卫生条例（2005）》是全球卫生安全的基石，其提供了一个共同的框架来防止和控制可能具有国际影响的公共卫生风险并提供相应的公共卫生应对措施。对全球化为预防疾病的国际传播带来了新的挑战和机遇的认识，是修订《国际卫生条例（1969）》的出发点。2003 年 SARS 的暴发和最终得到控制使世界各国政府相信，有必要针对新发生的公共卫生风险采取集体和协调一致的防御措施，因而成为完成修订过程的动力。① 加拿大是 SARS 疫情在亚洲之外的重灾区。至 2003 年 8 月，加拿大共有 438 例 SARS 疑似病例，其中 44 人死亡。② 加拿大政府认识到，疫情的早期监控和上报对传染病的控制起着至关重要的作用，解决公共突发卫生问题必须从源头入手，才能尽早地控制疾病的暴发、蔓延以及侵入加拿大本土。《国际卫生条例（1969）》仅针对 3 种疾病（霍乱、鼠疫和黄热病）进行监测和控制，对新出现和再次出现的传染病公共卫生控制方面，遇到了新的挑战。因此加拿大政府和卫生专家积极推动《国际卫生条例（1969）》改革，在区域会议和两次政府间工作组会议上大力建议新条例覆盖现有、新和再现的疾病。通过加拿大和世卫组织其他成员国家的共同努力，2005 年 5 月，第 58 届世界卫生大会通过了《国际卫生条例（1969）》的修订。新的《国际卫生条例（2005）》于 2007 年 6 月 15 日生效，其中规定天花、小儿麻痹症、严重急性呼吸道综合征（SARS）和新亚型病毒引起的人流感病例必须自动向世卫组织报告。③

第二，参与抗击全球性传染病等卫生行动，提供并分享信息与资源。在传染病全球化构成人类安全新危机的背景下，除了大力支持建立卫生规范和倡议，加拿大在抗击全球性传染病等卫生行动方面也做出了

① 世界卫生组织：《你需要知道的实施〈国际卫生条例（2005）〉的十件事情。》http：//www. who. int/ihr/about/10things/zh/，2016 年 7 月 15 日。

② Public Health Agency of Canada, "Learning from SARS – Renewal of Public Health in Canada," http：//www. phac – aspc. gc. ca/publicat/sars – sras/naylor/index – eng. php, 2016 年 6 月 5 日。

③ 世界卫生组织：《国际卫生条例（2005）》，http：//www. who. int/ihr/9789241596664/zh/，2016 年 6 月 19 日。

卓越的贡献。

疾病预防和监测往往是抗击传染病全球性传播的第一道防线。加拿大公共卫生署实施了一系列有关大流行病防控和疾病监测的倡议和项目，及时分享疫情信息，帮助国际社会共同控制全球卫生安全威胁。这些倡议主要包括全球卫生安全倡议（Global Health Security Initiative）、加拿大综合公共卫生监测项目（Canadian Integrated Public Health Surveillance）、艾滋病病毒/艾滋病监测（HIV/AIDS Surveillance）、加拿大医疗性感染监控计划（Canadian Nosocomial Infection Surveillance Program）等。[①]

加拿大还充分利用其世界领先的医学研究优势，通过分享最新医学研究成果支持传染病控制的全球合作。2009 年，墨西哥、美国等多国接连暴发的甲型 H1N1 型流感疫情被世卫组织宣布升级为第四控管级别。[②] 作为世界上公认的唯一几所能够开展高致病性病毒研究工作的实验室之一，加拿大国家微生物实验室应墨西哥政府请求，帮助完成了 H1N1 流感病毒的基因测序工作，使国际社会能尽快掌握甲型 H1N1 流感病毒的运行机制以及反应方式。[③] 该项研究不仅在抗击疫情方面起到了关键性作用，也凸显了加拿大在公共信息公开和全球信息分享方面对全球卫生合作的贡献。

包括分享疫情监测和医学研究信息在内，加拿大政府在抗击全球性传染病的行动中往往采取了全方位的支持方式，包括提供资金、医疗人员、信息技术和实物捐助四个方面，以全面帮助控制疫情扩散、治疗感染者、满足不断增加的人道主义需求以及减少对健康和安全相关的其他

---

① Public Health Agency of Canada, Surveillance. Retrieved 821, 2016, http：//www. phac - aspc. gc. ca/surveillance - eng. php, 2016 年 7 月 22 日。

② 世界卫生组织：《猪流感：世卫组织总干事陈冯富珍博士的声明》，2009 年 4 月 27 日，http：//www. who. int/mediacentre/news/statements/2009/h1n1＿ 20090427/zh/，2016 年 7 月 25 日。

③ Public Health Agency of Canada："Lessons Learned Review: Public Health Agency of Canada and Health Canada Response to the 2009 H1N1 Pandemic", http：//www. phac - aspc. gc. ca/about＿ apropos/evaluation/reports - rapports/2010 - 2011/h1n1/f - c - vaccin - eng. php, 2016 年 7 月 24 日。

威胁。例如，2014 年加拿大政府采取了全面的方法抗击西非埃博拉疫情：其投入超过 1.1 亿美元的援助资金用于抗击埃博拉的卫生、人道主义和安全措施；与世界卫生组织、美国疾病控制与预防中心和全球公共卫生情报网络等国际合作伙伴一同监测埃博拉疫情；支持埃博拉病毒疫苗和治疗的研究与开发并捐赠给世界卫生组织 800 瓶加拿大 VSV - 疫苗；派遣两个配有医学专家轮转团队的移动实验室前往塞拉利昂进行快速诊断检测和实施感染控制措施；捐赠超过 200 万美元的个人防护装备给前线的医护人员；派遣 40 名加拿大武装部队的医疗和支持人员前往塞拉利昂支持西非地面工作等。① 其中，加拿大研发和捐赠的 VSV - 疫苗起了关键性作用，在立即接种疫苗的 2000 多人当中感染率为零。世卫组织总干事陈冯富珍表示："如果疫苗被证实有效，将是应对目前和今后埃博拉疫情中的规则'改变者'。"

第三，提供国际卫生发展援助。对外援助是主权国家实现战略目标、维护经济利益、营造道德形象的重要外交工具。加拿大的国际发展援助是其外交政策的重要组成部分，也是加拿大参与全球卫生治理的一种重要途径。加拿大国际发展援助的政策机构是外交与国际贸易部（DFAIT）。发展援助便包含在其负责的外交政策中。成立于 1968 年的加拿大国际发展署（CIDA）是加拿大政府对外援助的主要执行机构。2013 年 3 月，保守党政府宣布加拿大国际开发署将并入加拿大外交与国际贸易部，即现今的加拿大全球事务部。②

2008 年 6 月 28 日，加拿大政府出台了《官方发展援助责任法案》（ODA Accountability Act），强调了官方发展援助始终坚持"减贫"的目标并提出了援助的三大标准：有助于减少贫困；从贫困人口的角度出

---

① Government of Canada："Canada's response to Ebola,"http：//www. healthycanadians. gc. ca/diseases - conditions - maladies - affections/disease - maladie/ebola/response - reponse/index - eng. php? id = response#a6，2016 年 7 月 26 日。

② Privy Council Office，"Machinery of Government Changes,"Privy Council Office. 2015. 11. 4，http：//www. pco - bcp. gc. ca/index. asp? lang = eng&page = docs&doc = mog - ag - eng. htm，2016 年 7 月 28 日。

发；遵循国际人权准则。① 世界卫生组织在同年发布的《全球疾病负担评估报告》也反映出了低收入和中等收入国家的疾病负担异常高于高等收入国家的现实。② 贫困人口往往由于卫生条件恶劣，缺乏医疗卫生保障，成为疾病的最大受害者，难以逃出"因贫致病、因病致贫"的恶性循环。因此，改善贫困人口卫生是加拿大国际发展援助中的一个关键考虑因素。2010 年以来，加拿大国际发展援助列出了五大优先领域：刺激经济的可持续增长、加强食品安全、保证儿童和青年的未来、推进民主、促进稳定和安全。③ 由于卫生与经济发展、食品安全、儿童成长、公平民主和非传统安全的紧密联系，卫生援助贯穿于每一个优先援助领域。单在 2014 ~ 2015 年度，加拿国际援助的支出就达到了 53.7 亿美元，其中与卫生相关的对外援助资金就约占 22%，特别是针对改善世界上最贫困地区的卫生问题。④

在改善母婴和儿童健康的发展援助方面，加拿大发挥了国际领导作用。在 2010 年第 38 届八国集团首脑会议上，加拿大前总理哈珀发起了推动改善世界最贫困地区母亲和儿童健康状况的《马斯科卡倡议》。该倡议旨在为应对孕产妇，新生儿和儿童健康的重大挑战筹集援助资金。⑤ 八国集团成员国承诺在 2010 年至 2015 年援助 50 亿美元资金帮助世界上最贫困的国家提高母婴和儿童健康。其中加拿大承诺援助 28.5 亿美元，超过总援助资金的一半，并在 2015 年财政年完全实现了承诺

---

① Global Affairs Canada："The Official Development Assistance Accountability Act," http：//www. international. gc. ca/development – developpement/partners – partenaires/bt – oa/odaaa – lrmado. aspx? lang = eng, 2016 年 7 月 28 日。

② World Health Organization：The Global Burden of Disease：2004 Update. Geneva, Switzerland.

③ Global Affairs Canada："Thematic Priorities. Development challenges and priorities," http：// www. international. gc. ca/development – developpement/priorities – priorites/index. aspx? lang = eng, 2016 年 7 月 29 日。

④ Global Affairs Canada："Statistical Report on International Assistance 2014 – 2015," http：// www. international. gc. ca/development – developpement/assets/pdfs/2014 – 15StatisticalReport – eng. pdf, 2016 年 7 月 29 日。

⑤ Group of Eight："Muskoka Declaration：Recovery and New Beginnings," 2010, http：// www. g8. utoronto. ca/summit/2010muskoka/communique. html#annex1, 2016 年 7 月 29 日。

的援助资金。① 在 2014 年 5 月加拿大多伦多召开的国际母婴儿童健康峰会上，加拿大联邦政府再承诺 5 年拨款 35 亿美元继续资助该计划，并希望从其他国家吸引更多资金。新拨款计划受到联合国等与会机构及国际名人的广泛赞扬。② 加拿大还通过加拿大母婴和儿童健康网络（the Canadian Network for Maternal, Newborn and Child Health）进一步帮助发展中国家最脆弱的妇女儿童，并与联合国秘书长办公室密切合作更新《妇女、儿童和青少年健康全球战略》，以此作为到 2030 年全面改善孕产妇、新生儿、儿童和青少年健康的蓝图。

加拿大对全球抗击艾滋病，结核和疟疾基金（以下简称全球基金）的支持也是《马斯科卡倡议》的关键组成部分。全球基金主要用于抗击这三种疾病的大规模预防、治疗和护理项目。自 2002 年全球基金成立以来，加拿大一直是全球基金的重要支持者。鉴于母婴、儿童往往是疟疾、肺结核和艾滋病等疾病的最易受影响人群，加拿大在拯救母婴和儿童生命方面继续发挥了国际领导作用。2012~2013 年加拿大向全球基金捐款 1.6 亿美元，并在 2013~2014 年完成 5.4 亿美元的捐助承诺。2013 年 12 月，加拿大政府承诺在未来的三年（2014~2016 年）继续捐款 6.5 亿美元，使加拿大自 2002 年全球基金成立以来总捐款承诺超过 21 亿美元。③ 通过加拿大和其他国际捐助者的捐款，全球基金拯迄今拯救了 1700 多万条生命，平均每年 200 万人。④

大力支持本国和发展中国家提升研究和创新能力也是加拿大卫生援助的重要一环。加拿大政府通过创建若干国内卫生机制来实现卫生方面

---

① Global Affairs Canada: "Report to Parliament on the Government of Canada's Official Development Assistance — 2014 - 2015," http: //www. international. gc. ca/development - developpement/ dev - results - resultats/reports - rapports/oda_ report - rapport_ ado - 14 - 15. aspx? lang = eng, 2016 年 8 月 1 日。

② 加拿大华人网：《联合国儿童基金会赞扬总理哈珀领头援助穷国母婴》，2014 年 5 月 29 日，http: //www. sinoca. com/news/ca/2014 - 05 - 29/339189. html，2016 年 8 月 1 日。

③ Global Affairs Canada: "Report to Parliament on the Government of Canada's Official Development Assistance — 2014 - 2015," http: //www. international. gc. ca/development - developpement/ dev - results - resultats/reports - rapports/oda_ report - rapport_ ado - 14 - 15. aspx? lang = eng, 2016 年 8 月 1 日。

④ http: //www. theglobalfund. org/en/impact/，2016 年 8 月 1 日。

的全球技术和研究援助。加拿大国际发展研究中心（International Development Research Center）是加拿大政府下属的一个专门机构，也是一个民间的国际援助组织。其主要任务是给发展中国家的研究人员提供资金、建议和培训以帮助他们找到适合当地的创新型解决方案。[1] 加拿大国际发展研究中心、加拿大卫生研究所（Canadian Institute of Health Research）和加拿大国际事务贸易发展部三个部门又联合创建了加拿大全球卫生研究计划（Global Health Research Initiative）的伙伴关系，旨在整合优势资源，加强加拿大在全球卫生研究方面的领导作用。在2008年财政预算中，加拿大政府还创建了发展创新基金（Development Innovation Fund），投入2.25亿美元用于"支持世界上最优秀的人才探求全球卫生的突破口"。[2] 卫生发展创新基金由加拿大大挑战（Grand Challenges Canada）管理。加拿大大挑战也是由加拿大联邦政府国际援助计划拨款成立的世界性医疗机构，致力于："确定全球性重大挑战，资助中低等收入国家的研究人员和相关机构，支持鼓励他们以创新的方法对抗全球关注的卫生问题。"[3]

## 二 加拿大参与全球卫生治理的特点

加拿大参与全球卫生治理的主要特点体现在：第一，依托多边主义机制的平台。无论是支持全球卫生相关的国际组织和卫生倡议、还是国际发展卫生援助的提供，加拿大都是秉承了多边为主的思路，反映出一种多边主义路径。[4] 这与加拿大中等强国的国家角色定位密切相关。由于"受制于有限的军事、经济、资源、人口、外交实力，加拿大虽然

---

[1] International Development Research Center："What we do," https：//www. idrc. ca/en/what - we - do，2016 年 8 月 2 日。

[2] Department of Finance Canada："The Budget Plan 2008：Responsible Leadership," Ottawa (ON)：Department of Finance Canada，2008.

[3] Grand Challenges Canada："What is Grand Challenges Canada?" http：//www. grandchallenges. ca/who - we - are/，2016 年 8 月 3 日。

[4] 人民网：《"特鲁多时代"的加拿大将走向何方?》，2015 年 11 月 11 日，http：//world. people. com. cn/n/2015/1111/c157278 - 27804330. html，2016 年 8 月 3 日。

不能在国际事务上与大国平分秋色，但作为一支世界力量，其善于扮演国际事务"参与者"的角色，并最大化地合理利用多边平台的规则、章程、机制和组织程序，以此弥补国家战略资源不足的"先天缺陷。"①早在二战结束的最初阶段，积极参与国际组织的筹备与建构是大多数中等强国参与国际事务的主要途径。加拿大、澳大利亚作为众多中等强国的先驱，为联合国、布雷顿森林体系、北大西洋公约组织、世界卫生组织的构建发挥了重大作用。随着国际卫生向全球卫生的发展，加拿大在世界卫生组织等多边卫生机构中扮演了越来越重要的角色，成为关键政策和倡议的推动者、实施者，甚至是国际领导者。此外，加拿大提供的绝大部分国际卫生援助资金都是通过多边机制来运作。通过多边路径，加拿大能够确保所提供的卫生援助能运用于最广泛和最需要的目标人群，而非符合某些政策偏好的目的国家和优先卫生项目，能更好地体现加拿大"卫生公平"的卫生理念。

第二，无论是抗击全球性的传染病卫生行动，还是技术和研究援助的提供，加拿大都十分重视专业性研究和创新这一核心竞争力，并利用该方面的优势在全球卫生治理的特定领域扮演领导者角色。传统上卫生问题属于低政治领域，但其对专业技能与相关研究创新有较高的要求。虽然加拿大有限的军事、经济、外交实力使其难以在国际社会中拥有大国地位，但加拿大可以利用其世界领先的专业性研究和创新实力，在卫生治理的更多领域发挥权威主导性作用，力争成为卫生大国和全球卫生治理的领导者。这方面，加拿大拥有国际一流卫生专业人员、卫生机构、研究机构等都是其研究和创新的主体和保证。另外，随着全球卫生危机日益构成对国家和个人安全的巨大威胁，卫生问题实际早已不再屈居于低政治领域。正如大卫·费德勒（David P. Fidler）所言，"卫生关切、利益和承诺已深嵌于外交政策努力之中，全球卫生不可能在世界事务中回归到'低政

---

① 钱皓：《中等强国参与国际事务的路径研究——以加拿大为例》，《世界经济与政治》2007年第6期，第54页。

治'的外层边缘。"① 因此卫生领域的专业性研究和创新作为加拿大参与高政治领域全球安全治理的切入口和突破口，持续受到加拿大政府的重视和倡导。

第三，加拿大坚持在全球卫生治理和卫生公平提供中担任领导者角色。在全球卫生治理的历史上，加拿大所扮演的角色一直都是非常引人注目的。加拿大长期以来致力于推动国际卫生合作，在全球卫生事务中扮演着领导者的角色。特别是在 2005 年和 2010 年，加拿大成功推动了《国际卫生条例》的改革和发起了《马斯科卡倡议》，并之后在改善母婴和儿童健康方面一直保持着国际领导者角色。② 同时，加拿大极力主张和积极推动"卫生公平"。2011 年，加拿大和其他世界卫生组织成员国一起推动签署了《健康问题社会决定因素：里约政治宣言》，旨在针对健康问题社会决定因素采取行动以减少卫生不公平。③ 通过长期致力于在国内实施全民免费医疗和向国际社会提供包括卫生知识、技术、信息和疫苗等在内的全球公共产品，加拿大推动提升了全球卫生保健和公共卫生服务的可及性、可得性、可接受性和可负担性，从而在消除全球卫生不公平上发挥了领导者作用。加拿大在卫生领域扮演的与其经济和军事实力并不相称的世界领导者地位，在一定程度上可以理解为代表了中等强国在世界舞台上发挥作用的一种模式。正如布热津斯基在分析日本的地位时所说的那样，"由于争取成为地区性主导大国的目标行不通，而在没有地区基础的情况下要成为真正全面的全球性大国又不现实，那么自然的结论是，……稳妥地为自己确立一种独特而又有影响的全球性使命，成为推动真正国际性的、更加有效的机制

---

① David P. Fidler, "The Challenges of Global Health Governance," New York: The Council on Foreign Relations, 2010, p. 19.

② Government of Canada: "Canada's Ongoing Leadership to Improve the Health of Mothers, Newborns and Children (2015 – 2020)", http://mnch. international. gc. ca/en/topics/leadership-ongoing. html, 2016 年 8 月 25 日。

③ World Health Organization: "Rio Political Declaration on Social Determinants of Health", 2011. 10. 21, http://www. who. int/sdhconference/declaration/Rio _ political _ declaration. pdf? ua = 1, 2016 年 8 月 25 日。

化的合作的大国。"① 这一点在加拿大参与全球卫生治理方面也有所
适用。

## 三　加拿大参与全球卫生治理的动因及影响

加拿大参与全球卫生治理既是出于现实卫生安全的考虑，也是国家
实力的体现，更是推广加拿大国家价值观和实现全球卫生公平和发展的
重要途径。加拿大认为实现国家和人的安全，卫生是重要安全因素之
一。因此，现实的安全考虑是加拿大参与全球卫生治理的主要推动力
之一。

传统上卫生与安全的关系仅狭隘地关注于传染病对军队作战和医疗
护理能力的打击。② 但随着新发和复发传染病的快速传播，卫生危机越
来越具有国家安全的含义，会直接影响国家人民的健康，造成社会混
乱和威胁国家稳定。2007 年世界卫生组织报告《构建安全未来：21
世纪全球公共卫生安全》将严重急性传染性疾病、生物恐怖主义、有
毒化学废物扩散等列为对全球公共卫生安全的威胁。③ 加拿大拥有世
界上最长的海岸线和第二长的陆地边界。在"无须护照"的传染病面
前，国家边境的传统防御工事已不能防范疾病或传病媒介的侵入。在
以高度流动性、经济相互依赖和通过电子手段相互连接为特征的世界
中，一地疾病的暴发很可能会迅速发展成为全球卫生威胁并对加拿大
的安全构成挑战。"非典"（SARS）和禽流感疫情就是很好的证明，
它们的暴发给加拿大带来了巨大的安全、经济和社会影响，但这些疾
病的发源地实际上都远离加拿大边界。因此，加拿大政府越来越深刻
地认识到，解决全球性卫生安全威胁特别是传染病威胁，必须从源头

---

① 兹比格纽·布热津斯基：《大棋局：美国的首要地位及其地缘战略》，中国国际问题研究
　　所译，上海人民出版社，2007，第 149 页。

② Brundtland, Gro Harlem, "Global Health and International Security, Global Governance,"
　　2005, Vol. 9, No. 4, p. 417.

③ 世界卫生组织：《世界卫生组织报告〈构建安全未来：21 世纪全球公共卫生安全〉概
　　要》，http://www.who.int/whr/2007/07_ overview_ ch.pdf? ua = 1, 2016 年 8 月 10 日。

入手，与世界各国合力共同应对才能尽早地控制疾病的暴发、蔓延和威胁。

同样，对"人的安全"的重视也是加拿大参与全球卫生治理的重要动力之一。1994年联合国发布的第一份年度《人类发展报告》首次对"人的安全"做了重要论述，认为安全不仅仅只是保护领土不受外来侵略和维护国家利益的国家安全，"对大多数人来说，安全意味着保护他们免予疾病、饥饿、失业、犯罪、社会冲突、政治迫害和环境灾难等威胁。"① 加拿大前外长劳埃德·阿克斯沃西（Lloyd Axworthy）就是"人的安全"的积极倡导者和实践推动者。卫生安全作为"人的安全"的重要组成部分，深受加拿大政府重视，并将疾病视为对"人的安全"的重要威胁之一。几十年来，保护加拿大人的健康和安全一直是加拿大政府的重中之重。2015年加拿大政府在卫生领域的支出占国内生产总值（GDP）的10.2%，是世界上最高的国家之一。② 但是仅仅依靠投入国内公共卫生来保护加拿大人的健康和安全显然是不够的，病原体、有毒污染物和气候变化可以通过大气、人类动物活动和食品进口等各种途径威胁即使足不出户的加拿大人。只有立足于全球视角，积极参与全球卫生治理，帮助最贫穷最脆弱的人们加强公共卫生能力才能从本源上控制全球卫生安全威胁，保护加拿大人的卫生安全。

其二，在提升软实力和国际影响力方面，卫生治理可以作为一种软实力资源，这是加拿大参与全球卫生治理的另一个驱动力。1990年约瑟夫·奈（Joseph S. Nye Jr）提出了软实力的概念，它是通过非强制性手段来影响他人的能力，由一个国家的文化、政治理念和政策所形成的吸引力。③ 卫生和卫生援助作为加拿大外交政策和国际发展援助的重要

① United Nation Development Programme，"Human Development Report," 1994，New York，1994，p. 22.

② Organisation for Economic Cooperation and Development："OECD Health at a Glance 2015 / Health expenditure as a share of GDP," 2009，http：//www. oecd – ilibrary. org/social – issues-migration – health/health – at – a – glance – 2015/health – expenditure – as – a – share – of – gdp-2013 – or – nearest – year_ health_ glance – 2015 – graph151 – en，2016年8月5日。

③ Ney，Joseph S.，*Bound to Lead：the changing nature of American Power.* New York，Basic Books，1990. p. 22.

组成部分，对提升加拿大在受援国的软实力和国际社会影响力具有重要的推动作用。通过借助全球多边卫生治理平台和倡议，加拿大向最需要的人群和国家提供卫生援助资金、医疗人员护理服务、高端医学科研技术和成果，树立了良好的爱好和平、乐善好施的国际形象。在 2016 年英国波特兰公关公司（Portland Communications）发布的全球软实力研究报告（The Soft Power 30）中，加拿大排名第四，仅次于美国、英国和德国，中国排在第 28 名。单项指标中加拿大的表现更为优异，在民意调查中名列第一。①

另外，软实力的提升需要有硬实力作为依托和基础。卫生政策和卫生援助的实施需要卫生能力的支持。从这种角度说，加拿大参与全球卫生治理能同时彰显其软硬实力，提升国际地位。在抗击埃博拉的援助中，加拿大如果没有国内强大的财政支持、完善的传染病防控救治能力建设、先进的病毒检疫检测技术，以及远程物资运输能力的保证等，就很难实现富有成效的卫生援助。同理而言，在目前国际社会埃博拉药物和疫苗研发的竞争中，加拿大率先掌握了核心技术，占有了先机和主动，展现了中等国家在卫生领域的大国实力。

其三，推广国家价值观和全球卫生公平。加拿大国家价值观是推动其积极参与全球卫生治理的重要背后力量。加拿大人对自己的价值观深感自豪并希望能通过全球治理平台进行推广，这些价值观主要包括：民主、自由、和平、公平、反军国主义、环保、多元文化、全球主义和国际制度主义等。② 加拿大相信，加拿大可以借助在全球提供卫生公共产品的同时输出本国价值观，最终实现全球卫生公平。

卫生公平是加拿大公平价值观的重要延伸。加拿大政府认为在医疗卫生方面，优先顺序是病痛本身，而非贫富区别。因此加拿大国内把实行全民免费医疗作为实现卫生公平的重要保证。在追求国内卫生

---

① Portland Communications：The Soft Power 30，http：//softpower30. portland-communi-cations. com/ranking/#pollng – 2016，2016 年 8 月 8 日。

② Kirton，John，*Canadian Foreign Policy in A Changing World*，Toronto：Thomson - Nelson，2005，p. 197.

公平的同时，加拿大还将卫生作为一种全球公共产品，并致力于通过帮助世界上最脆弱和贫穷的人群获得卫生资源来推进全球卫生公平的实现。全球公共卫生是联合国《执行〈联合国千年宣言〉的行进图》报告中指出的 10 类公共产品之一，主要包括卫生知识和研究的开发与推广、有效的卫生系统改革、新技术的转让。其中国际社会最迫切需要的是开发新药品、疫苗和其他技术以及提供疾病监测来应对那些让贫穷国家深受其害的传染病。[①] 而卫生研究和创新、疾病监控技术等正是加拿大的优势领域。将国内优势资源作为全球公共产品供国际社会使用真正地帮助了最需要的人群，推动了全球卫生公平的实现。正如加拿大公共卫生署格雷格·泰勒（Greg Taylor）副署长所言："我们认为疫苗是世界性的资源，我们需要基于全球的视角来让资源物尽其用。"

## 四 结论

卫生是加拿大外交政策的重要组成部分，反映了加拿大致力于改善世界人民健康和卫生保健的集体责任。加拿大积极参与全球卫生治理以及重视多边和研究创新的特点表明，加拿大的出发点不仅是本国政治、安全和利益的考量，也是出于促进整体全球健康的道义目标。通过参与世界卫生组织等多边机制，抗击全球性传染病等卫生行动和提供国际卫生援助等路径，加拿大突破了中等国家的传统限制，致力于加强广大发展中国家薄弱的公共卫生能力，缩小南北卫生差距，追求实现全球卫生安全和公平。在促进全球卫生治理，改善加拿大人和其他国家人民的健康和安全上贡献了重要力量，做法和经验都值得学习和效仿。正如加拿大卫生部部长珍菲尔波特在第 69 届世界卫生大会上所言："我们今天所面临的全球卫生挑战正变得更加广泛，更加复杂，也更加难以解决，这

---

① 其他 9 类公共产品包括：基本人权、对国家主权的尊重、全球安全、全球和平、跨越国界的通信与运输体系、协调跨国界的制度基础设施、知识的集中管理、全球公地的集中管理、多边谈判国际论坛的有效性。

就是为什么需要我们集体合作。对加拿大在促进应对国家和全球层面公共卫生挑战上的付出和成就，我深感自豪。"①

　　然而，在肯定加拿大参加全球卫生治理成效的同时，许多加拿大学者和研究机构都指出，尽管加拿大在全球卫生治理的特定领域扮演了国际领导者角色，但与美国、英国、瑞士等其他高收入国家相比，加拿大缺少一个系统的全球卫生战略。② 因此，从国家层面制定一项全球卫生战略将有助于加拿大提高不同卫生参与部门和卫生活动的效力和效率，并为加拿大的全球卫生目标提供一个明确的专注点。同时，在全球卫生战略的指导下，加拿大可以更好地动员和集中稀缺的人力和财力资源，实现本国乃至全球的卫生公平目标。目前，特鲁多领导下的加拿大政府与来自国际关系、医学和卫生政策领域的专家们正在积极探讨加拿大在全球卫生中的战略角色，致力于尽快建构一个系统的加拿大全球卫生战略。加拿大将卫生安全作为其维护国家安全，输出国家价值观，建构国家形象的国家方略值得新兴大国学习和借鉴。

# Canada's Role in Global Health Governance

*Xu Wenjiao*

**Abstract**：With the deepening of globalization, the importance and complexity of global health is ever growing, and the maintenance of global health security and promotion of global health development have become the two core objectives of global health governance. As a

---

① 学者观点可以详见：Public Health Agency of Canada：" Government of Canada Helps Advance Actions to Address Global Health Challenges," 2016. 5. 30, http：//news. gc. ca/web/article – en. do? mthd = index&crtr. page = 1&nid = 1075999, 2016 年 8 月 20 日。John Kirton, James Orbinski and Jenilee Guebert. The Case for a Global Health Strategy for Canada. Prepared for the Strategic Policy Branch in the International Affairs Directorate of Health Canada.

② Canadians Making a difference：THE EXPERT PANEL ON CANADA'S STRATEGIC ROLE IN GLOBAL HEALTH. http：//cahs – acss. ca/wp – content/uploads/2015/07/CofCA_ globalHealt hReport_ E_ WEB_ FINAL1. pdf, 2016 年 8 月 15 日。

typical middle power, Canada has played a crucial role in global health governance. Through vigorous support of health-related multilateral organizations and global health initiatives, active participation in global fights against infectious diseases and strong commitment of international health assistance, Canada has tried to use health as an important means to protect national security, promote soft power and global health equity, and has achieved a win-win result of national interests and global health development.

**Keywords:** Canada; Global Health Governance; Security; Health Equity

**图书在版编目(CIP)数据**

变化中的加拿大：广东外语外贸大学加拿大研究国
际会议论文集：2016 / 唐小松主编. -- 北京：社会科
学文献出版社，2017.11
　ISBN 978 - 7 - 5201 - 1487 - 5

　Ⅰ.①变…　Ⅱ.①唐…　Ⅲ.①加拿大 - 概况　Ⅳ.
①D771.1

　中国版本图书馆 CIP 数据核字（2017）第 237415 号

## 变化中的加拿大
### ——广东外语外贸大学加拿大研究国际会议论文集(2016)

主　　编／唐小松

出 版 人／谢寿光
项目统筹／邓泳红　陈晴钰
责任编辑／陈晴钰

出　　版／社会科学文献出版社·皮书出版分社（010）59367127
　　　　　地址：北京市北三环中路甲 29 号院华龙大厦　邮编：100029
　　　　　网址：www.ssap.com.cn
发　　行／市场营销中心（010）59367081　59367018
印　　装／三河市尚艺印装有限公司

规　　格／开　本：787mm × 1092mm　1/16
　　　　　印　张：15.75　字　数：231 千字
版　　次／2017 年 11 月第 1 版　2017 年 11 月第 1 次印刷
书　　号／ISBN 978 - 7 - 5201 - 1487 - 5
定　　价／79.00 元